BIBLIOTHÈQUE CONTEMPORAINE

J. MICHELET

LE
PEUPLE

CINQUIÈME ÉDITION

C · L

PARIS
CALMANN LÉVY, ÉDITEUR
ANCIENNE MAISON MICHEL LÉVY FRÈRES
RUE AUBER, 3, ET BOULEVARD DES ITALIENS, 15
A LA LIBRAIRIE NOUVELLE
—
1877

LE PEUPLE

CALMANN LÉVY, ÉDITEUR

OUVRAGES

DE

J. MICHELET

Typographie Lahure, rue de Fleurus, 9, à Paris.

J. MICHELET

LE

PEUPLE

CINQUIÈME ÉDITION

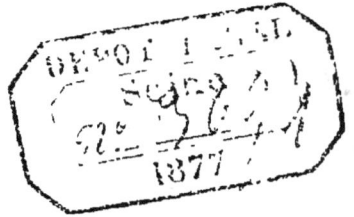

C · L

PARIS

CALMANN LÉVY, ÉDITEUR

ANCIENNE MAISON MICHEL LÉVY FRÈRES

RUE AUBER, 3, ET BOULEVARD DES ITALIENS, 15

A LA LIBRAIRIE NOUVELLE

1877

Droits de traduction et de reproduction réservés.

Ce petit livre fut écrit en 1846. Nombre de passages (de la première partie) portent fortement cette date. Fallait-il les changer? l'auteur ne l'a pas cru.

Un monde a sombré, depuis lors; un monde lentement surgit à l'horizon. Modifier le livre, l'accommoder à ce présent fort troublé, à l'avenir

a

obscur, c'eût été lui ôter le cachet de l'époque, faire un livre bâtard et faux.

Ce qu'il a d'important, d'ailleurs, n'a pas changé. Ce qu'il dit du droit de l'instinct des simples, et de l'inspiration des foules, des voix naïves de conscience, subsiste et restera comme la profonde base de la démocratie.

Hyères, 12 décembre 1865.

A M. EDGARD QUINET

Ce livre est plus qu'un livre; c'est moi-même. Voilà pourquoi il vous appartient.

C'est moi et c'est vous, mon ami, j'ose le dire. Vous l'avez remarqué avec raison, nos pensées, communiquées ou non, concordent toujours. Nous vivons du même cœur... Belle harmonie qui peut surprendre; mais n'est-elle pas naturelle? Toute la variété de nos travaux a germé d'une même racine vivante : « Le sentiment de la France et l'idée de la Patrie. »

Recevez-le donc, ce livre du Peuple, parce qu'il est vous, parce qu'il est moi. Par vos origines militaires, par la mienne industrielle, nous représentons nous-mêmes, autant que d'autres peut-être, les deux faces modernes du Peuple, et son récent avénement.

Ce livre je l'ai fait de moi-même, de ma vie, et de mon cœur. Il est sorti de mon expérience, bien plus que de mon étude. Je l'ai tiré de mon observation, de mes rapports d'amitié, de voisinage; je l'ai ramassé sur les routes; le hasard aime à servir celui qui suit toujours une même pensée. Enfin, je l'ai trouvé surtout dans les souvenirs de ma jeunesse. Pour connaître la vie du peuple, ses travaux, ses souffrances, il me suffisait d'interroger mes souvenirs.

Car, moi aussi, mon ami, j'ai travaillé de mes mains. Le vrai nom de l'homme moderne, celui de *travailleur*, je le mérite en plus d'un sens. Avant de faire des livres, j'en ai *composé* matériellement; j'ai assemblé des lettres avant d'assembler des idées, je n'ignore pas les mélancolies de l'atelier, l'ennui des longues heures...

Triste époque! c'étaient les dernières années de l'Empire; tout semblait périr à la fois pour moi, la famille, la fortune et la patrie.

Ce que j'ai de meilleur, sans nul doute, je le dois à ces épreuves; le peu que vaut l'homme et l'historien, il faut le leur rapporter. J'en ai gardé surtout un sentiment profond du peuple, la pleine connaissance du trésor qui est en lui : *la vertu du sacrifice*, le tendre ressouvenir des âmes d'or que j'ai connues dans les plus humbles conditions.

Il ne faut point s'étonner, si, connaissant autant que personne les précédents historiques de ce peuple, d'autre part ayant moi-même partagé sa vie, j'éprouve, quand on me parle de lui, un besoin exigeant de vérité. Lorsque le progrès de mon Histoire m'a conduit à m'occuper des questions actuelles, et que j'ai jeté les yeux sur les livres où elles sont agitées, j'avoue que j'ai été surpris de les trouver presque tous en contradiction avec mes souvenirs. Alors, j'ai fermé les livres, et je me suis replacé dans le peuple autant qu'il m'était possible ; l'écrivain solitaire s'est replongé dans la foule, il en a écouté les bruits, noté les voix... C'était bien le même peuple, les changements sont extérieurs ; ma mémoire ne me trompait point... J'allai donc consultant les hommes, les entendant eux-mêmes sur leur propre sort, recueillant de leur bouche ce qu'on ne trouve pas toujours dans les plus brillants écrivains, les paroles du bon sens.

Cette enquête, commencée à Lyon, il y a environ dix ans, je l'ai suivie dans d'autres villes, étudiant en même temps auprès des hommes pratiques, des esprits les plus positifs, la véritable situation des campagnes si négligées de nos économistes. Tout ce que j'amassai ainsi de renseignements nouveaux qui ne sont dans aucun livre, c'est ce qu'on aurait peine à croire. Après la conversation des hommes de génie et de savants très-spéciaux, celle du peuple est certainement la plus instructive. Si l'on ne peut causer avec Béranger, Lamennais ou Lamartine, il faut s'en aller dans les champs et causer avec un paysan. Qu'apprendre avec ceux du milieu? Pour les salons, je n'en suis sorti jamais, sans trouver mon cœur diminué et refroidi.

Mes études variées d'histoire m'avaient révélé des faits du plus grand intérêt que taisent les historiens, les phases par exemple et les alternatives de la petite propriété avant la Révolution. Mon enquête *sur le vif* m'apprit de même beaucoup de choses qui ne sont point dans les statistiques. J'en citerai une, que l'on trouvera peut-être indifférente, mais qui pour moi est importante, digne de toute attention. C'est l'immense acquisi-

‹ tion du linge de coton qu'ont faite les ménages ⁄
pauvres vers 1842, quoique les salaires aient
baissé, ou tout au moins diminué de valeur par la
diminution naturelle du prix de l'argent. Ce fait,
grave en lui-même, comme progrès dans la propreté qui tient à tant d'autres vertus, l'est plus
encore en ce qu'il prouve une fixité croissante
dans le ménage et la famille, l'influence surtout
de la femme qui, gagnant peu par elle-même, ne
peut faire cette dépense qu'en y appliquant une
partie du salaire de l'homme. La femme, dans
ces ménages, c'est l'économie, l'ordre, la providence. Toute influence qu'elle gagne, est un progrès dans la moralité [1].

Cet exemple n'était pas sans utilité pour montrer
combien les documents recueillis dans les statistiques et autres ouvrages d'économie, en les suppo-

---

[1] Cette prodigieuse acquisition de linge dont tous les fabricants peuvent témoigner, fait supposer aussi quelque acquisition de meubles et
objets de ménage. Il ne faut pas s'étonner si les caisses d'épargne reçoivent moins de l'ouvrier que du domestique. Celui-ci n'achète point de
meubles, et peu de nippes ; il trouve bien moyen de se faire nipper par
ses maîtres. Il ne faut pas mesurer, comme on fait, le progrès de l'économie à celui des caisses d'épargne, ni croire que tout ce qui n'y va pas
se boit, se mange au cabaret. Il semble que la famille, je parle surtout
de la femme, ait voulu, avant tout, rendre propre, attachant, agréable,
le petit intérieur qui dispense d'y aller. De là aussi le goût des fleurs
qui descend aujourd'hui dans des classes voisines de la pauvreté.

sant exacts, sont insuffisants pour faire comprendre le peuple ; ils donnent des résultats partiels
artificiels, pris sous un angle étroit, qui prête au
malentendus.

Les écrivains, les artistes, dont les procédé
sont directement contraires à ces méthodes abs
traites, semblaient devoir porter dans l'étude d
peuple le sentiment de la vie. Plusieurs d'entr
eux, des plus éminents, ont abordé ce grand sujet,
et le talent ne leur a pas fait défaut ; les succès
ont été immenses. L'Europe, depuis longtemp
peu inventive, reçoit avec avidité les produit
de notre littérature. Les Anglais ne font plu
guère que des articles de revues. Quant aux
livres allemands, qui les lit, sinon l'Allemagne ?

Il importerait d'examiner si ces livres français
qui ont tant de popularité en Europe, tant d'autorité, représentent vraiment la France, s'ils n'en
ont pas montré certaines faces exceptionnelles,
très-défavorables, si ces peintures où l'on ne
trouve guère que nos vices et nos laideurs, n'ont
pas fait à notre pays un tort immense près des
nations étrangères. Le talent, la bonne foi des auteurs, la libéralité connue de leurs principes,

donnaient à leurs paroles un poids accablant. Le monde a reçu leurs livres, comme un jugement terrible de la France sur elle-même.

La France a cela de grave contre elle, qu'elle se montre nue aux nations. Les autres, en quelque sorte, restent vêtues, habillées. L'Allemagne, l'Angleterre même, avec toutes ses enquêtes, toute sa publicité, sont en comparaison peu connues, elles ne peuvent se voir elles-mêmes, n'étant point centralisées.

Ce qu'on remarque le mieux sur une personne qui est nue, c'est telle ou telle partie, qui sera défectueuse. Le défaut d'abord saute aux yeux.

Que serait-ce, si une main obligeante plaçait sur ce défaut même un verre grossissant qui le rendrait colossal, qui l'illuminerait d'un jour terrible, impitoyable, au point que les accidents les plus naturels de la peau ressortiraient à l'œil effrayé !

Voilà précisément ce qui est arrivé à la France. Ses défauts incontestables, que l'activité infinie, le choc des intérêts, des idées, expliquent suffisamment, ont grossi sous la main de ses puissants écrivains, et sont devenus des monstres. Et voilà que l'Europe tout à l'heure la voit comme un monstre elle-même.

Rien n'a mieux servi, dans le monde politique, *l'entente des honnêtes gens.* Toutes les aristocraties, anglaise, russe, allemande, n'ont besoin que de montrer une chose en témoignage contre elle : les tableaux qu'elle fait d'elle-même par la main de ses grands écrivains, la plupart amis du peuple et partisans du progrès. Le peuple qu'on peint ainsi, n'est-ce pas l'effroi du monde? Y a-t-il assez d'armées, de forteresses, pour le cerner, le surveiller, jusqu'à ce qu'un moment favorable se présente pour l'accabler?

Des romans classiques, immortels, révélant les tragédies domestiques des classes riches et aisées, ont établi solidement dans la pensée de l'Europe, qu'il n'y a plus de famille en France.

D'autres, d'un grand talent, d'une fantasmagorie terrible, ont donné pour la vie commune de nos villes, celle d'un point où la police concentre sous sa main les repris de justice et les forçats libérés.

Un peintre de genre, admirable par le génie du détail, s'amuse à peindre un horrible cabaret de campagne, une taverne de valetaille et de voleurs, et sous cette ébauche hideuse, il écrit hardiment un mot qui est le nom de la plupart des habitants de la France.

L'Europe lit avidement, elle admire, elle reconnaît tel ou tel petit détail. D'un accident minime, dont elle sent la vérité, elle en conclut aisément la vérité du tout.

Nul peuple ne résisterait à une telle épreuve. Cette manie singulière de se dénigrer soi-même, d'étaler ses plaies, et comme d'aller chercher la honte, serait mortelle à la longue. Beaucoup, je le sais, maudissent ainsi le présent, pour hâter un meilleur avenir; ils exagèrent les maux, pour nous faire jouir plus vite de la félicité que leurs théories nous préparent[1]. Prenez garde, pourtant,

---

[1] Philosophes, socialistes, politiques, tous semblent d'accord aujourd'hui pour amoindrir dans l'esprit du peuple l'idée de la France. Grand danger! Songez donc que ce peuple plus qu'aucun autre est, dans toute l'excellence et la force du terme, une *vraie société*. Isolez-le de son idée sociale, il redevient très-faible. La France de la Révolution, qui fut sa gloire, sa foi, tous les gouvernements lui disent, depuis cinquante ans, qu'elle fut un désordre, un non-sens, une pure négation. La Révolution, d'autre part, avait biffé l'ancienne France, dit au peuple que rien, dans son passé, ne méritait un souvenir. L'ancienne a disparu de sa mémoire, la nouvelle a pâli. Il n'a pas tenu aux politiques que le peuple ne devînt table-rase, ne s'oubliât lui-même.

Comment ne serait-il pas faible dans ce moment? il ignore; on fait tout pour qu'il perde le sens de la belle unité qui fut sa vie; on

prenez garde. Ce jeu-là est dangereux. L'Europe ne s'informe guère de toutes ces habiletés. Si nous nous disons méprisables, elle pourra bien nous croire. L'Italie avait encore une grande force au seizième siècle. Le pays de Michel-Ange et de Christophe Colomb ne manquait pas d'é-nergie. Mais lorsqu'elle se fut proclamée misérable, infâme, par la voix de Machiavel, le monde la prit au mot, et marcha dessus.

Nous ne sommes pas l'Italie, grâce à Dieu, et le jour où le monde s'entendrait pour venir voir de près la France, serait salué par nos soldats comme le plus beau de leurs jours.

Qu'il suffise aux nations de bien savoir que ce peuple n'est nullement conforme à ses prétendus portraits. Ce n'est pas que nos grands peintres

---

lui ôte son âme. Son âme fut le sens de la France, comme grande fraternité d'hommes vivants, comme société glorieuse avec nos Français des vieux âges. Il les contient ces âges, il les porte, les sent obscurément qui se meuvent, et il ne peut les reconnaître ; on ne lui dit pas ce que c'est que cette grande voix basse qui souvent, comme un sourd retentissement d'orgue dans une cathédrale, se fait entendre en lui.

Hommes de réflexion et d'études, artistes, écrivains, nous avons un devoir saint et sacré envers le peuple. C'est de laisser là nos tristes paradoxes, nos jeux d'esprit, qui n'ont pas peu aidé les politiques à lui cacher la France, à lui en obscurcir l'idée, lui faire mépriser sa patrie.

aient été toujours infidèles ; mais ils ont peint généralement des détails exceptionnels, des accidents, tout au plus, dans chaque genre, la minorité, le second côté des choses. Les grandes faces
leur paraissaient trop connues, triviales, vulgaires.
Il leur fallait des effets, et ils les ont cherchés souvent dans ce qui s'écartait de la vie normale. Nés
de l'agitation, de l'émeute, pour ainsi dire, ils ont
eu la force orageuse, la passion, la touche vraie
parfois aussi bien que fine et forte ; — généralement, il leur a manqué le sens de la grande
harmonie.

Les romantiques avaient cru que l'art était
surtout dans le laid. Ceux-ci ont cru que les effets
d'art les plus infaillibles étaient dans le laid moral.
L'amour errant leur a semblé plus poétique que
la famille, et le vol que le travail, et le bagne que
l'atelier. S'ils étaient descendus eux-mêmes, par
leurs souffrances personnelles, dans les profondes
réalités de la vie de cette époque, ils auraient vu
que la famille, le travail, la plus humble vie du
peuple, ont d'eux-mêmes une poésie sainte. La
sentir et la montrer, ce n'est point l'affaire du
machiniste ; il n'y faut multiplier les accidents de
théâtre. Seulement, il faut des yeux faits à cette

douce lumière, des yeux pour voir dans l'obscur, dans le petit et dans l'humble, et le cœur aussi aide à voir dans ces recoins du foyer et ces ombres de Rembrandt.

Dès que nos grands écrivains ont regardé là, ils ont été admirables. Mais généralement, ils ont détourné les yeux vers le fantastique, le violent, le bizarre, l'exceptionnel. Ils n'ont daigné avertir qu'ils peignaient l'exception. Les lecteurs, surtout étrangers, ont cru qu'ils peignaient la règle. Ils ont dit : « Ce peuple est tel. »

Et moi, qui en suis sorti, moi qui ai vécu avec lui, travaillé, souffert avec lui, qui plus qu'un autre ai acheté le droit de dire que je le connais, je viens poser contre tous la personnalité du peuple.

Cette personnalité, je ne l'ai point prise à la surface dans ses aspects pittoresques ou dramatiques ; je ne l'ai point vue du dehors, mais expérimentée au dedans. Et, dans cette expérience même, plus d'une chose intime du peuple, qu'il a en lui sans la comprendre, je l'ai comprise, pourquoi ? Parce que je pouvais la suivre dans ses origines historiques, la voir venir du fond du temps. Celui qui veut s'en tenir au présent, à l'actuel, ne comprendra pas l'actuel. Celui qui se contente de voir l'extérieur, de peindre la forme, ne saura pas même la voir : pour la voir avec justesse, pour la traduire fidèlement, il faut savoir ce qu'elle couvre; nulle peinture sans anatomie.

Ce n'est pas dans ce petit livre que je puis enseigner une telle science. Il me suffit de donner, en supprimant tout détail de méthode, d'érudition, de travail préparatoire, quelques observations essentielles dans l'état de nos mœurs, quelques résultats généraux.

Un mot seulement ici :

Le trait éminent, capital, qui m'a toujours frappé le plus, dans ma longue étude du peuple, c'est que, parmi les désordres de l'abandon, les vices de la misère, j'y trouvais une richesse de sentiment et une bonté de cœur, très-rares dans les classes riches. Tout le monde, au reste, a pu l'observer; à l'époque du choléra, qui a adopté les enfants orphelins? les pauvres.

La faculté du dévouement, la puissance du sacrifice, c'est, je l'avoue, ma mesure pour classer les hommes. Celui qui l'a au plus haut degré, est plus près de l'héroïsme. Les supériorités de

l'esprit, qui résultent en partie de la culture, n
peuvent jamais entrer en balance avec cette fa
culté souveraine.

A ceci, on fait ordinairement une réponse
« Les gens du peuple sont généralement pe
prévoyants ; ils suivent un instinct de bonté
l'aveugle élan d'un bon cœur, parce qu'ils n
devinent point tout ce qu'il en pourra coûter. ›
L'observation fût-elle juste, elle ne détruit nulle
ment ce qu'on peut observer aussi du dévouemen
persévérant, du sacrifice infatigable dont les fa
milles laborieuses donnent si souvent l'exemple,
dévouement qui ne s'épuise même pas dan
l'entière immolation d'une vie, mais se continu
souvent de l'une à l'autre, pendant plusieurs générations.

J'aurais ici de belles histoires à raconter, e
nombreuses. Je ne le puis. La tentation es
pourtant forte pour moi, mon ami, de vous e
dire une seule, celle de ma propre famille. Vou
ne la savez pas encore ; nous causons plus sou
vent de matières philosophiques ou politiques
que de détails personnels. Je cède à cette tentation. C'est pour moi une rare occasion de reconnaître les sacrifices persévérants, héroïques, que

ma famille m'a faits, et de remercier mes parents, gens modestes, dont quelques-uns ont
enfoui dans l'obscurité des dons supérieurs, et
n'ont voulu vivre qu'en moi.

Les deux familles dont je procède, l'une picarde
et l'autre ardennaise, étaient originairement des
familles de paysans qui mêlaient à la culture un
peu d'industrie. Ces familles étant fort nombreuses (douze enfants, dix-neuf enfants), une grande
partie des frères et des sœurs de mon père et de
ma mère ne voulurent pas se marier pour faciliter l'éducation de quelques-uns des garçons que
l'on mettait au collége. Premier sacrifice que je
dois noter.

Dans ma famille maternelle particulièrement,
les sœurs, toutes remarquables par l'économie, le
sérieux, l'austérité, se faisaient les humbles ser-
vantes de messieurs leurs frères, et pour suffire
à leurs dépenses elles s'enterraient au village.
Plusieurs cependant, sans culture et dans cette
solitude sur la lisière des bois, n'en avaient pas
moins une très-fine fleur d'esprit. J'en ai entendu
une, bien âgée, qui contait les anciennes histoires
de la frontière aussi bien que Walter Scott. Ce qui

leur était commun, c'était une extrême netteté
d'esprit et de raisonnement. Il y avait force prêtres
dans les cousins et parents, des prêtres de diverses sortes, mondains, fanatiques; mais ils ne do-
minaient point. Nos judicieuses et sévères demoiselles ne leur donnaient la moindre prise.
Elles racontaient volontiers qu'un de nos grands-
oncles (du nom de Michaud? ou Paillard?) avait
été brûlé jadis pour avoir fait certain livre.

Le père de mon père, qui était maître de mu-
sique à Laon, ramassa sa petite épargne, après la
Terreur, et vint à Paris, où mon père était employé à l'imprimerie des assignats. Au lieu d'acheter de la terre, comme faisaient alors tant d'autres, il confia ce qu'il avait à la fortune de mon
père, son fils aîné, et mit le tout dans une imprimerie au hasard de la Révolution. Un frère, une
sœur de mon père, ne se marièrent point, pour
faciliter l'arrangement, mais mon père se maria;
il épousa une de ces sérieuses demoiselles arden-
naises dont je parlais tout à l'heure. Je naquis
en 1798, dans le chœur d'une église de religieuses,
occupée alors par notre imprimerie; occupée, et
non profanée; qu'est-ce que la Presse, au temps
moderne, sinon l'arche sainte?

Cette imprimerie prospéra d'abord, alimentée par les débats de nos assemblées, par les nouvelles des armées, par l'ardente vie de ce temps. Vers 1800, elle fut frappée par la grande suppression des journaux. On ne permit à mon père qu'un journal ecclésiastique, et l'entreprise commencée avec beaucoup de dépenses, l'autorisation fut brusquement retirée, pour être donnée à un prêtre que Napoléon croyait sûr, et qui le trahit bientôt.

On sait comment ce grand homme fut puni par les prêtres même d'avoir cru le sacre de Rome meilleur que celui de la France. Il vit clair en 1810. Sur qui tomba son courroux?.. sur la Presse; il l'a frappa de seize décrets en deux ans. Mon père, à demi ruiné par lui au profit des prêtres, le fut alors tout à fait, en expiation de leur faute.

Un matin, nous recevons la visite d'un Monsieur, plus poli que ne l'étaient généralement les agents impériaux, lequel nous apprend que S. M. l'Empereur a réduit le nombre des imprimeurs à soixante; les plus gros sont conservés, *les petits sont supprimés*, mais avec bonne indemnité, à peu près sur le pied de quatre sols pour quatre francs. Nous étions de ces petits : se résigner, mourir de faim, il n'y avait rien de plus à faire. Cependant, nous avions des dettes. L'Empereur ne nous donnait pas de sursis contre les juifs, comme il l'avait fait pour l'Alsace. Nous ne trouvâmes qu'un moyen; c'était d'imprimer pour nos créanciers quelques ouvrages qui appartenaient à mon père. Nous n'avions plus d'ouvriers, nous fîmes ce travail nous-mêmes. Mon père, qui vaquait aux affaires du dehors, ne pouvait nous y aider. Ma mère, malade, se fit brocheuse, coupa, plia. Moi, enfant, je composai. Mon grand-père, très-faible et vieux, se mit au dur ouvrage de la presse, et il imprima de ses mains tremblantes.

Ces livres que nous imprimions, et qui se vendaient assez bien, contrastaient singulièrement par leur futilité avec ces années tragiques d'immenses destructions. Ce n'était que petit esprit, petits jeux, amusements de société, charades, acrostiches. Il n'y avait là rien pour nourrir l'âme du jeune compositeur. Mais, justement, la sécheresse, le vide de ces tristes productions me laissaient d'autant plus libre. Jamais, je crois, je n'ai tant voyagé d'imagination, que pendant que j'étais immobile à cette casse. Plus mes romans personnels s'animaient dans mon esprit, plus ma main était rapide, plus la lettre se levait vite.... J'ai compris dès lors que les travaux manuels qui n'exigent ni délicatesse extrême, ni grand emploi de la force, ne sont nullement des entraves pour l'imagination. J'ai connu plusieurs femmes distinguées qui disaient ne pouvoir bien penser, ni bien causer, qu'en faisant de la tapisserie.

J'avais douze ans, et ne savais rien encore, sauf quatre mots de latin, appris chez un vieux libraire, ex-magister de village, passionné pour la grammaire, homme de mœurs antiques, ardent révolutionnaire, qui n'en avait pas moins sauvé au péril de sa vie ces émigrés qu'il détestait. Il m'a laissé en mourant tout ce qu'il avait au monde, un manuscrit, une très-remarquable grammaire, incomplète, n'ayant pu y consacrer que trente ou quarante années.

Très-solitaire et très-libre, laissé tout à fait sur ma foi par l'indulgence excessive de mes parents, j'étais tout imaginatif. J'avais lu quelques volumes qui m'étaient tombés sous la main, une Mythologie, un Boileau, quelques pages de l'Imitation.

Dans les embarras extrêmes, incessants, de ma famille, ma mère étant malade, mon père si occupé au dehors, je n'avais reçu encore aucune idée religieuse... Et voilà que dans ces pages, j'aperçois tout à coup au bout de ce triste monde, la délivrance de la mort, l'autre vie et l'espérance! La religion reçue ainsi, sans intermédiaire humain, fut très-forte en moi. Elle me resta comme chose mienne, chose libre, vivante, si bien mêlée à ma vie qu'elle s'alimenta de tout, se fortifiant sur la route d'une foule de choses tendres et saintes, dans l'art et dans la poésie, qu'à tort on lui croit étrangères.

Comment dire l'état de rêve où me jetèrent ces premières paroles de l'Imitation? je ne lisais pas, j'entendais... comme si cette voix douce et paternelle se fût adressée à moi-même... Je vois encore la grande chambre froide et démeublée, elle me parut vraiment éclairée d'une lueur mystérieuse... Je ne pus aller bien loin dans ce livre, ne comprenant pas le Christ, mais je sentis Dieu.

Ma plus forte impression d'enfance, après celle-là, c'est le Musée des monuments français, si malheureusement détruit. C'est là, et nulle autre part, que j'ai reçu d'abord la vive impression de l'his-

toire. Je remplissais ces tombeaux de mon imagination, je sentais ces morts à travers les marbres,
et ce n'était pas sans quelque terreur que j'entrais
sous les voûtes basses où dormaient Dagobert, Chil-
péric et Frédégonde.

Le lieu de mon travail, notre atelier, n'était
guère moins sombre. Pendant quelque temps, ce
fut une cave, cave pour le boulevard où nous de-
meurions, rez-de-chaussée pour la rue basse. J'y
avais pour compagnie, parfois mon grand-père,
quand il y venait, mais toujours, très-assidûment,
une araignée laborieuse qui travaillait près de moi,
et plus que moi, à coup sûr.

Parmi des privations fort dures et bien au
delà de ce que supportent les ouvriers ordinaires,
j'avais des compensations : la douceur de mes parents, leur foi dans mon avenir, inexplicable vraiment, quand on songe combien j'étais peu avancé.
J'avais, sauf les nécessités du travail, une extrême
indépendance, dont je n'abusai jamais. J'étais
apprenti, mais sans contact avec des gens gros-
siers, dont la brutalité aurait peut-être brisé en
moi cette fleur de liberté. Le matin, avant le travail, j'allais chez mon vieux grammairien, qui me
donnait cinq ou six lignes de devoir. J'en ai re-

tenu ceci, que la quantité du travail y fait bien moins qu'on ne croit; les enfants n'en prennent jamais qu'un peu tous les jours; c'est comme un vase dont l'entrée est étroite; versez peu, versez beaucoup, il n'y entrera jamais beaucoup à la fois.

Malgré mon incapacité musicale, qui désolait mon grand-père, j'étais très-sensible à l'harmonie majestueuse et royale du latin; cette grandiose mélodie italique me rendait comme un rayon du soleil méridional. J'étais né, comme une herbe sans soleil entre deux pavés de Paris. Cette chaleur d'un autre climat opéra si bien sur moi, qu'avant de rien savoir de la quantité, du rhythme savant des langues antiques, j'avais cherché et trouvé dans mes thèmes des mélodies romano-rustiques, comme les *proses* du moyen âge. Un enfant, pour peu qu'il soit libre, suit précisément la route que suivent les peuples enfants.

Sauf les souffrances de la pauvreté, très-grandes pour moi l'hiver, cette époque, mêlée de travail manuel, de latin et d'amitié (j'eus un instant un ami et j'en parle dans ce livre), est très-douce à mon souvenir. Riche d'enfance, d'imagination,

d'amour peut-être déjà, je n'enviais rien à personne. Je l'ai dit : l'homme de lui-même ne saurait point l'envie, il faut qu'on la lui apprenne.

Cependant, tout s'assombrit. Ma mère devient
plus malade, la France aussi (Moscou!.. 1813!..)
L'indemnité est épuisée. Dans notre extrême pénu-
rie, un ami de mon père lui propose de me faire
entrer à l'Imprimerie impériale. Grande tentation
pour mes parents! D'autres n'auraient pas hésité.
Mais la foi avait toujours été grande dans notre famille : d'abord la foi dans mon père, à qui tous
s'étaient immolés ; puis la foi en moi ; moi, je de-
vais tout réparer, tout sauver...

Si mes parents, obéissant à la raison, m'avaient
fait ouvrier, et s'étaient sauvés eux-mêmes, aurais-je été perdu, moi? Non, je vois parmi les
ouvriers des hommes de grand mérite, qui pour
l'esprit valent bien des gens de lettres, et mieux
pour le caractère... Mais enfin, quelles difficultés aurais-je rencontrées! quelle lutte contre le
manque de tous les moyens ! contre la fatalité du
temps !.. Mon père sans ressources, et ma mère
malade, décidèrent que j'étudierais, quoi qu'il ar-
rivât.

Notre situation pressait. Ne sachant ni vers,

ni grec, j'entrai en troisième au collége de Charlemagne. Mon embarras, on le comprend, n'ayant
nul maître pour m'aider. Ma mère, si ferme jusque-là, se désespéra et pleura. Mon père se mit
à faire des vers latins, lui qui n'en avait fait jamais.

Le meilleur encore pour moi, dans ce terrible
passage de la solitude à la foule, de la nuit au
jour, c'était sans contredit le professeur, M. An-
drieu d'Alba, homme de cœur, homme de Dieu.
Le pis, c'étaient les camarades. J'étais justement
au milieu d'eux, comme un hibou en plein jour,
tout effarouché. Ils me trouvaient ridicule, et je
crois maintenant qu'ils avaient raison. J'attribuais
alors leurs risées à ma mise, à ma pauvreté. Je
commençai à m'apercevoir d'une chose : Que j'é-
tais pauvre.

Je crus tous les riches mauvais, tous les hommes ; je n'en voyais guère qui ne fussent plus riches
que moi. Je tombai dans une misanthropie rare
chez les enfants. Dans le quartier le plus désert de
Paris, le Marais, je cherchais les rues désertes...
Toutefois dans cette antiphatie excessive pour l'espèce humaine, il restait ceci de bon : Je n'avais
aucune envie.

Mon charme le plus grand, qui me remettait le cœur, c'était le dimanche ou le jeudi, de lire deux, trois fois de suite un chant de Virgile, un livre d'Horace. Peu à peu, je les retenais; du reste, je n'ai jamais pu apprendre une seule leçon par cœur.

Je me rappelle que dans ce malheur accompli, privations du présent, craintes de l'avenir, l'ennemi étant à deux pas (1814!), et mes ennemis à moi se moquant de moi tous les jours, un jour, un jeudi matin, je me ramassai sur moi-même : sans feu (la neige couvrait tout), ne sachant pas trop si le pain viendrait le soir, tout semblant finir pour moi, — j'eus en moi, sans nul mélange d'espérance religieuse, un pur sentiment stoïcien, — je frappai de ma main, crevée par le froid, sur ma table de chêne (que j'ai toujours conservée), et sentis une joie virile de jeunesse et d'avenir.

Qu'est-ce que je craindrais maintenant, mon ami, dites-le-moi? moi, qui suis mort tant de fois, en moi-même, et dans l'histoire. — Et qu'est-ce que je désirerais?.. Dieu m'a donné, par l'histoire, de participer à toute chose.

La vie n'a sur moi qu'une prise, celle que j'ai ressentie le 12 février dernier, environ trente ans après. Je me retrouvais dans un jour semblable, également couvert de neige, en face de la même table. Une chose me monta au cœur : « Tu as chaud, les autres ont froid... cela n'est pas juste... Oh! qui me soulagera de la dure inégalité? » Alors, regardant celle de mes mains qui depuis 1813 a gardé la trace du froid, je me dis pour me consoler : « Si tu travaillais avec le peuple, tu ne travaillerais pas pour lui... Va donc, si tu donnes à la patrie son histoire, je t'absoudrai d'être heureux. »

Je reviens. Ma foi n'était pas absurde; elle se fondait sur la volonté. Je croyais à l'avenir, parce que je le faisais moi-même. Mes études finirent bien et vite[1]. J'eus le bonheur, à la sortie, d'échapper aux deux influences qui perdaient les jeunes gens, celle de l'école doctrinaire, majestueuse et stérile, et la littérature industrielle, dont la librairie, à peine ressuscitée, accueillait alors facilement les plus malheureux essais.

Je ne voulus point vivre de ma plume. Je

[1] Je dus beaucoup aux encouragements de mes illustres professeurs, MM. Villemain et Leclerc. Je me rappellerai toujours que M. Villemain, après la lecture d'un devoir qui lui avait plu, descendit de sa chaire, et vint avec un mouvement de sensibilité charmante, s'asseoir sur mon banc d'élève, à côté de moi.

voulus un vrai métier ; je pris celui que mes
études me facilitaient, l'enseignement. Je pensai
dès lors, comme Rousseau, que la littérature doit
être la chose réservée, le beau livre de la vie, la
fleur intérieure de l'âme. C'était un grand bonheur
pour moi, lorsque dans la matinée j'avais donné
mes leçons, de rentrer dans mon faubourg, près du
Père-Lachaise, et là, paresseusement, de lire tout
le jour les poëtes, Homère, Sophocle, Théocrite,
parfois les historiens. Un de mes anciens camarades et de mes plus chers amis, M. Poret, faisait
les mêmes lectures, dont nous conférions ensemble,
dans nos longues promenades au bois de Vincennes.

Cette vie insoucieuse ne dura guère moins de
dix ans, pendant lesquels je ne me doutais pas
que je dusse écrire jamais. J'enseignais concur-
remment les langues, la philosophie et l'histoire.
En 1821, le concours m'avait fait professeur dans
un collége. En 1827, deux ouvrages qui parurent
en même temps, mon *Vico* et mon *Précis d'histoire
moderne*, me firent professeur à l'École normale[1].

L'enseignement me servit beaucoup. La terrible

---

[1] Je l ai quittée à regret en 1837, lorsque l'influence éclectique y
fut dominante. En 1838, l'Institut et le Collége de France m'ayant
également élu pour leur candidat, j'obtins la chaire que j'occupe.

épreuve du collége avait changé mon caractère, m'avait comme serré et fermé, rendu timide et défiant. Marié jeune, et vivant dans une grande solitude, je désirais de moins en moins la société des hommes. Celle que je trouvai dans mes élèves, à l'École normale et ailleurs, rouvrit mon cœur, le dilata. Ces jeunes générations, aimables et confiantes, qui croyaient en moi, me réconcilièrent à l'humanité. J'étais touché, attristé souvent aussi de les voir se succéder devant moi si rapidement. A peine m'attachais-je, que déjà ils s'éloignaient. Les voilà tous dispersés, et plusieurs (si jeunes!) sont morts. Peu m'ont oublié; pour moi, vivants ou morts, je ne les oublierai jamais.

Ils m'ont rendu, sans le savoir, un service immense. Si j'avais, comme historien, un mérite spécial qui me soutînt à côté de mes illustres prédécesseurs, je le devrais à l'enseignement, qui pour moi fut l'amitié. Ces grands historiens ont été brillants, judicieux, profonds. Moi, j'ai aimé davantage.

J'ai souffert davantage aussi. Les épreuves de mon enfance me sont toujours présentes, j'ai gardé l'impression du travail, d'une vie âpre et laborieuse, je suis resté peuple.

Je le disais tout à l'heure, j'ai crû comme une
herbe entre deux pavés, mais cette herbe a gardé
sa séve, autant que celle des Alpes. Mon désert
dans Paris même, ma libre étude et mon libre enseignement (toujours libre et partout le même),
m'ont agrandi, sans me changer. Presque toujours ceux qui montent y perdent, parce qu'ils se
transforment ; ils deviennent mixtes, bâtards ; ils
perdent l'originalité de leur classe, sans gagner
celle d'une autre. Le difficile n'est pas de monter,
mais, en montant, de rester soi.

Souvent aujourd'hui l'on compare l'ascension
du peuple, son progrès, à l'invasion des *Barbares*,
Le mot me plaît, je l'accepte... *Barbares !* Oui,
c'est-à-dire pleins d'une séve nouvelle, vivante et
rajeunissante. *Barbares*, c'est-à-dire voyageurs en
marche vers la Rome de l'avenir, allant lentement
sans doute, chaque génération avançant un peu,
faisant halte dans la mort, mais d'autres n'en continuent pas moins.

Nous avons, nous autres Barbares, un avantage
naturel ; si les classes supérieures ont la culture,
nous avons bien plus de chaleur vitale. Elles n'ont
ni le travail fort, ni l'intensité, l'âpreté, la conscience dans le travail. Leurs élégants écrivains,

vrais enfants gâtés du monde, semblent glisser sur les nues, ou bien, fièrement excentriques, ils ne daignent regarder la terre ; comment la féconderaient-ils ? Elle demande, cette terre, à boire la sueur de l'homme, à s'empreindre de sa chaleur et de sa vertu vivante. Nos Barbares lui prodiguent tout cela, elle les aime. Eux, ils aiment infiniment, et trop se donnant parfois au détail, avec la sainte gaucherie d'Albert Durer, ou le poli excessif de Jean-Jacques, qui ne cache pas assez l'art ; par ce détail minutieux, ils compromettent l'ensemble. Il ne faut pas trop les blâmer ; c'est l'excès de la volonté, la surabondance d'amour, parfois le luxe de séve ; cette séve, mal dirigée, tourmentée, se fait tort à elle-même, elle veut tout donner à la fois, les feuilles, les fruits et les fleurs, elle courbe et tord les rameaux.

Ces défauts des grands travailleurs se trouvent souvent dans mes livres, qui n'ont pas leurs qualités. N'importe ! ceux qui arrivent ainsi, avec la séve du peuple, n'en apportent pas moins dans l'art un degré nouveau de vie et de rajeunissement, tout au moins un grand effort. Ils posent ordinairement le but plus haut, plus loin que les autres, consultant peu leurs forces, mais plutôt leur cœur.

Que ce soit là ma part dans l'avenir, d'avoir non
pas atteint, mais marqué le but de l'histoire, de
l'avoir nommée d'un nom que personne n'avait dit.
Thierry l'appelait *narration*, et M. Guizot *analyse*.
Je l'ai nommée *résurrection*, et ce nom lui restera.

Qui serait plus sévère que moi, si je faisais la
critique de mes livres! le public m'a trop bien
traité. Celui que je donne aujourd'hui, croit-on
que je ne voie pas combien il est imparfait?...

— Pourquoi alors publiez-vous? Vous avez donc
à cela un grand intérêt?

— Un intérêt?.. Plusieurs, comme vous allez
voir. D'abord, j'y perds plusieurs de mes amitiés.
Puis je sors d'une position tranquille, toute conforme à mes goûts. J'ajourne mon grand livre, le
monument de ma vie.

— Pour entrer dans la vie publique, apparemment?

— Jamais. Je me suis jugé! Je n'ai ni la santé,
ni le talent, ni le maniement des hommes.

— Pourquoi donc? alors...

Si vous voulez le savoir absolument, je vous
le dirai : Je parle, parce que personne ne parlerait
à ma place. Non qu'il n'y ait une foule d'hommes
plus capables de le faire, mais tous sont aigris,

tous haïssent. Moi, j'aimais encore... Peut-être aussi savais-je mieux les précédents de la France ; je vivais de sa grande vie éternelle, et non de la situation. J'étais plus vivant de sympathies, plus mort d'intérêts ; j'arrivais aux questions avec le désintéressement des morts.

Je souffrais d'ailleurs bien plus qu'un autre du divorce déplorable que l'on tâche de produire entre les hommes, entre les classes, moi qui les ai tous en moi.

La situation de la France est si grave qu'il n'y avait pas moyen d'hésiter. Je ne m'exagère pas ce que peut un livre ; mais il s'agit du devoir, et nullement du pouvoir.

Eh bien ! je vois la France baisser d'heure en heure, s'abîmer comme une Atlantide. Pendant que nous sommes là à nous quereller, ce pays enfonce.

Qui ne voit, d'Orient et d'Occident, une ombre de la mort peser sur l'Europe, et que chaque jour, il y a moins de soleil, et que l'Italie a péri, et que l'Irlande a péri, et que la Pologne a péri... Et que l'Allemagne veut périr !.. Ô Allemagne, Allemagne !..

Si la France mourait de mort naturelle, si les

temps étaient venus, je me résignerais peut-être, je ferais comme le voyageur sur un vaisseau qui va sombrer ; je m'envelopperais la tête, et me remettrais à Dieu... Mais la situation n'est pas du tout celle-là, et c'est là ce qui m'indigne ; notre ruine est absurde, ridicule, elle ne vient que de nous. Qui a une littérature, qui domine encore la pensée européenne ? Nous, tout affaiblis que nous sommes. Qui a une armée ? Nous seuls.

L'Angleterre et la Russie, deux géants faibles et bouffis, font illusion à l'Europe. Grands empires, et faibles peuples !.. Que la France soit une, un instant ; elle est forte comme le monde.

La première chose, c'est qu'avant la crise [1], nous nous reconnaissions bien, et que nous n'ayons pas, comme en 1792, comme en 1815, à changer de front, de manœuvre et de système, en présence de l'ennemi.

---

[1] Je n'ai jamais vu dans l'histoire une paix [de trente années. — Les banquiers, qui n'ont prévu aucune révolution (pas même celle de Juillet que plusieurs d'entre eux travaillaient), répondent que rien ne bougera en Europe. La première raison qu'ils en donnent, c'est que *la paix profite au monde*. Au monde, oui, et peu à nous ; les autres courent et nous marchons ; nous serons dans peu à la queue. Deuxièmement, disent-ils, *la guerre ne peut commencer qu'avec un emprunt, et nous ne l'accorderons pas*. Mais si on la commence avec un trésor, comme la Russie en fait un, si la guerre nourrit la guerre, comme au temps de Napoléon, etc., etc.

La seconde chose, c'est que nous nous fiions à la France, et point du tout à l'Europe.

Ici, chacun va chercher ses amis ailleurs [1], le politique à Londres, le philosophe à Berlin ; le communiste dit : Nos frères les Chartistes. — Le paysan seul a gardé la tradition du salut ; un Prussien pour lui est un Prussien, un Anglais est un Anglais. — Son bon sens a eu raison contre vous tous, humanitaires ! La Prusse, votre amie, et l'Angleterre, votre amie, ont bu l'autre jour à la France la santé de Waterloo.

Enfants, enfants, je vous le dis : Montez sur une montagne, pourvu qu'elle soit assez haute ; regardez aux quatre vents, vous ne verrez qu'ennemis.

Tâchez donc de vous entendre. La paix perpétuelle que quelques-uns vous promettent (pendant que les arsenaux fument !.. voyez cette noire fumée sur Cronstadt et Portsmouth), essayons, cette paix, de la commencer entre nous. Nous sommes

---

[1] Prenez un Allemand, un Anglais au hasard, le plus libéral, parlez-lui de liberté, il répondra liberté. Et puis tâchez un peu de voir comment ils l'entendent. Vous vous apercevrez alors que ce mot a autant de sens qu'il y a de nations, que le démocrate allemand, anglais, sont aristocrates au cœur, que la barrière des nationalités que vous croyez effacée, reste presque entière. Tous ces gens que vous croyez si près, sont à cinq cents lieues de vous.

divisés, sans doute, mais l'Europe nous croit plus divisés que nous ne sommes. Voilà ce qui l'enhardit. Ce que nous avons de dur à nous dire, disons-le, versons notre cœur, ne cachons rien des maux, et cherchons bien les remèdes.

Un peuple! une patrie! une France!.. Ne devenons jamais deux nations, je vous prie.

Sans l'unité, nous périssons. Comment ne le sentez-vous pas?

Français, de toute condition, de toute classe et de tout parti, retenez bien une chose, vous n'avez sur cette terre qu'un ami sûr, c'est la France. Vous aurez toujours, par-devant la coalition, toujours subsistante, des aristocraties, un crime, d'avoir, il y a cinquante ans, voulu délivrer le monde. Ils ne l'ont pas pardonné, et ne le pardonneront pas. Vous êtes toujours leur danger Vous pouvez vous distinguer entre vous par différents noms de partis. Mais, vous êtes, comme Français, condamnés d'ensemble. Par-devant l'Europe, la France, sachez-le, n'aura jamais qu'un seul nom, inexpiable, qui est son vrai nom éternel : la Révolution !

24 janvier 1846.

PREMIERE PARTIE

DU SERVAGE ET DE LA HAINE

CHAPITRE PREMIER

SERVITUDES DU PAYSAN

Si nous voulons connaître la pensée intime, la passion du paysan de France, cela est fort aisé. Promenons-nous le dimanche dans la campagne, suivons-le. Le voilà qui s'en va là-bas devant nous. Il est deux heures ; sa femme est à vêpres ; il est endimanché ; je réponds qu'il va voir sa maîtresse.

Quelle maîtresse? sa terre.

Je ne dis pas qu'il y aille tout droit. Non, il est libre ce jour-là, il est maître d'y aller ou de n'y

1

pas aller.. N'y va-t-il pas assez tous les jours de la semaine?.. Aussi, il se détourne, il va ailleurs, il a affaire ailleurs... Et pourtant, il y va.

Il est vrai qu'il passait bien près ; c'était une occasion. Il la regarde, mais auparavant il n'y entrera pas ; qu'y ferait-il?.. Et pourtant il y entre.

Du moins, il est probable qu'il n'y travaillera pas ; il est endimanché ; il a blouse et chemise blanches. — Rien n'empêche cependant d'ôter quelque mauvaise herbe, de rejeter cette pierre. Il y a bien encore cette souche qui gêne, mais il n'a pas sa pioche, ce sera pour demain.

Alors, il croise ses bras et s'arrête, regarde sérieux, soucieux. Il regarde longtemps, très-longtemps, et semble s'oublier. A la fin, s'il se croit observé, s'il aperçoit un passant, il s'éloigne à pas lents. A trente pas encore, il s'arrête, se retourne, et jette sur sa terre un dernier regard, regard profond et sombre ; mais pour qui sait bien voir, il est tout passionné, ce regard, tout de cœur, plein de dévotion.

Si ce n'est là l'amour, à quel signe donc le reconnaîtrez-vous en ce monde! C'est lui, n'en riez point... La terre le veut ainsi, pour produire ; autrement, elle ne donnerait rien, cette pauvre terre de France, sans bestiaux presque et sans engrais. Elle rapporte parce qu'elle est aimée.

La terre de France appartient à quinze ou vingt millions de paysans qui la cultivent; la terre d'Angleterre à une aristocratie de trente-deux mille personnes qui la font cultiver[1].

Les Anglais, n'ayant pas les mêmes racines dans le sol, émigrent où il y a profit. Ils disent *le pays;* nous disons *la patrie*[2]. Chez nous, l'homme et la terre se tiennent, et ils ne se quitteront pas; il y a entre eux légitime mariage, à la vie, à la mort. Le Français a épousé la France.

La France est une terre d'équité. Elle a généralement, en cas douteux, adjugé la terre à celui qui travaillait la terre[3]. L'Angleterre au contraire, a

[1] Et sur ces trente-deux mille, douze mille sont des corporations de main-morte. — Si l'on oppose à ceci que, en Angleterre, près de trois millions de personnes participent à la propriété foncière, c'est que ce mot, outre les terres, désigne les maisons et les petits terrains, cours, jardins d'agrément, qui sont joints aux maisons, surtout dans les localités industrielles.

[2] Nos Anglais de France disent le *pays* pour éviter de dire la patrie. V. une page spirituelle et chaleureuse de M. Génin, *des Variations du langage français*, p. 417.

[3] C'est un des caractères spiritualistes de notre Révolution. L'homme et le travail de l'homme lui ont paru d'un prix inestimable et qu'on ne pouvait mettre en balance avec celui du fonds; l'homme a emporté la terre, et en Angleterre, la terre a emporté l'homme. Dans les pays

prononcé pour le seigneur, chassé le paysan ; elle n'est plus cultivée que par des ouvriers.

Grave différence morale! Que la propriété soit grande ou soit petite, elle relève le cœur. Tel qui ne se serait point respecté pour lui-même, se respecte et s'estime pour sa propriété. Ce sentiment ajoute au juste orgueil que donne à ce peuple son incomparable tradition militaire. Prenez au hasard dans cette foule un petit journalier qui possède un vingtième d'arpent, vous n'y trouverez point les sentiments du journalier, du mercenaire ; c'est un propriétaire, un soldat (il l'a été, et le serait demain) ; son père fut de *la grande armée*.

La petite propriété n'est pas nouvelle en France On se figure à tort qu'elle a été constituée dernièrement, dans une seule crise, qu'elle est un accident de la Révolution. Erreur. La Révolution

---

même qui ne sont nullement féodaux, mais organisés sur le principe du clan celtique, les légistes anglais ont appliqué la loi féodale dans la plus extrême rigueur, décidant que le seigneur n'était pas seulement suzerain, mais propriétaire. Ainsi madame la duchesse de Sutherland s'est fait adjuger un comté d'Écosse plus grand que le département du Haut-Rhin, et en a chassé (de 1811 à 1820) trois mille familles, qui l'occupaient depuis qu'il y a une Écosse. La duchesse leur a fait donner une indemnité légère que beaucoup n'ont pas acceptée. Lire le récit de cette belle opération, que nous devons à l'agent de la duchesse, James Loch, *Compte rendu* des bonifications faites aux domaines du marquis de Stafford, in-8, 1820. M. de Sismondi en donne l'analyse dans ses *Études d'économie politique,* 1837.

trouva ce mouvement très-avancé, et elle-même en sortait. En 1785, un excellent observateur, Arthur Young, s'étonne et s'effraye de voir ici la terre *tellement divisée*. En 1758, l'abbé de Saint-Pierre remarque qu'en France « *les journaliers ont presque tous un jardin ou quelque morceau de vigne ou de terre*[1]. » En 1697, Boisguillebert déplore la nécessité où les petits propriétaires se sont trouvés sous Louis XIV de vendre une grande partie des biens acquis aux seizième et dix-septième siècles.

Cette grande histoire, si peu connue, offre ce caractère singulier : aux temps les plus mauvais, aux moments de pauvreté universelle, où le riche même est pauvre et vend par force, alors le pauvre se trouve en état d'acheter ; nul acquéreur ne se présentant, le paysan en guenilles arrive avec sa pièce d'or, et il acquiert un bout de terre.

Mystère étrange ; il faut que cet homme ait un trésor caché... Et il en a un, en effet : le travail persistant, la sobriété et le jeûne. Dieu semble avoir donné pour patrimoine à cette indestructible race le don de travailler, de combattre, au besoin, sans

---

[1] Saint-Pierre, t. X, p. 251 (Rotterdam). L'autorité de cet auteur peu grave est grave ici, parce qu'il écrivait sur les renseignements qu'il avait demandés à plusieurs intendants.

manger, de vivre d'espérance, de gaieté rigoureuse.

Ces moments de désastre où le paysan a pu acquérir la terre à bon marché, ont toujours été suivis d'un élan subit de fécondité qu'on ne s'expliquait pas. Vers 1500, par exemple, quand la France épuisée par Louis XI semble achever sa ruine en Italie, la noblesse qui part est obligée de vendre, la terre passant à de nouvelles mains refleurit tout à coup ; on travaille, on bâtit. Ce beau moment (dans le style de l'histoire monarchique) s'est appelé *le bon Louis XII.*

Il dure peu malheureusement. La terre est à peine remise en bon état, le fisc fond dessus ; les guerres de religion arrivent qui semblent raser tout jusqu'au sol[1], misères horribles, famines atroces où les mères mangeaient leurs enfants !.. Qui croirait que le pays se relève de là?.. Eh bien, la guerre finit à peine, de ce champ ravagé, de cette chaumière encore noire et brûlée, sort l'épargne du paysan. Il achète ; en dix ans, la France a changé de face ; en vingt ou trente, tous les biens ont doublé, triplé de valeur. Ce moment, encore baptisé d'un nom royal, s'appelle *le bon Henri IV* et le grand Richelieu.

---

[1] Voir Froumenteau : *Secrets des finances de France* (1581), Picu surtout p. 397-8.

Beau mouvement! quel cœur d'homme n'y prendrait part! et pourquoi donc faut-il qu'il s'arrête toujours, et que tant d'efforts, à peine récompensés, soient presque perdus?.. Ces mots *le pauvre épargne, le paysan achète*, ces simples mots qu'on dit si vite, sait-on bien tout ce qu'ils contiennent de travaux et de sacrifices, de mortelles privations? La sueur vient au front quand on observe dans le détail les accidents divers, les succès et les chutes de cette lutte obstinée, quand on voit l'invincible effort dont cet homme misérable a saisi, lâché, repris la terre de France... Comme le pauvre naufragé qui touche le rivage, s'y attache, mais toujours le flot l'emporte en mer; il s'y reprend encore, et s'y déchire, et il n'en serre pas moins le roc de ses mains sanglantes.

Le mouvement, je suis obligé de le dire, se ralentit, ou s'arrêta, vers 1650. Les nobles qui avaient vendu, trouvèrent moyen de racheter à vil prix. Au moment où nos ministres italiens, un Mazarin, un Émeri, doublaient les taxes, les nobles qui remplissaient la cour obtinrent aisément d'être exemptés, de sorte que le fardeau doublé tomba d'aplomb sur les épaules des faibles et des pauvres qui furent bien obligés de vendre ou donner cette terre à peine acquise, et de redevenir des merce-

naires, fermiers, métayers, journaliers. Par quels
incroyables efforts purent-ils, à travers les guerres
et les banqueroutes du grand roi, du régent, garder ou reprendre les terres que nous avons vues
plus haut se trouver dans leurs mains au dix-
huitième siècle, c'est ce qu'on ne peut s'expliquer.

Je prie et je supplie ceux qui nous font des lois
ou les appliquent, de lire le détail de la funeste
réaction de Mazarin et de Louis XIV dans les
pages pleines d'indignation et de douleur où l'a
consignée un grand citoyen, Pesant de Boisguillebert[1]. Puisse cette histoire les avertir, dans ·un
moment où diverses influences travaillent à l'envi
pour arrêter l'œuvre capitale de la France : l'acquisition de la terre par le travailleur.

Nos magistrats spécialement ont besoin de s'é-
clairer là-dessus, d'armer leur conscience ; la
ruse les assiége. Les grands propriétaires, tirés de

---

[1] Grand citoyen, éloquent écrivain, esprit positif, qu'il ne faut pas
confondre avec les utopistes de l'époque. On lui a attribué à tort l'idée
de la *dîme royale*. — Quoi de plus hardi que le commencement de
son *Factum*, et en même temps, quoi de plus douloureux? c'est le
profond soupir de l'agonie de la France. Boisguillebert le publia en
mars 1707, lorsque Vauban venait d'être condamné en février pour un
livre bien moins hardi. Comment cet homme héroïque n'a-t-il pas encore une statue à Rouen, qui le reçut en triomphe au retour de son
exil?.. (Réimprimé récemment dans la Collection des économistes.)

leur apathie naturelle par les gens de loi, se sont jetés dernièrement dans mille procès injustes. Il s'est créé contre les communes, contre les petits propriétaires, une spécialité d'avocats antiquaires qui travaillent tous ensemble à fausser l'histoire pour tromper la justice. Ils savent que rarement les juges auront le temps d'examiner ces œuvres de mensonges. Ils savent que ceux qu'ils attaquent n'ont presque jamais de titres en règles. Les communes surtout les ont mal conservés, ou n'en ont jamais eu; pourquoi? justement parce que leur droit est souvent très-antique, et d'une époque où l'on se fiait à la tradition.

Dans tous les pays de frontière spécialement[1], les drois des pauvres gens sont d'autant plus sacrés que personne sans eux n'aurait habité des marches si dangereuses; la terre eût été déserte, il n'y eût eu ni peuple ni culture. Et voilà qu'aujourd'hui, à une époque de paix et de sécurité, vous venez disputer la terre à ceux sans lesquels la terre n'existait pas! Vous demandez leurs titres; ils sont enfouis; ce sont les os de leurs aïeux qui

---

[1] Ajoutez qu'au moyen âge, dans la division de tant de provinces, de seigneuries, de fiefs, qui forment comme autant d'Etats, *la frontière est partout*. Dans des temps même plus récents, la frontière anglaise était au centre de la France, en Poitou jusqu'au treizième siècle, en Limousin jusqu'au quatorzième siècle, etc.

1.

ont gardé votre frontière, et qui en occupent encore la ligne sacrée.

Il est plus d'un pays en France où le cultivateur
a sur la terre un droit qui certes est le premier de
tous, celui de l'avoir faite. Je parle sans figure.
Voyez ces rocs brûlés, ces arides sommets du
midi ; là, je vous prie, où serait la terre sans
l'homme? La propriété y est toute dans le propriétaire. Elle est dans le bras infatigable qui brise le
caillou tout le jour, et mêle cette poussière d'un
peu d'humus. Elle est dans la forte échine du vigneron qui, du bas de la côte, remonte toujours son
champ qui s'écoule toujours. Elle est dans la docilité, dans l'ardeur patiente de la femme et de
l'enfant qui tirent à la charrue avec un âne... Chose
pénible à voir... Et la nature y compâtit elle-
même. Entre le roc et le roc, s'accroche la petite
vigne. Le châtaignier, sans terre, se tient en ser-
rant le pur caillou de ses racines, sobre et courageux végétal ; il semble vivre de l'air, et, comme
son maître, produire tout en jeûnant[1].

---

[1] Je sentis tout cela lorsque, au mois de mai 1844, allant de Nîmes
au Puy, je traversais l'Ardèche, cette contrée si âpre où l'homme a créé
tout. La nature l'avait faite affreuse; grâce à lui, la voilà charmante;
charmante en mai, et même alors toujours un peu sévère, mais d'un
charme moral d'autant plus touchant. Là, on ne dira pas que le seigneur a donné la terre au vilain; il n'y avait pas de terre. Aussi, com-

Oui, l'homme fait la terre; on peut le dire, même des pays moins pauvres. Ne l'oublions jamais, si nous voulons comprendre combien il l'aime et de quelle passion. Songeons que, des siècles durant, les générations ont mis là la sueur des vivants, les os des morts, leur épargne, leur nourriture... Cette terre, où l'homme a si longtemps déposé le meilleur de l'homme, son suc et sa substance, son effort, sa vertu, il sent bien que c'est une terre humaine, et il l'aime comme une personne.

Il l'aime; pour l'acquérir, il consent à tout, même à ne plus la voir; il émigre, il s'éloigne, s'il le faut, soutenu de cette pensée et de ce souvenir. A quoi supposez-vous que rêve, à votre porte, assis sur une borne, le commissionnaire savoyard? il rêve au petit champ de seigle, au maigre pâturage

bien mon cœur était blessé de voir encore, sur les hauteurs, ces affreux donjons noirs qui ont levé tribut si longtemps sur un peuple si pauvre, si méritant qui ne doit rien qu'à lui. Mes monuments à moi, ceux qui me reposaient les yeux, c'étaient dans la vallée, les humbles maisons de pierre sèche, de cailloux entassés, où vit le paysan. Ces maisons sont fort sérieuses, tristes même avec leur petit jardin mal arrosé, indigent et maigret; mais les arcades qui les portent, l'escalier à grandes marches, le perron spacieux sous les arcades, leur donnent beaucoup de style. Justement, c'était la grande récolte; à ce beau moment de l'année, on travaillait la soie, le pauvre pays semblait riche; chaque maison, sous la sombre arcade, montrait une jeune dévideuse, qui, tout en piétinant sur la pédale du dévidoir, souriait de ses jolies dents blanches et filait de l'or.

qu'au retour il achètera dans sa montagne. Il faut
dix ans! n'importe[1]... L'Alsacien, pour avoir de
la terre dans sept ans, vend sa vie, va mourir en
Afrique[2]. Pour avoir quelques pieds de vigne, la
femme de Bourgogne ôte son sein de la bouche de
son enfant, met à la place un enfant étranger, sè-
vre le sien, trop jeune : « Tu vivras, dit le père,
ou tu mourras, mon fils ; mais, si tu vis, tu auras
de la terre ! »

N'est-ce pas là une chose bien dure à dire, et
presque impie ?.. Songeons-y bien avant de décider. « Tu auras de la terre, » cela veut dire : « Tu
ne seras point un mercenaire qu'on prend et qu'on
renvoie demain ; tu ne seras point serf pour la
nourriture quotidienne, tu seras libre !.. » Libre !
grande parole, qui contient en effet toute dignité
humaine : nulle vertu sans la liberté.

Les poëtes ont parlé souvent des attractions de
l'eau, de ces dangereuses fascinations qui attiraient
le pêcheur imprudent. Plus dangereuse, s'il se
peut, est l'attraction de la terre. Grande ou petite,
elle a cela d'étrange, et qui attire, qu'elle est toujours incomplète ; elle demande toujours *qu'on*

---

[1] Léon Faucher, *la Colonie des Savoyards à Paris, Revue des
Deux-Mondes,* nov. 1834, IV, 545.
[2] Voir plus bas, p. 25, *note.*

l'arrondisse. Il y manque très-peu, ce quartier
seulement, ou moins encore, ce coin. Voilà la tentation : s'arrondir, acheter, emprunter. « Amasse,
si tu peux, n'emprunte pas, dit la raison. » Mais
cela est trop long, la passion dit : « Emprunte! »
— Le propriétaire, homme timide, ne se soucie
pas de prêter; quoique le paysan lui montre une
terre bien nette et qui jusque-là ne doit rien, il a
peur que du sol ne surgissent (car nos lois sont
telles) une femme, un pupille, dont les droits
supérieurs emportent toute la valeur du gage.
Donc, il n'ose prêter. — Qui prêtera? l'usurier du
lieu, ou l'homme de loi qui a tous les papiers du
paysan, qui connaît ses affaires mieux que lui, qui
sait ne rien risquer, et qui voudra bien, d'amitié,
lui prêter? non lui faire prêter, à sept, à huit, à
dix!

Prendra-t-il cet argent funeste? Rarement sa
femme en est d'avis. Son grand-père, s'il le con-
sultait, ne le lui conseillerait pas. Ses aïeux, nos
vieux paysans de France, à coup sûr, ne l'auraient
pas fait. Race humble et patiente, ils ne comptaient
jamais que sur leur épargne personnelle, sur un
sou qu'ils ôtaient à leur nourriture, sur la petite
pièce que parfois ils sauvaient, au retour du marché, et qui la même nuit allait (comme on en trouve

encore) dormir avec ses sœurs au fond d'un pot,
enterré dans la cave.

Celui d'aujourd'hui n'est plus cet homme-là ; il
a le cœur plus haut, il a été soldat. Les grandes
choses qu'il a faites en ce siècle l'ont habitué à
croire, sans difficulté, l'impossible. Cette acquisition de terre, pour lui, c'est un combat ; il y va
comme à la charge, il ne reculera pas. C'est sa bataille d'Austerlitz ; il la gagnera ; il y aura du mal,
il le sait, il en a vu bien d'autres *sous l'Ancien.*

S'il a combattu d'un grand cœur, quand il n'y
avait à gagner que des balles, croyez-vous qu'il y
aille mollement ici, dans ce combat contre la terre ?
Suivez-le avant jour, vous trouverez votre homme
au travail, lui, les siens, sa femme qui vient d'ac-
coucher, qui se traîne sur la terre humide. A midi,
lorsque les rocs se fendent, lorsque le planteur fait
reposer son nègre, le nègre volontaire ne se repose
pas... Voyez sa nourriture, et comparez-la à celle
de l'ouvrier ; celui-ci a mieux tous les jours que le
paysan le dimanche.

Cet homme héroïque a cru, par la grandeur de
sa volonté, pouvoir tout, jusqu'à supprimer le
temps. Mais ici ce n'est pas comme en guerre, le
temps ne se supprime pas ; il pèse, la lutte dure
et se prolonge entre l'usure que le temps accu-

mule, et la force de l'homme qui baisse. La terre
lui rapporte deux, l'usure demande huit, c'est-à-
dire que l'usure combat contre lui comme quatre
hommes contre un. Chaque année d'intérêt enlève
quatre années de travail.

Étonnez-vous maintenant si ce Français, ce
rieur, ce chanteur d'autrefois, ne rit plus aujour-
d'hui ! Étonnez-vous, si, le rencontrant sur cette
terre qui le dévore, vous le trouvez si sombre...
Vous passez, vous le saluez cordialement ; il ne
veut pas vous voir, il enfonce son chapeau. Ne lui
demandez pas le chemin ; il pourrait bien, s'il vous
répond, vous faire tourner le dos au lieu où vous
allez.

Ainsi le paysan s'isole, s'aigrit de plus en plus.
Il a le cœur trop serré pour l'ouvrir à aucun sentiment de bienveillance. Il hait le riche, il hait son
voisin, et le monde. Seul, dans cette misérable
propriété, comme dans une île déserte, il devient
un sauvage. Son insociabilité, née du sentiment
de sa misère, la rend irrémédiable ; elle l'empêche de s'entendre avec ceux qui devraient être ses
aides et amis naturels[1], les autres paysans ; il

---

[1] Je parlerai plus loin de l'association. Quant aux avantages et inconvénients économiques de la petite propriété, qui sont étrangers à
mon sujet, V. Gasparin, Passy, Dureau Delamalle, etc.

mourrait plutôt que de faire un pas vers eux. D'autre part, l'habitant des villes n'a garde d'approcher de cet homme farouche; il en a presque peur : « Le paysan est méchant, haineux, il est capable de tout... Il n'y a pas de sûreté à être son voisin. » Ainsi, de plus en plus les gens aisés s'éloignent, ils passent quelque temps à la campagne, mais ils n'y habitent pas d'une manière fixe; leur domicile est à la ville. Ils laissent le champ libre au banquier de village, à l'homme de loi, confesseur occulte de tous et qui gagne sur tous. « Je ne veux plus avoir affaire à ces gens-là, dit le propriétaire; le notaire arrangera tout, je m'en rapporte à lui; il comptera avec moi, et donnera, divisera, comme il voudra, le fermage. » Le notaire, dans plusieurs endroits, devient ainsi le seul fermier, l'unique intermédiaire entre le propriétaire riche et le laboureur. Grand malheur pour le paysan. Pour échapper au servage du propriétaire qui généralement savait attendre et se laissait payer très-longtemps de paroles, il a pris pour maître l'homme de loi, l'homme d'argent qui ne connaît que l'échéance.

La malveillance du propriétaire ne manque guère d'être justifiée près de lui par les pieux personnages que reçoit sa femme. Le matérialisme du

paysan est le texte ordinaire de leurs lamentations :
« Age impie, disent-ils, race matérielle! ces gens-
là n'aiment que la terre! c'est toute leur religion!
ils n'adorent que le fumier de leur champ!.. »
Malheureux pharisiens, si cette terre n'était que de
la terre, ils ne l'achèteraient pas à ces prix insen-
sés, elle n'entraînerait pas pour eux ces égare-
ments, ces illusions. Vous, hommes de l'esprit et
point matériels, on ne vous y prendrait pas ; vous
calculez, à un franc près, ce que ce champ donne
en blé ou en vin. Et lui, le paysan, il y ajoute un
prix infini d'imagination ; c'est lui qui donne ici
trop à l'esprit, lui qui est le poëte... Dans cette
terre sale, infime, obscure, il voit distinctement
reluire l'or de la liberté. La liberté, pour qui connaît les vices obligés de l'esclave, c'est *la vertu
possible*. Une famille qui, de mercenaire, devient
propriétaire, se respecte, s'élève dans son estime,
et la voilà changée ; elle récolte de sa terre une
moisson de vertus. La sobriété du père, l'économie
de la mère, le travail courageux du fils, la chasteté
de la fille, tous ces fruits de la liberté, sont-ce là,
je vous prie, des biens matériels, sont-ce des trésors que l'on peut payer trop cher[1]?

---

[1] Le paysan n'est pas quitte. Voici venir, après le prêtre, l'artiste
pour le calomnier, l'artiste néo-catholique, cette race impuissante de

Hommes du passé, qui vous dites les hommes
de la foi, si vous l'êtes vraiment, reconnaissez que
ce fut une foi celle qui, de nos jours, par le bras
de ce peuple, défendit la liberté du monde contre
le monde même. Ne parlez pas toujours, je vous
prie, de chevalerie. Ce fut une chevalerie, et la
plus fière, celle de nos paysans-soldats... On dit
que la Révolution a supprimé la noblesse; mais
tout le contraire, elle a fait trente-quatre millions
de nobles... Un émigré opposait la gloire de ses
ancêtres; un paysan, qui avait gagné des batailles,
répondit : « Je suis un ancêtre ! »

Ce peuple est noble, après ces grandes choses;
l'Europe est restée roturière. Mais cette noblesse,
il faut que nous la défendions sérieusement : elle
est en péril. Le paysan, devenant le serf de l'usurier, ne serait pas misérable seulement, il baisse-
rait de cœur. Un triste débiteur, inquiet, trem-
blant, qui a peur de rencontrer son créancier et
qui se cache, croyez-vous que cet homme-là garde
beaucoup de courage? Que serait-ce d'une race

---

pleureurs du moyen âge, qui ne sait autre chose que pleurer et copier...
Pleurer les pierres, car, pour les hommes, qu'ils meurent de faim, s'ils
veulent. Comme si le mérite de ces pierres n'était pas de rappeler
l'homme et d'en porter l'empreinte. Le paysan, pour ce monde-là,
n'est qu'un démolisseur. Tout vieux mur qu'il abat, toute pierre qu'a
remuée sa charrue, était une incomparable ruine.

élevée ainsi, sous la terreur des juifs, et dont les émotions seraient celles de la contrainte, de la saisie, de l'expropriation?

Il faut que les lois changent ; il faut que le droit subisse cette haute nécessité politique et morale.

Si vous étiez des Allemands, des Italiens, je vous dirais : « Consultez les légistes : vous n'avez rien à observer que les règles de l'équité civile. » — Mais, vous êtes la France ; vous n'êtes pas une nation seulement, vous êtes un principe, un grand principe politique. Il faut le défendre à tout prix. Comme principe, il vous faut vivre. Vivez pour le salut du monde !

Au second rang par l'industrie, vous êtes au premier dans l'Europe par cette vaste et profonde légion de paysans propriétaires, soldats, la plus forte base qu'aucune nation ait eue depuis l'empire romain. C'est par là que la France est formidable au monde, et secourable aussi ; c'est là ce qu'il regarde avec crainte et espoir. Qu'est-ce en effet ? l'armée de l'avenir, au jour où viendront les Barbares.

Une chose rassure nos ennemis ; c'est que cette grande France muette qui est dessous, est depuis longtemps dominée par une petite France, bruyante et remuante. Nul gouvernement, depuis la Révolution, ne s'est préoccupé de l'intérêt agricole. L'industrie, sœur cadette de l'agriculture, a fait oublier son aînée. La Restauration favorisa la propriété, mais la grande propriété. Napoléon même, si cher au paysan et qui le comprit bien, commença par supprimer l'impôt du revenu qui atteignait le capitaliste et soulageait la terre ; il effaça les lois hypothécaires que la Révolution avait faites pour rapprocher l'argent du laboureur.

Aujourd'hui, le capitaliste et l'industriel gouvernent seuls. L'agriculture, qui compte pour moitié et plus dans nos recettes, n'obtient dans nos dépenses qu'un cent huitième! La théorie ne la traite guère mieux que l'administration ; elle s'inquiète surtout de l'industrie et des industriels. Plusieurs de nos économistes disent le *travailleur* pour dire l'*ouvrier*, oubliant seulement vingt-quatre millions de travailleurs agricoles.

Et cependant le paysan n'est pas seulement la partie la plus nombreuse de la nation, c'est la plus forte, la plus saine, et, en balançant bien le physique et le moral, au total la meilleure[1]. Dans l'affaiblissement des croyances qui le soutinrent jadis, abandonné à lui-même, entre la foi ancienne qu'il

---

[1] La population urbaine qui ne fait qu'un cinquième de la nation fournit les deux cinquièmes des accusés.

n'a plus et la lumière moderne qu'on ne lui donne pas, il garde pour soutien le sentiment national, la grande tradition militaire, quelque chose de l'honneur du soldat. Il est intéressé, âpre en affaires sans doute ; qui peut y trouver à dire, quand on sait ce qu'il souffre ?.. Tel qu'il est, quoi qu'on puisse lui reprocher parfois, comparez-le, je vous prie, dans la vie habituelle, à vos marchands qui mentent tout le jour, à la tourbe des manufactures.

Homme de la terre, et vivant tout en elle, il semble fait à son image. Comme elle, il est avide ; la terre ne dit jamais assez. Il est obstiné, autant qu'elle est ferme et persistante ; il est patient, à son exemple, et non moins qu'elle, indestructible ; tout passe, et lui, il reste... Appelez-vous cela des défauts ? Eh ! s'il ne les avait pas, depuis longtemps vous n'auriez plus de France.

Voulez-vous juger nos paysans ? regardez-les, au retour du service militaire ! vous voyez ces soldats terribles, les premiers du monde, qui revenant à peine d'Afrique, de la guerre des lions, se mettent doucement à travailler, entre leur sœur et leur mère, reprennent la vie paternelle d'épargne et de jeûne, ne font plus de guerre qu'à eux-mêmes. Vous les voyez, sans plainte, sans violence, cher-

cher par les moyens les plus honorables l'accom-
plissement de l'œuvre sainte qui fait la force de la
France : je veux dire, le mariage de l'homme et
de la terre.

La France tout entière, si elle avait le vrai sentiment de sa mission, aiderait à ceux qui continuent
cette œuvre. Par quelle fatalité faut-il qu'elle s'arrête aujourd'hui dans leurs mains [1]!.. Si la situation présente continuait, le paysan, loin d'acquérir,
vendrait, comme il fit au milieu du dix-septième
siècle, et redeviendrait mercenaire. Deux cents ans
de perdus!.. Ce ne serait pas là la chute d'une
classe d'hommes, mais celle de la patrie.

Ils payent plus d'un demi-milliard à l'État
chaque année! un milliard à l'usure! Est-ce tout?
Non, la charge indirecte est peut-être aussi forte,
celle que l'industrie impose au paysan par ses
douanes, qui, repoussant les produits étrangers,
empêchent aussi nos denrées de sortir.

Ces hommes si laborieux sont les plus mal
nourris. Point de viande ; nos éleveurs (qui sont au

[1] Elle s'arrête, ou même recule. M. Hipp. Passy assure (*Mém. Acad. polit.*, II, 301) que de 1835 à 1845, le nombre des propriétaires, com-paré à celui du reste de la population, *a diminué* de 2 1/2 pour 100, ou *d'un quarantième*. — Il part du recensement de 1815. Mais ce recensement est-il exact? est-il plus sérieux que celui de 1826, que les tableaux du mouvement de la population, au temps de l'Empire, etc. ? V. Villermé, *Journal des Économistes*, n° 42, mai 1845.

fond des industriels) empêchent l'agriculteur d'en
manger¹, *dans l'intérêt de l'agriculture*. Le dernier
ouvrier mange du pain blanc; mais celui qui fait
venir le blé, ne le mange que noir. Ils font le vin,
et la ville le boit. Que dis-je! le monde entier boit
la joie à la coupe de la France, excepté le vigneron français².

L'industrie de nos villes a obtenu récemment un
soulagement considérable, dont le poids retombe
sur la terre, au moment où la petite industrie des
campagnes, l'humble travail de la fileuse, est tué
par la machine à lin.

Le paysan, perdant ainsi, une à une, ses indus-

¹ Et qui lui vendent à si haut prix son unique vache et ses bœufs
de labour. — Les éleveurs disent : Point d'agriculteurs sans engrais,
ni d'engrais sans bestiaux. — Ils ont raison, mais contre eux-mêmes.
Ne changeant rien et n'améliorant rien (sauf pour la production de luxe
et les succès de gloriole), maintenant les prix élevés pour les qualités
inférieures, ils empêchent tous les pays pauvres d'acheter les petits
bestiaux qui leur conviennent, d'obtenir les engrais qui leur sont nécessaires ; l'homme et la terre, ne pouvant réparer leurs forces, languissent d'épuisement.

² On se rappelle le calcul de Paul-Louis Courier, qui trouvait qu'au
total, l'arpent de vigne rapportait 150 fr. au vigneron et 1500 fr. au
fisc. Cela est exagéré. Mais en récompense, il faut ajouter que cet arpent est ajourd'hui bien plus endetté qu'en 1820. — Point de métier
plus pénible cependant, ni qui mérite mieux son salaire. Traversez la
Bourgogne au printemps ou à l'automne : vous faites quarante lieues
à travers un pays deux fois par an remué, bouleversé, déplanté, replanté
d'échalas. Quel travail !.. Et pour qu'à Bercy, à Rouen, ce produit qui
a tant coûté, soit falsifié et déshonoré; un art infâme calomnie la nature et la bonne liqueur ; le vin est aussi maltraité que le vigneron.

tries, aujourd'hui le lin, demain la soie peut-être, a grand'peine à garder la terre; elle lui échappe, et elle emporte avec elle tout ce qu'il y a mis d'années laborieuses, d'épargne, de sacrifices. C'est de sa vie elle-même qu'il est exproprié. S'il reste quelque chose, les spéculateurs l'en débarrassent; il écoute, avec la crédulité du malheur, toutes les fables qu'ils débitent : Alger produit le sucre et le café; tout homme en Amérique gagne dix francs par jour; il faut passer la mer; qu'importe? l'Alsacien croit, sur leur parole, que l'Océan n'est guère plus large que le Rhin[1].

---

[1] C'est ce qu'un Alsacien disait en propres termes à un de mes amis (septembre 1845). — Nos Alsaciens qui émigrent ainsi, vendent le peu qu'ils ont au départ; le juif est là à point pour acheter. Les Allemands tâchent d'emporter leurs meubles, ils voyagent en chariots, comme les Barbares qui émigrèrent dans l'empire romain. Je me rappelle qu'un jour, en Souabe, dans un jour très-chaud, très-poudreux, je rencontrai un de ces chariots d'émigrants, plein de coffres, de meubles, d'effets entassés. Derrière, un tout petit chariot, attaché au grand, traînait un enfant de deux ans, d'aimable et douce figure. Il allait ainsi pleurant, sous la garde d'une petite sœur qui marchait auprès, sans pouvoir l'apaiser. Quelques femmes reprochant aux parents de laisser leur enfant derrière, le père fit descendre sa femme pour le reprendre. Ces gens me paraissaient tous deux abattus, presque insensibles, morts d'avance, de misère? ou de regrets? Pouvaient-ils arriver jamais? cela n'était guère probable. Et l'enfant? sa frêle voiture durerait-elle dans ce long voyage? je n'osais me le demander... Un seul membre de la famille me paraissait vivant, et me promettait de durer; c'était un garçon de quatorze ans, qui, à ce moment même, enrayait pour une descente. Ce garçon à cheveux noirs, d'un sérieux passionné, semblait plein de force morale, d'ardeur; du moins, je le jugeai ainsi. Il

Avant d'en venir là, avant de quitter la France, toute ressource sera employée. Le fils se vendra [1]. La fille se fera domestique. Le jeune enfant entrera dans la manufacture voisine. La femme se placera comme nourrice dans la maison du bourgeois [2], ou prendra chez elle l'enfant du petit marchand, de l'ouvrier même.

se sentait déjà comme le chef de la famille, sa providence, et chargé de sa sûreté. La vraie mère était la sœur; elle en remplissait le rôle. Le petit, pleurant dans son berceau, avait son rôle aussi, et ce n'était pas le moins important; il était l'unité de la famille, le lien du frère et de la sœur, leur nourrisson commun; en son petit chariot d'osier, il emportait le foyer et la patrie; là devait toujours, s'il durait, jusque dans un monde inconnu, se retrouver la Souabe... Ah! que de choses ils auront, ces enfants, à faire et à souffrir! En regardant l'aîné, sa belle tête sérieuse, je le bénis de cœur, et le douai, autant qu'il était en moi.

[1] On méprise trop ces remplaçants. M. Vivien qui, comme membre d'une commission de la Chambre, a fait une enquête à ce sujet, m'a fait l'honneur de me dire que leurs motifs étaient souvent très-louables, venir en aide à une famille, acquérir une petite propriété, etc.

[2] Aucun peintre de mœurs, romancier, socialiste, que je sache, n'a daigné nous parler de nourrice. Il y a pourtant là une triste histoire qu'on ne connaît pas assez. On ne sait pas combien ces pauvres femmes sont exploitées et mal menées, d'abord par les voitures qui les transportent (souvent à peine accouchées), et ensuite par les bureaux qui les reçoivent. Prises comme nourrices *sur lieu*, il faut qu'elles renvoient leur enfant, qui souvent en meurt. Elles n'ont aucun traité avec la famille qui les loue, et peuvent être renvoyées au premier caprice de la mère, de la garde, du médecin; si le changement d'air et de vie leur tarit leur lait, elles sont renvoyées sans indemnité. Si elles restent, elles prennent ici les habitudes de l'aisance, et souffrent infiniment quand il leur faut rentrer dans leur vie pauvre; plusieurs se font domestiques pour ne plus quitter la ville; elles ne rejoignent plus leur mari, et la famille est rompue.

L'ouvrier, pour peu qu'il gagne bien sa vie, est l'objet de l'envie du paysan. Lui, qui appelle bourgeois le fabricant, il est un bourgeois pour l'homme de la campagne. Celui-ci le voit le dimanche se promener vêtu comme un monsieur. Attaché à la terre, il croit qu'un homme qui porte avec lui son métier, qui travaille sans s'inquiéter des saisons, de la gelée ni de la grêle, est libre comme l'oiseau. Il ignore et ne veut point voir les servitudes de l'homme d'industrie. Il en juge d'après le jeune ouvrier voyageur qu'il rencontre sur les routes, faisant son tour de France, qui gagne à chaque halte pour le séjour et le voyage, puis, reprenant la longue canne de compagnonnage et le petit paquet, s'achemine vers une autre ville en chantant ses chansons.

CHAPITRE II

« Que la ville est brillante ! que la campagne est triste et pauvre ! » Voilà ce que vous entendez dire aux paysans qui viennent voir la ville aux jours de fête. Ils ne savent pas que si la campagne est *pauvre*, la ville, avec tout son éclat, est peut-être plus *misérable* [1]. Peu de gens au reste font cette distinction.

Regardez le dimanche aux barrières ces deux foules qui vont en sens inverse, l'ouvrier vers la campagne, le paysan vers la ville. Entre ces deux mouvements, qui semblent analogues, la différence

---

[1] Distinction posée fort nettement dans l'ouvrage de l'estimable (et regrettable !) M. Buret : *De la misère*, etc., 1840. Il a peut-être dans cet ouvrage accueilli trop facilement les exagérations des enquêtes anglaises.

est grande. Celui du paysan n'est pas une simple promenade; il admire tout à la ville, il désire tout, il y restera, s'il le peut.

Qu'il y regarde. La campagne une fois quittée, on n'y retourne guère. Ceux qui viennent comme domestiques, qui partagent la plupart les jouissances des maîtres, ne se soucient nullement de revenir à leur vie d'abstinence. Ceux qui se font ouvriers des manufactures voudraient retourner aux champs, qu'ils ne le pourraient; ils sont en peu de temps énervés, incapables de supporter les rudes travaux, les variations rapides du chaud, du froid : le grand air les tuerait.

Si la ville est tellement absorbante, il ne faut pas trop l'en accuser, ce semble; elle repousse le paysan autant qu'il est en elle, par des octrois terribles, par l'énorme cherté du prix des vivres. Assiégée par ces foules, elle essaye ainsi de chasser l'assaillant. Mais rien ne le rebute; nulle condition n'est assez dure. Il entrera, comme on voudra, domestique, ouvrier, simple aide des machines et machine lui-même. On se rappelle ces anciennes populations italiques qui, dans leur frénétique désir d'entrer dans Rome, se vendaient comme esclaves, pour y devenir plus tard affranchis, citoyens.

Le paysan ne se laisse pas effrayer par les
plaintes de l'ouvrier, par les peintures terribles
qu'on lui fait de sa situation. Il ne comprend pas,
lui qui gagne un franc ou deux, qu'avec des
salaires de trois, quatre ou cinq francs, on puisse
être misérable. « Mais les variations du travail ?
les chômages ? » Qu'importe ? Il économisait sur
ses faibles journées, combien plus aisément, sur
un si gros salaire, il épargnera pour le mauvais
temps !

Même en mettant le gain à part, la vie est plus
douce à la ville. On y travaille généralement à
couvert ; cela seul, d'avoir un toit sur la tête, semble une grande amélioration. Sans parler de la
chaleur, le froid dans nos climats est une souffrance, pour ceux mêmes qui y semblent le plus
habitués. J'ai passé pour ma part bien des hivers
sans feu, sans être moins sensible au froid. Quand
la gelée cessait, j'éprouvais un bonheur auquel
peu de jouissances sont comparables. Au printemps, c'était un ravissement. Ces changements de
saisons, si indifférents pour les riches, font le fond
de la vie du pauvre, ses vrais événements.

Le paysan gagne encore en entrant à la ville,
sous le rapport de la nourriture ; elle est, sinon
plus saine, au moins plus savoureuse. Il n'est pas

2.

rare, dans les premiers mois du séjour, de le
voir engraisser. En récompense, son teint change,
et ce n'est pas en bien. C'est qu'il a perdu, dans
sa transplantation, une chose très-vitale, et même
nutritive, qui seule explique comment les travailleurs de la campagne restent forts avec des ali-
ments très-peu réparateurs; cette chose, c'est l'air
libre, l'air pur, rafraîchi sans cesse, renouvelé
des parfums végétaux. L'air des villes est-il aussi
malsain qu'on le dit, je ne le crois pas; mais il
l'est à coup sûr dans les misérables logis où s'en-
tassent la nuit un si grand nombre de pauvres
ouvriers, entre les filles et les voleurs.

Le paysan n'a pas compté cela. Il n'a pas compté
davantage qu'en gagnant plus d'argent à la ville,
il perdait son trésor, — la sobriété, l'épargne,
l'avarice, s'il faut trancher le mot. Il est facile
d'épargner, loin des tentations de dépense, lorsqu'un seul plaisir se présente, celui d'épargner.
Mais combien est-ce difficile, quelle force faut-il,
quelle domination de soi-même, pour tenir l'argent
captif et la poche scellée, quand tout sollicite à
l'ouvrir! Ajoutez que la Caisse d'épargne qui garde
un argent invisible, ne donne nullement les émotions du trésor que le paysan enterre et déterre
avec tant de plaisir, de mystère et de peur; encore

moins, y a-t-il là le charme d'une jolie pièce de terre qu'on voit toujours, qu'on remue toujours, qu'on veut toujours étendre.

Certes, l'ouvrier a besoin d'une grande vertu pour épargner. S'il est facile, bon enfant et se laisse aller aux camarades, mille dépenses variables emportent tout, le cabaret, le café et le reste. S'il est sérieux, honnête, il se marie dans quelque bon moment où l'ouvrage va bien; la femme gagne peu, puis rien, quand elle a des enfants; l'homme, à l'aise quand il était garçon, ne sait comment faire face à cette dépense, fixe, accablante, qui revient tous les jours.

Il y avait jadis, outre les droits d'entrée, une autre barrière qui repoussait le paysan des villes et l'empêchait de se faire ouvrier; cette barrière était la difficulté d'entrer dans un métier, la longueur de l'apprentissage, l'esprit d'exclusion des confréries et corporations. Les familles industrielles prenaient peu d'apprentis, le plus souvent leurs enfants qu'elles échangeaient entre elles. Aujourd'hui de nouveaux métiers se sont créés, qui ne demandent guère d'apprentissage et reçoivent un homme quelconque. Le véritable ouvrier, dans ces métiers, c'est la machine; l'homme n'a pas besoin de beaucoup de force, ni d'adresse; il est là

seulement pour surveiller, aider cet ouvrier de fer.
Cette malheureuse population asservie aux machines comprend quatre cent mille âmes, ou un
peu plus [1]. C'est environ la quinzième partie de

---

[1] Ceux qui étendent ce chiffre, y comprennent des ouvriers occupés,
il est vrai, dans des manufactures qui emploient des machines, mais
nullement asservis aux machines. Ceux-ci sont et seront toujours une
exception. — L'extension du *machinisme* (pour désigner ce système
d'un mot) est-elle à craindre? La machine doit-elle tout envahir? La
France deviendra-t-elle sous ce rapport une Angleterre? — A ces
questions graves, je réponds sans hésiter: Non. Il ne faut pas juger
de l'extension de ce système par l'époque de la grande guerre européenne où il a été surexcité par des primes monstrueuses que le commerce ordinaire n'offre point. Éminemment propre à abaisser le prix
des objets qui doivent descendre dans toutes les classes, il a répondu à
un besoin immense, celui des classes inférieures, qui, dans un moment
d'ascension rapide, ont voulu tout d'abord avoir le confortable, le brillant même, mais en se contentant d'un brillant médiocre, souvent
vulgaire, et, comme on dit, *de fabrique*. Quoique, par un effort admirable, la manufacture se soit élevée à des produits très-beaux qu'on ne
pouvait attendre, ces produits, fabriqués en gros et par des moyens
uniformes, sont irrémédiablement marqués d'un caractère monotone.
Le progrès du goût rend sensible cette monotonie, et la fait parfois
trouver ennuyeuse. Telle œuvre irrégulière des arts non mécaniques
charme l'œil et l'esprit plus que ces irréprochables chefs-d'œuvre industriels qui rappellent tristement par l'absence de vie, le métal qui fut
leur père, et leur mère, la vapeur.

Ajoutez que chaque homme maintenant ne veut plus être *telle classe*,
mais *tel homme*, il veut être lui-même; par suite, il doit souvent faire
moins de cas des produits fabriqués *par classes*, sans individualité qui
réponde à la sienne. Le monde avance dans cette route; chacun veut,
tout en comprenant mieux le général, caractériser son *individualité*.
Il est très-vraisemblable que, toute chose égale d'ailleurs, on préférera,
aux fabrications uniformes des machines, les produits variés sans cesse
qui portent l'empreinte de la personnalité humaine, qui, pour aller à
l'homme et changer comme il change, partent de l'homme immédia-

nos ouvriers. Tout ce qui ne sait rien faire vient s'offrir aux manufactures pour servir les machines. Plus il en vient, plus le salaire baisse, plus ils sont misérables. D'autre part, la marchandise, fabriquée ainsi à vil prix, descend à la portée des pauvres, en sorte que la misère de l'ouvrier-machine diminue quelque peu la misère des ouvriers et paysans, qui, très-probablement, sont soixante-dix fois plus nombreux.

C'est ce que nous avons vu en 1842. La filature était aux abois. Elle étouffait; les magasins crevaient, nul écoulement. Le fabricant terrifié n'osait ni travailler, ni chômer avec ces dévorantes machines; l'usure ne chôme pas; il faisait des demi-journées, et il encombrait l'encombrement. Les prix baissaient en vain; nouvelles baisses, jusqu'à ce que le coton fût tombé à six sols... Là, il y eut une chose inattendue. Ce mot *six sols* fut un réveil. Des millions d'acheteurs, de pauvres gens qui n'achetaient jamais, se mirent en mouvement. On vit alors quel immense et puissant consomma-

tement. — Là est le véritable avenir de la France industrielle, bien plus que dans la fabrication mécanique où elle reste inférieure. — Au reste, les deux systèmes se prêtent un mutuel appui. Plus les premiers besoins seront satisfaits à bas prix par les machines, plus le goût s'élèvera au-dessus des produits du machinisme, et recherchera les produits d'un art tout personnel.

teur est le peuple, quand il s'en mêle. Les magasins furent vidés d'un coup. Les machines se remirent à travailler avec furie; les cheminées fumè-
rent... Ce fut une révolution en France, peu remarquée, mais grande; révolution dans la propreté, embellissement subit dans le ménage pauvre; linge de corps, linge de lit, de table, de fenê-
tres : des classes entières en eurent, qui n'en
avaient pas eu depuis l'origine du monde.

On le comprend assez, sans autre exemple : la
machine, qui semble une force tout aristocratique
par la centralisation de capitaux qu'elle suppose,
n'en est pas moins, par le bon marché et la vul-
garisation de ses produits, un très-puissant agent
du progrès démocratique; elle met à la portée des
plus pauvres une foule d'objets d'utilité, de luxe
même et d'art, dont ils ne pouvaient approcher.
La laine, grâce à Dieu, a descendu partout au
peuple, et le réchauffe. La soie commence à le
parer. Mais la grande et capitale révolution a été
l'indienne. Il a fallu l'effort combiné de la science
et de l'art pour forcer un tissu rebelle, ingrat, le
coton, à subir chaque jour tant de transformations
brillantes, puis, transformé ainsi, le répandre partout, le mettre à la portée des pauvres. Toute
femme portait jadis une robe bleue ou noire

qu'elle gardait dix ans sans la laver, de peur qu'elle ne s'en allât en lambeaux. Aujourd'hui, son mari, pauvre ouvrier, au prix d'une journée de travail, la couvre d'un vêtement de fleurs. Tout ce peuple de femmes qui présente sur nos promenades une éblouissante iris de mille couleurs, naguère était en deuil.

Ces changements, qu'on croit futiles, ont une portée immense. Ce ne sont pas là de simples améliorations matérielles, c'est un progrès du peuple dans l'extérieur et l'apparence, sur lesquels les hommes se jugent entre eux ; c'est, pour ainsi parler, l'*égalité visible*. Il s'élève par là à des idées nouvelles qu'autrement il n'atteignait pas ; la mode et le goût sont pour lui une initiation dans l'art. Ajoutez, chose plus grave encore, que l'habit impose à celui même qui le porte ; il veut en être digne, et s'efforce d'y répondre par sa tenue morale.

Il ne faut pas moins, en vérité, que ce progrès de tous, l'avantage évident des masses, pour nous faire accepter la dure condition dont il faut l'acheter, celle d'avoir, au milieu d'un peuple d'hommes, un misérable petit peuple d'hommes-machines qui vivent à moitié, qui produisent des choses merveilleuses, et qui ne se reproduisent pas eux-mêmes, qui n'engendrent que pour la mort, et ne se per-

pétuent qu'en absorbant sans cesse d'autres populations qui se perdent là pour toujours.

Avoir, dans les machines, créé des créateurs, de
puissants ouvriers qui poursuivent invariablement
l'œuvre qui leur fut imposée une fois, certes, c'est
une grande tentation d'orgueil. Mais à côté, quelle
humiliation de voir, en face de la machine, l'homme
tombé si bas !.. La tête tourne, et le cœur se serre,
quand, pour la première fois, on parcourt ces maisons fées, où le fer et le cuivre éblouissants, polis,
semblent aller d'eux-mêmes, ont l'air de penser,
de vouloir, tandis que l'homme faible et pâle est
l'humble serviteur de ces géants d'acier. « Regardez, me disait un manufacturier, cette ingénieuse
et puissante machine qui prend d'affreux chiffons,
et, les faisant passer, sans se tromper jamais, par
les transformations les plus compliquées, les rend
en tissus aussi beaux que les plus belles soies de
Vérone ! » J'admirais tristement; il m'était impossible de ne pas voir en même temps ces pitoya-
bles visages d'hommes, ces jeunes filles fanées,
ces enfants tortus ou bouffis.

Beaucoup de gens sensibles, pour ne pas trop
souffrir de leur compassion, la font taire, en disant
bien vite que cette population n'a une si triste
apparence que parce qu'elle est mauvaise, gâtée,

foncièrement corrompue. Ils la jugent ordinairement sur le moment où elle est la plus choquante
à voir, sur l'aspect qu'elle présente à la sortie de
la manufacture, lorsque la cloche la jette tout à
coup dans la rue. Cette sortie est toujours bruyante.
Les hommes parlent très-haut, vous diriez qu'ils
disputent; les filles s'appellent d'une voix criarde
ou enrouée; les enfants se battent et jettent des
pierres, ils s'agitent avec violence. Ce spectacle
n'est pas beau à voir; le passant se détourne; la
dame a peur, elle croit qu'une émeute commence,
et prend une autre rue.

Il ne faut pas se détourner. Il faut entrer dans
la manufacture, quand elle est au travail, et l'on
comprend que ce silence, cette captivité pendant de
longues heures, commandent, à la sortie, pour le
rétablissement de l'équilibre vital, le bruit, les
cris, le mouvement. Cela est vrai surtout pour les
grands ateliers de filage et tissage, véritable enfer
de l'ennui. *Toujours, toujours, toujours,* c'est le
mot invariable que tonne à votre oreille le roulement automatique dont tremblent les planchers.
Jamais l'on ne s'y habitue. Au bout de vingt ans,
comme au premier jour, l'ennui, l'étourdissement
sont les mêmes, et l'affadissement. Le cœur bat-il
dans cette foule? bien peu, son action est comme

3

suspendue ; il semble, pendant ces longues heures,
qu'un autre cœur, commun à tous, ait pris la
place, cœur métallique, indifférent, impitoyable,
et que ce grand bruit assourdissant dans sa régularité n'en soit que le battement.

Le travail solitaire du tisserand était bien moins
pénible. Pourquoi ? c'est qu'il pouvait rêver. La
machine ne comporte aucune rêverie, nulle dis-
traction. Vous voudriez un moment ralentir le
mouvement, sauf à le presser plus tard, vous ne
le pourriez pas. L'infatigable chariot aux cent bro-
ches est à peine repoussé, qu'il revient à vous. Le
tisserand à la main tisse vite ou lentement selon
qu'il respire lentement ou vite ; il agit comme il
vit ; le métier se conforme à l'homme. Là, au contraire, il faut bien que l'homme se conforme au
métier, que l'être de sang et de chair où la vie varie selon les heures, subisse l'invariabilité de cet
être d'acier.

Il arrive dans les travaux manuels qui suivent
notre impulsion, que notre pensée intime s'iden-
tifie le travail, le met à son degré, et que l'instrument inerte à qui l'on donne le mouvement, loin
d'être un obstacle au mouvement spirituel en
devient l'aide et le compagnon. Les tisserands
mystiques du moyen âge furent célèbres sous le

nom de *lollards*, parce qu'en effet, tout en travaillant, ils *lollaient*, chantaient à voix basse, ou
du moins en esprit, quelque chant de nourrice.
Le rhythme de la navette, lancée et ramenée
à temps égaux, s'associait au rhythme du cœur;
le soir, il se trouvait souvent qu'avec la toile,
s'était tissue, aux mêmes nombres, un hymne,
une complainte.

Aussi quel changement pour celui qui est forcé
de quitter le travail domestique pour entrer à la
manufacture! Quitter son pauvre *chez soi*, les
meubles vermoulus de la famille, tant de vieilles
choses aimées, cela est dur, plus dur encore de
renoncer à la libre possession de son âme. Ces
vastes ateliers tout blancs, tout neufs, inondés de
lumière, blessent l'œil accoutumé aux ombres d'un
logis obscur. Là, nulle obscurité où la pensée se
plonge, nul angle sombre où l'imagination puisse
suspendre son rêve; point d'illusion possible sous
un tel jour, qui sans cesse avertit durement de la
réalité. Ne nous étonnons pas si nos tisserands de
Rouen[1], nos tisserands français de Londres, ont
résisté à cette nécessité, de tout leur courage, de

---

[1] Le testament des tisserands de Rouen est le remarquable petit livre
qu'écrivit l'un deux : Noiret, *Mémoires d'un ouvrier Rouennais*, 1836.
Il déclare qu'ils ne font plus d'apprentis.

leur· stoïque patience, aimant mieux jeûner et
mourir, mais mourir au foyer. On les a vus longtemps lutter du faible bras de l'homme, d'un bras
amaigri par la faim, contre la fécondité brillante,
impitoyable, de ces terribles Briarées de l'industrie
qui, jour et nuit, poussés par la vapeur, travaillent
de mille bras à la fois ; à chaque perfectionnement
de la machine, son rival infortuné ajoutait à son
travail, diminuait de sa nourriture. Notre colonie
des tisserands de Londres s'est éteinte ainsi peu à
peu. Pauvres gens, si honnêtes, d'une vie si ré-
signée et si innocente, pour qui l'indigence et la
faim ne furent jamais une tentation ! Dans leur
misérable Spitalfield, ils cultivaient les fleurs avec
intelligence ; Londres aimait à les visiter.

J'ai parlé tout à l'heure des tisserands de Flandre
au moyen âge, des Lollards, Béghards, comme on
les appelait. L'Église, qui souvent les persécuta
comme hérétiques, ne reprocha jamais à ces rê-
veurs qu'une seule chose : l'*amour;* l'amour exalté
et subtil pour l'invisible amant, pour Dieu ; parfois
aussi l'amour vulgaire, sous les formes qu'il prend
dans les centres populeux de l'industrie, vulgaire,
et néanmoins mystique, enseignant pour doctrine
une communauté plus que fraternelle qui devait
mettre un paradis sensuel ici-bas.

Cette tendance à la sensualité est la même chez ceux d'aujourd'hui, qui d'ailleurs n'ont pas, pour s'élever au-dessus, la rêverie poétique. Un puritain anglais, qui de nos jours a fait un tableau délicieux du bonheur dont jouit l'ouvrier des manufactures, avoue que *la chair s'y échauffe fort* et s'y révolte. Cela ne vient pas seulement du rapprochement des sexes, de la température, etc. Il y a une cause morale. C'est justement parce que la manufacture est un monde de fer, où l'homme ne sent partout que la dureté et le froid du métal, qu'il se rapproche d'autant plus de la femme, dans ses moments de liberté. L'atelier mécanique, c'est le règne de la nécessité, de la fatalité. Tout ce qui entre de vivant, c'est la sévérité du contre-maître ; on y punit souvent, on n'y récompense jamais. L'homme se sent là si peu homme, que, dès qu'il en sort, il doit chercher avidement la plus vive exaltation des facultés humaines, celle qui concentre le sentiment d'une immense liberté dans le court moment d'un beau rêve. Cette exaltation, c'est l'ivresse, surtout celle de l'amour.

Malheureusement, l'ennui, la monotonie à laquelle ces captifs éprouvent le besoin d'échapper, les rendent, dans ce que leur vie a de libre, incapables de fixité, amis du changement. L'amour, changeant toujours d'objet, n'est plus l'amour, ce n'est plus que débauche. Le remède est pire que le mal; énervés par l'asservissement du travail, ils le sont encore plus par l'abus de la liberté.

Faiblesse physique, impuissance morale. Le sentiment de l'impuissance est une des grandes misères de cette condition. Cet homme, si faible devant la machine et qui la suit dans tous ses mouvements, il dépend du maître de la manufacture, et dépend plus encore de mille causes inconnues qui d'un moment à l'autre peuvent faire manquer l'ouvrage et lui ôter son pain. Les anciens tisserands, qui pourtant n'étaient pas, comme ceux-ci, les serfs de la machine, avouaient humblement cette impuissance, l'enseignaient, c'était leur théologie : « Dieu peut tout, l'homme rien. » Le vrai nom de cette classe, c'est le premier que l'Italie leur donne au moyen âge : *Humiliati*[1].

---

[1] J'ai plusieurs fois, dans mes cours et mes livres (surtout au t. V de l'*Histoire de France*), esquissé l'histoire de l'industrie. Pour la comprendre cependant, il faudrait remonter plus haut, ne pas l'envisager d'abord, comme on fait, dans ces grandes et puissantes corporations qui dominent la cité même. Il faudrait prendre d'abord le travailleur, dans son humble origine, méprisé comme il fut à son principe, lorsque le primitif habitant de la ville, propriétaire de la banlieue, le marchand même qui y avait halle, cloche et justice, s'accordaient pour mépriser l'ouvrier, l'*ongle bleu*, comme ils l'appelaient, lorsque le bourgeois le recevait à peine hors la ville à l'ombre des murs, entre deux enceintes (pfahlburg), lorsqu'il était défendu de lui faire justice s'il ne pouvait

Les nôtres ne se résignent pas si aisément. Sortis de races militaires, ils font sans cesse effort pour se relever, ils voudraient rester hommes. Ils cherchent, autant qu'ils peuvent, une fausse énergie dans le vin. En faut-il beaucoup pour être ivre? Observez au cabaret même, si vous pouvez surmonter ce dégoût : vous verrez qu'un homme en état ordinaire, buvant du vin non frelaté, boirait bien davantage, sans inconvénient. Mais, pour celui qui ne boit pas de vin tous les jours, qui sort énervé, affadi par l'atmosphère de l'atelier, qui ne boit, sous le nom de vin, qu'un misérable mélange alcoolique, l'ivresse est infaillible.

Extrême dépendance physique, réclamation de la vie instinctive qui tournent encore en dépendance, impuissance morale et vide de l'esprit, voilà les causes de leurs vices. Ne la cherchez pas tant, comme on fait aujourd'hui, dans les causes extérieures, par exemple, dans l'inconvénient que présente la réunion d'une foule en un même lieu : comme si la nature humaine était si mauvaise que pour se gâter tout à fait, il suffît de se réunir. Voilà nos philanthropes, sur cette belle idée, qui

payer impôt, lorsqu'on lui fixait avec un arbitraire bizarre le prix auquel il pouvait vendre, tant aux riches. tant aux pauvres, etc.

---

travaillent à isoler les hommes, à les murer, s'ils peuvent ; ils ne croient pouvoir préserver ou guérir l'homme moral, qu'en lui bâtissant des sépulcres.

Cette foule n'est pas mauvaise en soi. Ses désordres dérivent en grande partie de sa condition, de son assujettissement à l'ordre mécanique qui pour les corps vivants est lui-même un désordre, une mort, et qui par cela provoque, dans les rares moments de liberté, de violents retours à la vie. Si quelque chose ressemble à la fatalité, c'est bien ceci. Comme elle pèse durement, presque invinciblement, cette fatalité, sur l'enfant et la femme ! Celle-ci qu'on plaint moins, est peut-être encore plus à plaindre ; elle a double servage ; esclave du travail, elle gagne si peu de ses mains qu'il faut que la malheureuse gagne aussi de sa jeunesse, du plaisir qu'elle donne. Vieille, que devient-elle ?.. La nature a porté une loi sur la femme, que la vie lui fût impossible, à moins d'être appuyée sur l'homme.

Dans la violence du grand duel entre l'Angleterre et la France, lorsque les manufacturiers anglais vinrent dire à M. Pitt que les salaires élevés de l'ouvrier les mettaient hors d'état de payer l'impôt, il dit un mot terrible : « Prenez les en-

fants. » Ce mot-là pèse lourdement sur l'Angleterre, comme une malédiction. Depuis ce temps,
la race y baisse ; ce peuple, jadis athlétique, s'é-
nerve et s'affaiblit ; qu'est devenue cette fleur de
teint et de fraîcheur qui faisait tant admirer la jeunesse anglaise?.. fanée, flétrie... On a cru M. Pitt,
on a pris les enfants.

Profitons de cette leçon. Il s'agit de l'avenir; la
loi doit être ici plus prévoyante que le père ; l'enfant doit trouver, au défaut de sa mère, une mère
dans la patrie. Elle lui ouvrira l'école comme
asile, comme repos, comme protection contre
l'atelier.

Le vide de l'esprit, nous l'avons dit, l'absence
de tout intérêt intellectuel est une des causes principales de l'abaissement de l'ouvrier des manufactures. Un travail qui ne demande ni force ni
adresse, qui ne sollicite jamais la pensée ! Rien,
rien, et toujours rien ! Nulle force morale ne tien-
drait à cela ! L'école doit donner au jeune esprit,
qu'un tel travail ne relèvera pas, quelque idée
haute et généreuse qui lui revienne dans ces grandes journées vides, le soutienne dans l'ennui des
longues heures.

Dans le présent état des choses, les écoles, organisées pour l'ennui, ne font guère qu'ajouter la

3.

fatigue à la fatigue. Celles du soir sont, pour la
plupart, une dérision. Imaginez ces pauvres petits
qui, partis avant jour, reviennent las et mouillés,
à une lieue, deux lieues de Mulhouse, qui, la
lanterne à la main, glissent, trébuchent le soir
par les sentiers boueux de Déville, appelez-les
alors pour commencer l'étude et rentrer à l'é-
cole !

Quelles que soient les misères du paysan, il y a,
en les comparant à celles dont nous nous occupons
ici, une terrible différence, qui n'influe pas ac-
cidentellement sur l'individu, mais profondément, généralement, sur la race même. On peut
le dire d'un mot : à la campagne, l'enfant est
heureux.

Presque nu, sans sabots, avec un morceau de
pain noir, il garde une vache ou des oies, il vit à
l'air, il joue. Les travaux agricoles auxquels on
l'associe peu à peu, ne font que le fortifier. Les
précieuses années pendant lesquelles l'homme
fait son corps, sa force, pour toujours, se passent
ainsi pour lui dans une grande liberté, dans la
douceur de la famille. Va maintenant, te voilà fort,
quoi que tu souffres, ou fasses, tu peux tenir tête
à la vie.

Le paysan sera plus tard misérable, dépendant

peut-être ; mais il a, tout d'abord, gagné douze ans, quinze ans de liberté. Cela seul met pour lui une différence immense dans la balance du bonheur.

L'ouvrier des manufactures porte toute la vie un poids très-lourd, le poids d'une enfance qui l'a affaibli de bonne heure, bien souvent corrompu. Il est inférieur au paysan pour la force physique, inférieur pour la régularité des mœurs. Et avec tout cela, il a une chose qui réclame pour lui : il est plus sociable et plus doux. Les plus misérables d'entre eux, dans leurs plus extrêmes besoins, se sont abstenus de tout acte de violence ; ils ont attendu, mourants de faim, et se sont résignés.

L'auteur de la meilleure enquête de ce temps[1],

---

[1] Villermé, *Tableau de l'état physique et moral des ouvriers des manufactures de coton*, etc. (1840). On les a vus, en novembre 1839, dans un chômage qui obligeait le manufacturier à ne garder que les plus anciens ouvriers, demander à partager entre tous le travail et le salaire, pour que personne ne fût renvoyé, t. II, p. 71. Voir aussi I, 89, 366-369, et II, 29, 113. — Beaucoup d'entre eux, à qui l'on reproche le concubinage, se marieraient, s'ils avaient l'argent et les papiers nécessaires, I, 54, et II, 283 (cf. Frégier, II, 160). — A l'assertion de ceux qui prétendent que les ouvriers des manufactures gagneraient assez s'ils faisaient un bon usage de leurs salaires, opposons l'observation judicieuse de M. Villermé (II, 14). Pour qu'ils gagnent assez, il faut, selon lui, quatre choses : Qu'ils se portent toujours bien, qu'ils soient employés toujours, que chaque ménage n'ait que deux enfants au plus, enfin qu'ils n'aient aucun vice... Voilà quatre conditions qui se trouveront rarement.

ferme et froid observateur qu'on ne soupçonnera de nul entraînement, porte en faveur de cette classe d'hommes, dont il ne dissimule aucunement les vices, ce grave témoignage : « Je n'ai trouvé chez nos ouvriers qu'une vertu qu'ils possédassent à un plus haut degré que les classes sociales plus heureuses : c'est une *disposition naturelle à aider, à secourir les autres* dans toute espèce de besoins. »

Je ne sais s'ils n'ont que cette supériorité, mais combien elle est grande !.. Qu'ils soient les moins heureux, et les plus charitables ! qu'ils se préservent de l'endurcissement si naturel à la misère ! que, dans cette servitude extérieure, ils gardent un cœur libre de haine, *qu'ils aiment davantage !..* Ah ! c'est là une belle gloire, et qui sans doute met l'homme, qu'on croirait dégradé, bien haut, au jugement de Dieu !

CHAPITRE III

L'enfant qui laisse la manufacture et le service de la machine pour entrer apprenti chez un maître, monte certainement dans l'échelle industrielle ; on exige davantage de ses mains et de son esprit. Sa vie ne sera pas l'accessoire d'un mouvement sans vie, il agira lui-même, il sera vraiment ouvrier.

Progrès dans l'intelligence, progrès dans la souffrance. La machine était réglée, et l'homme ne l'est pas [1]. Elle était impassible, sans caprice, sans

---

[1] M. Léon Faucher a marqué ces différences dans son mémoire sur le *Travail des enfants à Paris* (*Revue des Deux Mondes*, 15 novembre 1844). Voir aussi, sur l'apprentissage dans l'industrie parcellaire, le tome II de ses *Études sur l'Angleterre* : il nous y révèle, par delà l'enfer des manufactures, un autre enfer qu'on ne soupçonnait pas.

colère, sans brutalité. Elle laissait d'ailleurs l'enfant
libre, à heure fixe ; au moins la nuit reposait-il.
Mais ici, l'apprenti du petit fabricant, le jour, la
nuit, appartient à son maître. Son travail n'est
borné que par l'exigence des commandes qui
pressent plus ou moins. Il a le travail, et, par-dessus, il a toutes les misères du domestique; outre
les caprices du maître, tous ceux de la famille. Ce
qui chagrine, irrite le mari ou la femme, retombe
bien souvent sur son dos. Une faillite arrive, l'apprenti est battu ; le maître revient ivre, l'apprenti
est battu ; le travail manque, le travail presse...
battu également.

C'est le régime ancien de l'industrie, qui n'était
que servage. Dans le contrat d'apprentissage, le
maître devient un père, mais c'est pour appliquer
le mot de Salomon : « N'épargne la verge à ton
fils. » Dès le treizième siècle, nous voyons l'autorité publique intervenir pour modérer cette paternité.

Et ce n'était pas seulement du maître à l'apprenti
qu'il y avait dureté et violence ; dans les métiers
où la hiérarchie se compliquait, les coups tombaient
de degrés en degrés, toujours multipliant. Certaines nomenclatures du compagnonnage témoignent encore de cette dureté. Le compagnon est

loup ; vexé par le *singe*, qui est le maître, il donne la chasse au *renard*, à l'aspirant, lequel le rend avec usure au *lapin*, au pauvre apprenti.

Pour être maltraité, battu, dix ans de suite, il fallait que l'apprenti payât ; et il payait à chaque degré qu'on lui permettait de franchir dans cette rude initiation. Enfin, quand il avait usé comme apprenti la corde, comme *valet*, le bâton, il subissait le jugement d'une corporation intéressée à ne pas augmenter de nombre, il pouvait être renvoyé, refusé, sans appel.

Les portes aujourd'hui sont ouvertes. L'apprentissage est moins long, sinon moins dur. Les apprentis ne sont reçus que trop facilement ; le misérable petit gain qu'on en tire (que le maître en profite, le père, ou le corps du métier) est une tentation continuelle pour en faire de nouveaux, et multiplier les ouvriers, au delà du besoin.

L'ouvrier d'autrefois, admis difficilement, peu nombreux, et jouissant par là d'une sorte de monopole, n'avait nullement les inquiétudes de celui d'aujourd'hui. Il gagnait beaucoup moins[1], mais

---

[1] Nous avons parlé plus haut (p. 47) du salaire des ouvriers des manufactures. Si nous voulons étudier le salaire en général, nous trouverons que cette question tant controversée se réduit à ceci : *Les salaires ont augmenté*, disent les uns. Et ils ont raison, parce qu'ils partent de 1789; ou des temps antérieurs. — *Les salaires n'ont pas*

rarement il manquait d'ouvrage. Gai compagnon et
leste, il voyageait beaucoup. Où il trouvait à travailler, il restait. Son bourgeois le logeait le plus
souvent, le nourrissait parfois ; sobre nourriture et
légère ; le soir, quand il avait mangé son pain sec,
il montait au grenier, à la soupente, et s'endormait
content.

Que de changements survenus dans sa condition,

augmenté, disent les autres. Et ils ont raison, parce qu'ils partent de
1824 ; depuis ce temps, les ouvriers des manufactures gagnent moins, et
les autres n'ont qu'une augmentation illusoire ; le prix de l'argent ayant
changé, celui qui gagne ce qu'il gagnait alors, reçoit dans la réalité un
tiers de moins ; celui qui gagnait et qui gagne encore trois francs, ne
reçoit guère qu'une valeur de deux francs ; ajoutez que les besoins étant
devenus plus nombreux avec les idées, il souffre de n'avoir pas mille
choses qui alors lui étaient indifférentes. — Les salaires sont très-élevés
en France, en comparaison de la Suisse et de l'Allemagne ; mais ici, les
besoins sont bien plus vivement sentis. — La moyenne des *salaires de
Paris*, que MM. L. Faucher et L. Blanc fixent également à trois francs
cinquante centimes, est suffisante pour le célibataire, très-insuffisante
pour l'homme marié qui a des enfants. — Je donne ici la moyenne générale des salaires que plusieurs auteurs ont essayé de fixer *pour la
France*, depuis Louis XIV ; mais je ne sais s'il est possible d'établir
une moyenne pour des éléments si variés :

1698 — Vauban.	. . . . .	12 sous.
1738 — Saint-Pierre	. . .	16
1788 — A. Young.	. . . .	19
1819 — Chaptal.	. . . . .	25
1832 — Morogue	. . . . .	50
1840 — Villermé	. . . . .	40

Ceci pour l'industrie des villes. Les salaires ont très-peu augmenté
pour les campagnes.

en bien, en mal ! amélioration matérielle, condition mobile, inquiète, la sombre obscurité du sort ! Mille éléments nouveaux de souffrances morales.

Ces changements résumons-les d'un mot : *Il est devenu homme.*

Être homme, au vrai sens, c'est d'abord, c'est surtout, avoir une femme. L'ouvrier, rarement marié autrefois, l'est souvent aujourd'hui. Marié ou non, il retrouve généralement, en rentrant, une femme chez lui. Un *chez soi*, un foyer, une femme... Oh ! la vie s'est transfigurée.

Une femme, une famille, des enfants tout à l'heure ! La dépense, la misère ! Si l'ouvrage manquait ?..

Il est fort touchant de voir le soir tout ce monde laborieux qui retourne à grands pas. L'homme, après cette longue journée passée souvent à une lieue de chez lui, après avoir tristement déjeuné, dîné seul, cet homme qui est resté quinze heures debout, quelles jambes il a le soir !.. Il vole au nid... Être homme une heure par jour, au fait, ce n'est pas trop.

Chose sainte ! lui, il apporte le pain à la maison, et une fois arrivé, il se repose, il n'est plus rien, il se remet, comme un enfant, à la femme. Nourric par lui, elle le nourrit et le réchauffe ; tous deux servent l'enfant, qui ne fait rien, qui est libre, qui est maître... Que le dernier soit maître, voilà bien la cité de Dieu.

Le riche n'a jamais cette grande jouissance, cette suprême bénédiction de l'homme, de nourrir chaque jour la famille, du meilleur de sa vie, de son travail. Le pauvre seul est père ; chaque jour il crée encore, et refait les siens.

Ce beau mystère est senti de la femme mieux que des sages du monde. Elle est heureuse de tout devoir à l'homme. Cela seul donne au ménage pauvre un charme singulier. Là, nulle chose étrangère, indifférente ; tout porte l'empreinte d'une main aimée, tout a le sceau du cœur. L'homme ignore le plus souvent les privations qu'on s'impose pour qu'en rentrant il retrouve cet intérieur modeste, orné pourtant. Grande est l'ambition de la femme pour le ménage, le vêtement, le linge. Ce dernier article est nouveau ; l'*armoire au linge* qui fait l'orgueil de la femme de campagne était inconnue à celle de l'ouvrier des villes, avant la révolution industrielle dont j'ai parlé. Propreté, pureté, pudeur, ces grâces de la femme, enchantèrent la maison ; le lit s'enveloppa de rideaux, le berceau de l'enfant, éblouissant de blancheur,

devint un paradis. Le tout taillé, cousu en quelques
veilles... Ajoutez-y encore une fleur sur la croisée...
Quelle surprise ! l'homme, au retour, ne reconnaît
plus sa maison.

Ce goût des fleurs qui s'est répandu (il y en a
maintenant ici plusieurs marchés), ces petites dépenses pour orner l'intérieur, ne sont-elles pas regret-
tables, quand on ne sait jamais si l'on a du travail
demain ? — Ne dites pas *dépenses*, dites *économie*.
C'en est une bien grande, si l'innocente séduction
de la femme rend cette maison charmante à
l'homme et peut l'y retenir. Parons, je vous prie,
la maison, et la femme elle-même. Quelques aunes
d'indienne refont une autre femme, la voilà rede-
venue jeune et renouvelée.

« Reste ici, je t'en prie. » C'est le samedi soir ;
elle lui jette le bras au col, et elle retient le pain
de ses enfants qu'il allait dépenser [1].

Le dimanche vient, et la femme a vaincu.
L'homme rasé, changé, se laisse mettre un bon et
chaud vêtement. Cela est bientôt fait. Ce qui est
long, ce qui est une œuvre sérieuse, c'est l'enfant,
tel qu'on veut le parer ce jour-là. On part, il

---

[1] Le pain ! le propriétaire ! deux pensées de la femme qui ne la
quittent pas. Ce qu'il faut souvent d'adresse, de vertu et de force d'âme,
pour sauver, amasser l'argent d'un terme ! qui le saura jamais ?

marche devant, sous l'œil maternel ; qu'il prenne garde surtout de gâter ce chef-d'œuvre.

Regardez bien ces gens, et sachez bien qu'à quelque hauteur que vous montiez, vous ne trouverez rien qui soit moralement supérieur. Cette femme, c'est la vertu, avec un charme particulier de naïve raison et d'adresse pour gouverner la force, à son insu. Cet homme, c'est le fort, le patient, le courageux, qui porte pour la société le plus grand poids de la vie humaine. Véritable *compagnon du devoir* (beau titre du compagnonnage !), il s'y est tenu fort et ferme, comme un soldat au poste. Plus son métier est dangereux, plus sa moralité est sûre. Un célèbre architecte sorti du peuple, et qui le connaissait bien, disait un jour à un de mes amis : « Les hommes les plus honnêtes que j'aie connus étaient de cette classe. Ils savent, en partant le matin, qu'ils peuvent ne pas revenir le soir, et ils sont toujours prêts à paraître devant Dieu[1]. »

Un tel métier, quelque noble qu'il soit, n'est pas cependant celui qu'une mère souhaite à son

[1] C'est ce que M. Percier disait un jour au directeur de l'École gratuite de dessin, M. Belloc. Le spirituel artiste saisit ce mot, et le plaça dans un de ses excellents discours (pleins de vues neuves et d'aperçus féconds), et M. Percier, reconnaissant de cet hommage rendu à ses convictions les plus chères, fonda une rente pour l'École, un mois avant sa mort.

fils. Le sien promet beaucoup, il ira loin. Les
Frères en font l'éloge, et le caressent fort. Ses
dessins, compliments et pièces d'écriture, ornent
déjà la chambre, entre Napoléon et le Sacré Cœur.
Il sera certainement envoyé à l'école gratuite de
dessin. Le père demande pourquoi? Le dessin, dit
la mère, lui servira toujours dans son métier. Réponse double, il faut l'avouer, sous laquelle elle
cache une bien autre ambition. Cet enfant, si
bien né et doué, pourquoi ne serait-il pas peintre
ou sculpteur, tout comme un autre? Elle se vole
des sous pour les crayons, pour ce papier si cher...
Son fils, tout à l'heure, va exposer, emporter tous
les prix; dans les songes maternels, roule déjà le
grand nom de Rome.

L'ambition maternelle réussit trop souvent ainsi
à faire un pauvre artiste, très-nécessiteux, de celui
qui, comme ouvrier, eût mieux gagné sa vie. Les
arts ne peuvent guère produire, même en temps
de paix, lorsque tous les gens aisés, spécialement
les femmes, au lieu d'acheter des produits d'art,
sont artistes eux-mêmes. Qu'une guerre vienne,
une révolution, l'art, c'est justement la famine.

Souvent aussi l'artiste en espérance, déjà en
route, plein d'ardeur et de souffle, est arrêté tout
court; son père meurt; il faut qu'il aide aux siens;

le voilà ouvrier. Grande douleur pour la mère,
grande lamentation, qui ôtent le courage au jeune
homme.

Toute sa vie, il maudira le sort; il travaillera
ici, et il aura l'âme ailleurs. Cruel tiraillement...
Et cependant rien ne l'arrêtera. Ne venez point ici
avec vos conseils, vous seriez mal reçu. Il est trop
tard, il faut qu'il aille à travers les obstacles. Vous
le verrez toujours lisant, rêvant; lisant aux courtes
heures des repas, et le soir, la nuit encore, absorbé
dans un livre, le dimanche, enfermé et sombre.
On se figure à peine ce que c'est que la faim de
lecture, dans cet état d'esprit. Pendant le travail,
et le plus inconciliable de tous avec l'étude, parmi
le roulement, le tremblement de vingt métiers, un
malheureux fileur que j'ai connu, mettait un livre
au coin de son métier, et lisait une ligne chaque
fois que le chariot reculait et lui laissait une seconde.

Que la journée est longue, quand elle passe ainsi!
qu'irritantes sont les dernières heures! Pour celui
qui attend la cloche et maudit ses retards, l'odieux
atelier, au jour tombant, semble tout fantastique;
les démons de l'impatience se jouent cruellement
dans ces ombres... « O liberté! lumière! me
laissez-vous là pour toujours? »

Je plains sa famille, au retour, s'il a une famille. Un homme acharné à ce combat, et tout préoccupé du progrès personnel, met le reste bien loin après. La faculté d'aimer diminue dans cette vie sombre. On aime moins la famille, elle importune; on se détache même de la patrie, on lui impute l'injustice du sort.

Le père de l'ouvrier lettré, plus grossier et plus lourd, inférieur de tant de manières, avait néanmoins plus d'un avantage sur son fils. Le sentiment national était chez lui bien plus puissant; il pensait moins au genre humain, davantage à la France. La grande famille française, et sa chère petite famille, c'était son monde, il y mettait son cœur. Ce charmant intérieur, ce doux ménage que nous admirions, hélas! que sont-ils devenus?

La science en elle-même ne sèche point le cœur, ne le refroidit point. Si elle produit ici cet effet, c'est qu'elle n'arrive à l'esprit que rétrécie cruellement. Elle ne se présente pas sous son jour naturel, dans sa vraie et complète lumière, mais obliquement, partiellement, comme ces jours étroits et faux que reçoit une cave. Elle ne rend point haineux, envieux, par ce qu'elle fait savoir; mais par ce qu'elle laisse ignorer. Celui par exemple qui ne connaît point les moyens compliqués

par lesquels se crée la richesse, croira naturellement qu'elle ne se crée point, qu'elle n'augmente
point en ce monde, que seulement elle se déplace,
que l'un n'acquiert qu'en dépouillant un autre;
toute acquisition lui semblera un vol, et il haïra
tout ce qui possède... Haïr? pourquoi? pour les
biens de ce monde? mais le monde même ne vaut
que par l'amour.

Quelles que soient les erreurs inévitables d'une
étude incomplète, il faut respecter ce moment.
Quoi de plus touchant, de plus grave, que de voir
l'homme qui jusqu'ici apprenait par hasard, *vouloir* étudier, poursuivre la science d'une volonté
passionnée à travers tant d'obstacles? La culture
volontaire est ce qui met l'ouvrier, au moment où
nous l'observons, non-seulement au-dessus du
paysan, mais au dessus des classes que l'on croit
supérieures, qui en effet ont tout, livres, loisir,
que la science vient chercher, et qui pourtant, une
fois quittes de l'éducation obligée, laissent l'étude,
ne se soucient plus de la vérité. Je vois tel homme,
sorti avec honneur de nos premières écoles, qui,
jeune encore, et déjà vieux de cœur, oublie la
science qu'il cultiva, sans même avoir l'excuse de
l'entraînement des passions, mais s'ennuie, s'en-
dort, fume et rêve.

L'obstacle, je le sais, est un grand aiguillon. L'ouvrier aime les livres, parce qu'il a peu de livres ; il n'en a qu'un parfois, et s'il est bon, il n'en apprend que mieux. Un livre unique qu'on lit et qu'on relit, qu'on rumine et digère, développe souvent mieux qu'une vaste lecture indigeste. J'ai vécu des années d'un Virgile, et m'en suis bien trouvé. Un volume dépareillé de Racine, acheté sur le quai par hasard, a fait le poëte de Toulon.

Ceux qui sont riches à l'intérieur, ont toujours assez de ressources. Ce qu'ils ont, ils l'étendent, le fécondent par la pensée, le poussent jusque dans l'infini. Au lieu d'envier ce monde de boue, ils s'en font un à eux, tout d'or et de lumière. Ils disent à celui-ci : « Garde ta pauvreté que tu appelles richesse, je suis plus riche en moi. »

La plupart des poésies que les ouvriers ont écrites dans les derniers temps, offrent un caractère particulier de tristesse et de douceur qui me rappellent souvent leurs prédécesseurs, les ouvriers du moyen âge. S'il y en a d'âpres et violentes, c'est le petit nombre. Cette inspiration élevée eût porté plus haut encore ces vrais poëtes, s'ils n'eussent suivi dans la forme avec trop de déférence les modèles aristocratiques.

Ils commencent à peine. Pourquoi vous hâtez-
vous de dire qu'ils n'atteindront jamais les premiers rangs? Vous partez de l'idée fausse que le
temps et la culture font tout; vous ne comptez
pour rien le développement intérieur que prend
l'âme par sa force propre, au milieu même des
travaux manuels, la végétation spontanée qui
s'accroît par l'obstacle. Homme de livres, sachez
bien que cet homme sans livre et de faible culture
a en récompense une chose qui en tient lieu : Il
est maître en douleurs.

Qu'il réussisse, ou non, je n'y vois nul remède.
Il ira son chemin, le chemin de la pensée et de la
souffrance. « Il chercha la lumière (dit mon Virgile), il l'entrevit, gémit!.. » Et, tout en gémis-
sant, il la cherchera toujours. Qui peut l'avoir en-
trevue, et y renoncer jamais?

« Lumière! plus de lumière encore! » Tel fut
le dernier mot de Gœthe. Ce mot du génie expi-
rant, c'est le cri général de la nature, et il retentit
de monde en monde. Ce que disait cet homme
puissant, l'un des aînés de Dieu, ses plus humbles
enfants, les moins avancés dans la vie animale, les
mollusques le disent au fond des mers, ils ne veulent point vivre partout où la lumière n'atteint
pas. La fleur veut la lumière, se tourne vers elle,

et sans elle languit. Nos compagnons de travail, les animaux se réjouissent comme nous, ou s'affligent, selon qu'elle vient ou s'en va. Mon petit-fils, qui a deux mois, pleure dès que le jour baisse.

Cet été, me promenant dans mon jardin, j'entendis, je vis sur une branche un oiseau qui chantait au soleil couchant; il se dressait vers la lumière, et il était visiblement ravi... Je le fus de le voir; nos tristes oiseaux privés ne m'avaient jamais donné l'idée de cette intelligente et puissante créature, si petite, si passionnée... Je vibrais à son chant... Il renversait en arrière sa tête, sa poitrine gonflée; jamais chanteur, jamais poëte, n'eut si naïve extase. Ce n'était pourtant pas l'amour (le temps était passé), c'était manifestement le charme du jour qui le ravissait, celui du doux soleil!

Science barbare, dur orgueil, qui ravale si bas la nature animée, et sépare tellement l'homme de ses frères inférieurs!

Je lui dis avec des larmes : « Pauvre fils de la lumière, qui la réfléchis dans ton chant, que tu as donc raison de la chanter! La nuit, pleine d'embûches et de danger pour toi, ressemble de bien près à la mort. Verras-tu seulement la lumière de

demain!.. » Puis, de sa destinée, passant en esprit à celle de tous les êtres qui, des profondeurs
de la création, montent si lentement au jour, je
dis comme Gœthe et le petit oiseau : « De la lumière! Seigneur! Plus de lumière encore! »

CHAPITRE IV

Je lis dans le petit livre du tisserand de Rouen que j'ai déjà cité : « Nos manufacturiers sont *tous ouvriers d'origine;* » et encore : « La plupart de nos manufacturiers d'aujourd'hui (1856) *sont des ouvriers* laborieux et économes des premiers temps de la Restauration. » Ceci est, je crois, assez général, et non particulier à la fabrique de Rouen.

Plusieurs entrepreneurs des industries du bâtiment m'ont dit qu'ils avaient été *tous ouvriers,* qu'ils étaient arrivés à Paris maçons, charpentiers, etc.

Si les ouvriers ont pu s'élever à l'exploitation si vaste, si compliquée des grandes manufactures, on croira sans peine que, à plus forte raison, ils sont

4.

devenus maîtres dans les industries qui demandent
bien moins de capitaux, dans la petite fabrique et
les métiers, dans le commerce de détail. Les pa-
tentés qui n'avaient presque pas augmenté sous
l'Empire, ont doublé de nombre dans les trente
ans qui se sont écoulés depuis 1815. Six cent
mille hommes environ sont devenus fabricants ou
marchands. Or, comme, en ce pays, tout ce qui
peut strictement vivre s'y tient et ne va nullement
se jeter dans les hasards de l'industrie, on peut
dire hardiment que c'est un demi-million d'ouvriers qui sont devenus maîtres et ont obtenu ce
qu'ils croyaient l'indépendance.

Ce mouvement fut très-rapide dans les dix premières années, de 1815 à 1825. Ces braves qui,
de la guerre, firent subitement volte-face du côté
de l'industrie, montèrent comme à l'assaut et sans
difficulté emportèrent toutes les positions. Leur
confiance était si grande qu'ils en donnèrent même
aux capitalistes. Des hommes d'un tel élan en-
traînaient les plus froids; on croyait sans difficulté qu'ils allaient recommencer dans l'industrie
toute la série de nos victoires, et nous donner sur
ce terrain la revanche des derniers revers.

On ne peut contester à ces ouvriers parvenus
qui fondèrent nos manufactures, d'éminentes qua-

lités, l'élan, l'audace, l'initiative, souvent un coup
d'œil sûr. Beaucoup ont fait fortune ; puissent
leurs fils ne se pas ruiner !

Avec ces qualités, nos fabricants de 1815 ne
prouvèrent que trop la démoralisation de cette
triste époque. La mort politique n'est pas loin de
la mort morale, on put le voir alors. De la vie militaire, ils gardèrent généralement, non le sentiment de l'honneur, mais bien la violence, ne se
soucièrent ni des hommes, ni des choses, ni de
l'avenir, et traitèrent impitoyablement deux sortes
de personnes, l'ouvrier, le consommateur.

Toutefois l'ouvrier étant rare encore à cette époque, même dans les manufactures à machines, qui
demandent si peu d'apprentissage, ils furent obligés
de lui donner de gros salaires. Ils *pressèrent* ainsi
des hommes dans les villes et dans les campagnes ;
ces conscrits du travail, ils les mettaient au pas de
la machine, ils exigeaient qu'ils fussent, comme
elle, infatigables. Ils semblaient appliquer à l'industrie le grand principe impérial, sacrifier des
hommes pour abréger les guerres. L'impatience
nationale qui nous rend souvent barbares contre les
animaux, s'autorisait contre les hommes des traditions militaires ; le travail devait aller au pas de
charge, à la course : tant pis pour ceux qui périraient.

Quant au commerce, les fabricants d'alors le firent comme en pays ennemi ; ils traitèrent l'acheteur, justement comme en 1815 les marchandes de Paris rançonnaient le Cosaque. Ils vendaient à faux teint, à faux poids, à fausse mesure ; ils firent ainsi leur main très-vite, et se retirèrent, ayant fermé à la France ses meilleurs débouchés, compromis pour longtemps sa réputation commerciale, et, ce qui est plus grave, rendu aux Anglais l'essentiel service de nous aliéner, pour ne rien dire du reste, un monde, l'Amérique espagnole, un monde imitateur de notre Révolution.

Leurs successeurs, qui sont leurs fils ou leurs principaux ouvriers, ont fort à faire maintenant, retrouvant sur tous les marchés cette réputation. Ils s'étonnent, s'irritent de trouver les bénéfices tellement réduits. La plupart se tireraient de là de grand cœur, s'ils pouvaient ; mais ils sont engagés : il faut aller : *Marche ! marche !*

Ailleurs, l'industrie est assise sur de grands capitaux, sur un ensemble d'habitudes, de traditions, de relations sûres ; elle porte sur la base d'un commerce vaste et régulier. Ici, elle n'est, à vrai dire, qu'un combat. Un ouvrier hardi qui inspire confiance, s'est fait commanditer : ou bien, un jeune homme veut hasarder ce qu'a gagné son père; il part d'un petit capital, d'une dot, d'un emprunt. Dieu veuille qu'il se tire d'affaire entre deux crises; nous en avons tous les six ans (1818, 1825, 1830, 1836). C'est toujours la même histoire; un an, deux ans après la crise, quelques commandes viennent, l'oubli, l'espoir; le fabricant se croit lancé; il pousse, il presse, il éreinte les hommes et les choses, les ouvriers et les machines; le Bonaparte industriel de 1820 reparaît un moment; puis, l'on est encombré, l'on étouffe, il faut vendre à perte... Ajoutez que ces coûteuses machines sont tous les cinq ans à peu près, hors de service, ou dépassées par quelque invention; s'il y a eu quelque bénéfice, il sert à changer les machines.

Le capitaliste, averti par tant de leçons, croit maintenant que la France est un peuple plus industrieux que commerçant, plus propre à fabriquer qu'à vendre. Il prête au nouveau fabricant, comme à un homme qui part pour une navigation périlleuse. Quelle sûreté a-t-il? les fabriques les plus splendides ne se vendent qu'à grande perte; ces brillants ustensiles, en peu d'années, ne valent plus que le fer et le cuivre. Ce n'est pas sur la fabrique qu'on prête, c'est sur l'homme; l'industriel a ce triste avantage de pouvoir être emprisonné; cela donne valeur à sa signature. Il sait parfaitement qu'il a engagé sa personne, parfois bien plus que sa personne, la vie de sa femme et de ses enfants, le bien de son beau-père, celui d'un ami trop crédule, peut-être même un dépôt de confiance, 'dans l'entraînement de cette vie terrible... Donc, il n'y a pas à marchander, il faut vaincre ou mourir, faire fortune ou se jeter à l'eau.

Un homme, dans cet état d'esprit, n'a pas le cœur bien tendre. S'il était doux et bon pour ses employés, ses ouvriers, ce serait un miracle. Voyez-le parcourir à grands pas ses vastes ateliers, l'air sombre et dur... Quand il est à un bout, à l'autre bout l'ouvrier dit tout bas : « Est-il donc féroce aujourd'hui ! comme il a traité le contre-maître ! » — il les traite comme il l'a été tout à l'heure. Il revient de la ville d'argent, de Bade à Mulhouse par exemple, de Rouen à Déville. Il crie, et l'on s'étonne; on ne sait pas que le juif vient de lui enlever sur le corps une livre de chair.

Sur qui va-t-il reprendre cela? sur le consommateur? Celui-ci est en garde. Le fabricant retombe sur l'ouvrier. Partout où il n'y a pas apprentissage, partout où l'on multiplie imprudemment les apprentis, ils se présentent en foule, s'offrent à

vil prix, et le fabricant profite de la baisse des salaires[1]. Puis, l'encombrement des marchandises
l'obligeant de vendre même à perte, l'avilissement
des salaires, mortel à l'ouvrier, ne profite plus au
fabricant; le consommateur seul y gagne.

Le fabricant le plus dur était pourtant né
homme; dans ses commencements, il sentait encore quelque intérêt pour cette foule[2]. Peu à peu,

---

[1] Je refusais de croire ce qu'on me racontait des fraudes infâmes que
certains fabricants commettent, à l'égard du consommateur, sur la qualité, à l'égard de l'ouvrier, sur la quantité du travail. J'ai dû me rendre.
Les mêmes choses m'ont été confirmées par les amis des fabricants qui
en parlaient avec douleur et humiliation, par des notables, négociants
et banquiers. Les prud'hommes n'ont nullement l'autorité pour répri-
mer ces crimes; le malheureux d'ailleurs n'ose se plaindre. Une telle
enquête regarde le procureur du roi.

[2] Cet endurcissement graduel, cette habileté que l'on prend peu à
peu pour étouffer en soi la voix de l'humanité, est très-finement ana-
lysée par M. Emmery, dans sa brochure sur l'*Amélioration du sort
des ouvriers dans les travaux publics* (1857). Il parle spécialement
des ouvriers blessés dans les travaux dangereux que les entrepreneurs
font pour le gouvernement.

« Un entrepreneur qui aura le cœur bien placé, pourra, une première fois, peut-être même plusieurs fois d'abord, secourir des ouvriers
blessés; mais quand cela se renouvelle, quand les secours s'accumulent, ils deviennent trop pesants; l'entrepreneur compose alors avec
lui-même, il se défend de ses premiers mouvements de générosité, il en
restreint insensiblement les applications, et il diminue d'une manière
plus notable le chiffre de chaque secours. Il remarque que dans ses ateliers les plus dangereux, lui, entrepreneur, ne reçoit aucune plus-value
à ce titre, et qu'au contraire il est obligé de payer à ses ouvriers une
plus forte journée. Or, cette plus forte journée lui semble bientôt le
prix des accidents à craindre. Ces secours additionnels lui paraissent
au-dessus de ses moyens. L'ouvrier blessé n'est d'ailleurs pas assez an-

la préoccupation des affaires, l'incertitude de sa
situation, ses périls, ses souffrances morales, l'ont
rendu fort indifférent aux souffrances matérielles
des ouvriers. Il ne les connaît pas aussi bien que
son père[1] qui avait été ouvrier lui-même. Renou-
velés sans cesse, ils lui apparaissent comme des
chiffres, des machines, mais moins dociles et moins
régulières, dont le progrès de l'industrie permet-
tra de se passer; ils sont le défaut du système;
dans ce monde de fer, où les mouvements sont si
précis, la seule chose à dire, c'est l'homme.

Ce qui est curieux à observer, c'est que les seuls
(bien peu nombreux) qui se préoccupent du sort
de l'ouvrier, ce sont parfois de très-petits fabricants qui vivent avec lui d'une manière patriarcale,
ou bien au contraire les très-grandes et puissantes
maisons qui, s'appuyant sur des fortunes solides,

cien dans le chantier; l'ouvrier malade n'est pas des plus adroits, des
plus utiles, etc. C'est-à-dire que le cœur s'endurcit par l'habitude, souvent par la nécessité, que toute charité s'éteint bientôt, que le peu de
secours accordé n'est même plus réparti suivant une rigoureuse justice
pour tous, et que le seul résultat de toutes les émotions généreuses que
devraient faire naître d'aussi tristes tableaux, se réduit à quelques gra-
tifications accordées arbitrairement, et calculées, non sur les besoins
réels des familles écrasées, mais dans l'intérêt à venir du chantier ou
des travaux de l'entrepreneur. »

[1] La différence entre le père et le fils, c'est que celui-ci, qui n'a
pas été ouvrier, connaissant moins la fabrication, sachant moins les
limites du possible et de l'impossible, est quelquefois plus dur par
ignorance.

sont à l'abri des inquiétudes ordinaires du commerce. Tout l'intervalle moyen est un champ de combat sans pitié.

On sait que nos manufacturiers de Mulhouse ont réclamé, contre leur intérêt, une loi qui réglât le travail des enfants. En 1836, sur un essai que l'un d'eux avait fait pour donner aux ouvriers des logements salubres avec petits jardins, ces mêmes fabricants d'Alsace furent émus de cette heureuse idée, et, dans ce mouvement généreux, ils souscrivirent pour deux millions. Que devint cette souscription? je n'ai pu le savoir.

Les manufacturiers seraient à coup sûr plus humains, si leur famille, souvent très-charitable, restait moins étrangère à la manufacture [1]. Elle vit ordinairement à part, ne voit les ouvriers que de loin. Elle s'exagère volontiers leurs vices, les jugeant presque toujours sur ce moment dont j'ai

---

[1] Je me rappellerai toujours une chose touchante, pleine de grâce et de charme dont j'ai été témoin. Le maître d'une fabrique ayant eu l'obligeance de me conduire lui-même pour me montrer ses ateliers, sa jeune femme voulut être de la partie. Surpris d'abord de la voir, avec sa blanche robe, tenter ce voyage à travers l'humide et le sec (tout n'est pas beau, ni propre, dans la fabrication des plus brillants objets), je compris mieux ensuite pourquoi elle affrontait ce purgatoire. Où son mari me faisait voir des choses, elle voyait des hommes, des âmes, et souvent bien blessées. Sans qu'elle m'expliquât rien, je compris que, tout en glissant à travers cette foule, elle avait un sentiment délicat, pénétrant, de toutes les pensées, je ne dis pas haineuses, mais

parlé, où la liberté, longtemps contenue, s'échappe
enfin avec bruit et désordre, je veux dire, sur le
moment de la sortie. Souvent aussi, le manufacturier et les siens haïssent l'ouvrier parce qu'ils s'en
croient haïs; et je dirai, contre l'opinion commune,
qu'en cela, il n'est pas rare qu'ils se trompent.
Dans les grandes manufactures, l'ouvrier hait le
contre-maître dont il subit la tyrannie immédiate;
celle du maître, plus éloignée, lui est moins
odieuse; à moins qu'on ne lui ait appris à le haïr,
il l'envisage comme celle de la fatalité et il ne s'en
irrite pas.

Le problème industriel se complique fort pour
la France de sa situation extérieure. Bloquée en
quelque sorte par la malveillance unanime de
l'Europe, elle a perdu, aussi bien que ses anciennes
alliances, tout espoir de s'ouvrir, en Orient ou en
Occident, de nouveaux débouchés. L'industrialisme
qui a fondé le système actuel sur la supposition
étrange que les Anglais, nos rivaux, seraient nos

soucieuses, envieuses peut-être, qui fermentaient là-dedans. Sur sa
route, elle jetait des paroles justes et fines, parfois presque tendres;
par exemple à une jeune fille souffrante; maladive elle-même, la jeune
dame avait bonne grâce à cela. Plusieurs étaient touchés; un vieil ouvrier, qui la crut fatiguée, lui présenta un siége avec une vivacité charmante. Les jeunes étaient plus sombres; elle, qui voyait tout, disait
un mot et chassait le nuage.

amis, se trouve, avec cette amitié, bloqué, muré, comme dans un tombeau... Certes, la grande France agricole et guerrière de vingt-cinq millions d'hommes, qui a bien voulu croire les industriels, qui s'est tenue immobile, sur leur parole, qui, par bonté pour eux, n'a pas repris le Rhin, elle a droit aujourd'hui de déplorer leur crédulité ; plus sensée qu'eux, elle avait toujours cru que les Anglais restaient Anglais.

Distinguons toutefois entre les industriels. Il en est qui, au lieu de s'endormir derrière la triple ligne des douanes, ont noblement continué la guerre contre l'Angleterre. Nous les remercions de leurs héroïques efforts, pour soulever la pierre sous laquelle elle crut nous écraser. Leur industrie qui lutte contre elle, avec tous les désavantages (souvent un tiers de frais de plus !), l'a néanmoins vaincue sur plusieurs points, ceux qui exigeaient les facultés les plus brillantes, la plus inépuisable richesse d'invention. Elle a vaincu par l'art.

Il faut un livre exprès pour faire connaître le grandiose effort de l'Alsace, qui, d'une âme nullement mercantile, sans marchander sur la dépense, a réuni tous les moyens, appelé toute science, voulu le beau, quoi qu'il en pût coûter. Lyon a résolu le problème d'une continuelle métamorphose,

de plus en plus ingénieuse et brillante. Que dire
de cette fée parisienne, qui répond de minute en
minute aux mouvements les plus imprévus de la
fantaisie?

Chose inattendue, surprenante ! la France
vend !.. cette France exclue, condamnée, inter-
dite... Ils viennent malgré eux, malgré eux ils
achètent.

Ils achètent... des modèles, qu'ils vont, tant
bien que mal, copier chez eux. Tel Anglais déclare
dans une enquête qu'il a une maison à Paris, *pour
avoir des modèles*. Quelques pièces achetées à
Paris, à Lyon, en Alsace, puis copiées là-bas, suffisent au contrefacteur anglais, allemand, pour
inonder le monde. C'est comme en librairie : la
France écrit, et la Belgique vend.

Ces produits où nous excellons, sont malheureusement ceux qui changent le plus, qui exigent une
mise en train toujours nouvelle. Quoique ce soit le
propre de l'art d'ajouter infiniment à la valeur des
matières premières, un art aussi coûteux que
celui-ci ne permet guère de bénéfices. L'Angleterre
au contraire ayant des débouchés chez les peuples
inférieurs des cinq parties du monde, fabrique par
grandes masses, par genres uniformes, longtemps
suivis sans mise en train, sans recherches nou-

velles; de tels produits, vulgaires ou non, sont toujours lucratifs.

Travaille donc, ô France, pour rester pauvre! Travaille, souffre, sans jamais te lasser. La devise des grandes fabriques qui font ta gloire, qui imposent ton goût, ta pensée d'art, au monde, est celle-ci : Inventer ou périr.

CHAPITRE V

L'homme de travail, ouvrier, fabricant, regarde généralement le marchand comme un homme de loisir. Assis dans sa boutique, qu'a-t-il à faire la matinée que de lire le journal, puis causer tout le jour, le soir fermer sa caisse? L'ouvrier se promet bien que s'il peut épargner quelque chose, il se fera marchand.

Le marchand est le tyran du fabricant. Il lui rend toutes les tracasseries, les vexations de l'acheteur. Or, l'acheteur, dans l'état de nos mœurs, c'est l'homme qui veut acheter pour rien, c'est le pauvre qui veut trancher du riche, c'est l'enrichi

---

[1] Nous parlons ici du commerce individuel, comme il est généralement en France, non du commerce en commandite qui n'existe encore que dans quelques grandes villes.

d'hier qui tire à grand'peine de sa poche un argent qui vient d'y entrer[1]. Ils exigent deux choses, la qualité brillante, et le prix le plus vil ; la bonté de l'objet est secondaire. Qui veut mettre le prix à une bonne montre? personne. Les riches mêmes ne veulent autre chose qu'une belle montre à bon marché.

Il faut que le marchand trompe ces gens-là, ou qu'il périsse. Toute sa vie se compose de deux guerres, guerre de tromperie et de ruse contre cet acheteur déraisonnable, guerre de vexations et d'exigences contre le fabricant. Mobile, inquiet, minutieux, il lui rend jour par jour les plus absurdes caprices de son maître, le public, le tire à droite, à gauche, change à chaque instant sa direction, l'empêche de suivre aucune idée, et rend presque impossible, dans plusieurs genres, la grande invention.

Le point capital pour le marchand, c'est que le fabricant l'aide à tromper l'acheteur, qu'il entre dans les petites fraudes, qu'il ne recule pas devant les grandes. J'ai entendu des fabricants gémir des choses que l'on exigeait d'eux contre l'honneur ;

---

[1] Ce sont de nouvelles classes qui arrivent, comme l'explique très-bien M. Leclaire (*Peinture en bâtiment*). Ils ne savent nullement le prix réel des objets. Ils veulent du brillant, en détrempe, n'importe.

il leur fallait ou perdre leur état, ou devenir com-
plices des tromperies les plus audacieuses. Ce n'est
plus assez d'altérer les qualités, il leur faut quelquefois devenir faussaires, prendre les marques
des fabriques en renom.

La répugnance que montraient pour l'industrie
les nobles républiques de l'antiquité, les fiers
barons du moyen âge, est peu raisonnable sans
doute, si, par industrie, l'on entend les fabrications
compliquées qui ont besoin de la science et de l'art,
ou bien le grand négoce qui suppose tant de connaissances, d'informations, de combinaisons. Mais
cette répugnance est vraiment raisonnable, quand
elle s'applique aux habitudes ordinaires du commerce, à la nécessité misérable où le marchand se
trouve de mentir, de frauder et de falsifier.

Je n'hésite point à affirmer que pour l'homme
d'honneur, la situation du travailleur le plus dépendant est libre en comparaison de celle-ci. Serf
de corps, il est libre d'âme. Asservir son âme au
contraire et sa parole, être obligé du matin au soir
de masquer sa pensée, c'est le dernier servage.

Représentez-vous bien cet homme qui a été
militaire, qui a conservé dans tout le reste, le sentiment de l'honneur, et qui se résigne à cela... Il
doit souffrir beaucoup.

Ce qu'il y a de singulier c'est que c'est justement par honneur qu'il ment tous les jours, pour
faire honneur à ses affaires. Le déshonneur pour
lui, ce n'est pas le mensonge, c'est la faillite. Plutôt que de *faillir*, l'honneur commercial le pous-
sera jusqu'au point où la fraude équivaut au vol,
où la falsification est l'empoisonnement.

Empoisonnement bénin, à petite dose, je le
sais, qui ne tue qu'à la longue. Quand même on
voudrait dire qu'il ne mêle aux denrées que
des substances innocentes[1], sans action, inertes,
l'homme de travail qui croit y puiser la réparation
de ses forces, et qui n'y trouve rien, ne peut plus
se refaire, il va se ruinant, s'épuisant, il vit (pour
parler ainsi) sur le capital, sur le fonds de sa vie ;
elle lui échappera peu à peu.

Ce que je trouve de coupable, dans ce falsifi-
cateur qui vend l'ivresse, ce n'est pas seulement
d'empoisonner le peuple, c'est de l'avilir. L'homme, fatigué du travail, entre confiant dans cette
boutique ; il l'aime comme sa maison de liberté ;
eh bien ! qu'y trouve-t-il ? la honte. Le mélange

---

[1] Il a été constaté *juridiquement* que beaucoup de ces substances
n'étaient nullement innocentes. V. le *Journal de Chimie médicale*,
les *Annales d'Hygiène*, et MM. Garnier et Harel, *Falsifications des
substances alimentaires*, 1844.

spiritueux qu'on lui vend sous le nom de vin,
produit, dès qu'il est bu, l'effet qu'une double
et triple quantité de vin n'eût pas produit; il
s'empare du cerveau, trouble l'esprit, la langue,
le mouvement du corps. Ivre et la poche vide, le
marchand le jette à la rue... Qui n'a le cœur percé,
en voyant quelquefois, l'hiver, une pauvre vieille
femme, qui a bu le poison pour se réchauffer,
et qu'on livre, en cet état, pour jouet à la barbarie
des enfants?.. Le riche passe, et dit : « Voilà le
peuple ! »

Tout homme qui peut avoir, ou emprunter
mille francs, commence hardiment le commerce.
D'ouvrier, il se fait marchand, c'est-à-dire homme
de loisir. Il vivait au cabaret, il ouvre un cabaret. Il s'établit, non pas loin des anciens :
au contraire, au plus près, pour leur soutirer la
pratique; il se flatte de la douce idée qu'il tuera le
voisin. Immédiatement, il a des pratiques en effet,
tous ceux qui doivent à l'autre et qui ne payeront
pas. Au bout de quelques mois, ce nouveau est
devenu ancien; d'autres sont venus tout autour.
Il languit, il périt; il a perdu l'argent, mais de
plus, ce qui valait mieux, l'habitude du travail...
Grande joie parmi les survivants, qui peu à peu
finissent de même. D'autres viennent, il n'y paraît

pas... Triste et misérable commerce, sans industrie, sans autre idée que celle de se manger l'un l'autre.

La vente augmente à peine, et les marchands augmentent, multiplient à vue d'œil, la concurrence aussi, l'envie, la haine. Ils ne font rien, ils sont là sur leur porte, les bras croisés, à se regarder de travers, à voir si la pratique infidèle ne va pas se tromper de boutique. Ceux de Paris, qui sont quatre-vingt mille, ont eu l'an dernier *quarante-six mille procès* au seul tribunal de commerce, sans parler des autres tribunaux. Chiffre affreux! Que de querelles et de haines il suppose!

L'objet spécial de cette haine, celui que le patenté poursuit, fait saisir quand il peut, c'est le pauvre diable qui roule sa boutique, et s'arrête un moment, c'est la malheureuse femme qui, sur un éventaire, porte la sienne! hélas, et souvent encore un enfant[1]... Qu'elle ne s'avise pas de s'asseoir, qu'elle marche toujours... sinon elle est saisie.

Je ne sais pas vraiment si celui qui la fait saisir, ce triste homme de boutique, est plus heureux pour être assis. Ne point bouger, attendre, ne

[1] Lire la pièce si touchante de Savinien Lapointe.

pouvoir rien prévoir. Le marchand ne sait presque jamais d'où lui viendra le gain. Recevant la marchandise de la seconde, de la troisième main, il ignore quel est en Europe l'état de son propre commerce, et ne peut deviner si l'an prochain il fera fortune ou faillite.

Le fabricant, l'ouvrier même, ont deux choses qui, malgré le travail, rendent leur destinée meilleure que celle du marchand. 1° *Le marchand ne crée point*, il n'a pas le bonheur sérieux, digne de l'homme, de faire naître une chose, de voir avancer sous sa main une œuvre qui prend forme, qui devient harmonique, qui, par son progrès, répond à son créateur, console son ennui et sa peine.

2° Autre désavantage, terrible, à mon avis : *Le marchand est obligé de plaire.* L'ouvrier donne son temps, le fabricant sa marchandise pour tant d'argent ; voilà un contrat simple, et qui n'abaisse pas. Ni l'un ni l'autre n'a besoin de flatter. Il n'est pas obligé, souvent le cœur navré et les yeux pleins de larmes, d'être aimable et gai tout à coup, comme cette dame de comptoir. Le marchand inquiet, mortellement occupé du billet qui échoit demain, il faut qu'il sourie, qu'il se prête, par un effort cruel, au babil de la jeune élégante qui lui fait déplier cent pièces, cause deux heures, et part sans acheter.

Il faut qu'il plaise, et que sa femme plaise. Il a mis dans le commerce, non-seulement son bien, sa personne et sa vie, mais souvent sa famille[1].

L'homme le moins susceptible pour lui-même souffrira, à chaque heure, de voir sa femme ou sa fille au comptoir. L'étranger même, le témoin désintéressé ne voit pas sans peine dans une honnête famille qui commence un commerce, les habitudes intérieures violemment troublées, le foyer dans la rue, le saint des saints à l'étalage ! La jeune demoiselle écoute, les yeux baissés, l'impertinent propos d'un homme indélicat. On y retourne quelques mois après, on la retrouve hardie.

La femme, au reste, fait bien plus que la fille, pour le succès d'une maison de commerce. Elle cause avec grâce, avec charme... Où est l'inconvénient, dans une vie si publique, sous les yeux de la foule ?.. Elle cause, mais elle écoute... et tout

---

[1] On a parlé de l'ouvrière en soie et du commis qui se faisait payer sa connivence au vol. On a parlé de l'ouvrière en coton, je crois à tort ; le fabricant est très-peu en rapport avec ses ouvriers et ouvrières. On a dit enfin que l'usurier de campagne mettait souvent les délais à un prix immoral. Pourquoi n'a-t-on pas parlé de la marchande, si exposée, obligée de plaire à l'acheteur, de causer longuement avec lui, et qui s'en trouve ordinairement si mal ?

le monde plutôt que son mari. C'est un esprit cha-
grin, ce mari, nullement amusant, plein d'hésitation et de minuties, flottant en politique, en tout,
mécontent du gouvernement, et mécontent des
mécontents.

Cette femme s'aperçoit de plus en plus qu'elle
fait là un ennuyeux métier; douze heures par
jour à la même place, exposée derrière une vitre,
parmi les marchandises. Elle ne s'y tiendra pas
toujours si immobile; la statue pourra s'animer.

Voilà de grandes souffrances qui commencent
pour le mari. Le lieu du monde le plus cruel pour
un jaloux, c'est une boutique... Tous viennent,
tous flattent la dame... L'infortuné ne sait pas
même toujours à qui s'en prendre. Parfois il devient fou, ou se tue, ou la tue; tel autre s'alite, et
meurt... Plus malheureux peut-être celui qui s'est
résigné.

Il s'est trouvé un homme qui est mort ainsi lentement, non pas de jalousie, mais de douleur et
d'humiliation, chaque jour insulté, outragé dans
la personne de sa femme. Je parle de l'infortuné
Louvet. Après avoir échappé aux dangers de la
Terreur, rentré à la Convention, mais sans moyens
pour vivre, il établit sa femme libraire au Palais-
Royal : la librairie était à cette époque un com=

merce brillant, et le seul. Malheureusement l'ardent Girondin, aussi contraire aux royalistes qu'aux montagnards, avait mille ennemis. *La jeunesse dorée*, celle qui courut si bien le 13 vendémiaire, venait bravement parader devant la boutique de Louvet, entraît, ricanait, se vengeait sur une femme. Aux provocations du mari furieux, ils ne répondaient que par des risées. Lui-même leur avait donné des armes, en imprimant, dans le récit de sa fuite et de ses malheurs, mille détails passionnés, indiscrets sans doute et imprudents, sur sa Lodoïska. Une chose devait la protéger, la rendre sacrée pour des hommes de cœur, son courage, son dévouement ; elle avait sauvé son mari... Nos chevaliers ne sentirent point cela ; ils poussèrent froidement la cruelle plaisanterie, et Louvet en mourut. Sa femme voulait mourir ; ses enfants qu'on lui amena la condamnèrent à vivre.

CHAPITRE VI

Quand les enfants grandissent et que la famille réunie commence à se demander : « Qu'en fera-t-on ? » le plus vif, le moins disciplinable, ne manque guère de dire : « Moi, je veux être indépendant. » Il entrera dans le commerce, et il y trouvera l'indépendance que nous venons de caractériser. L'autre frère, le docile, le bon sujet, sera fonctionnaire.

On tâchera du moins qu'il le devienne. La famille fera pour cela d'énormes sacrifices, souvent par delà sa fortune. Grands efforts et quel but? Après dix ans de classes, plusieurs années d'école, il deviendra surnuméraire, et enfin petit employé. Son frère, le commerçant, qui, pendant ce temps-

là, a eu bien d'autres aventures, lui porte grande
envie, et perd peu d'occasions de faire allusion aux
gens qui ne produisent pas, « qui s'endorment
commodément assis au banquet du budget ». Aux
yeux de l'industriel, nul ne produit que lui ; le
juge, le militaire, le professeur, l'employé, sont
« des consommateurs improductifs[1] ».

Les parents savaient bien que la carrière des
fonctions publiques n'était pas lucrative. Mais ils
ont désiré pour cet enfant doux et tranquille une
vie sûre, fixe et régulière. Tel est l'idéal des familles, après tant de révolutions, tel, dans leur
opinion, est le sort du fonctionnaire : le reste va,
vient, varie et change, le fonctionnaire seul est
sorti des alternatives de cette vie mortelle, il est
comme en un meilleur monde.

Je ne sais si l'employé a jamais eu ce paradis
sur la terre, cette vie d'immobilité et de sommeil.
Aujourd'hui, je ne vois pas un homme plus mobile. Sans parler des destitutions qui frappent
quelquefois et que l'on craint toujours, sa vie n'est
que mutations, voyages, translations subites (pour
tel ou tel mystère électoral) d'un bout de la France
à l'autre, disgrâces inexplicables, prétendus avan-

---

[1] Comme si la justice et l'ordre civil, la défense du pays, l'instruction n'étaient pas aussi des *productions*, et les premières de toutes

cements qui, pour deux cents francs de plus, le font aller de Perpignan à Lille. Toutes les routes sont couvertes de fonctionnaires qui voyagent avec leurs meubles; beaucoup ont renoncé à en avoir. Campés dans une auberge, et le paquet tout fait, ils vivent là un an, ou moins, d'une vie seule et triste, dans une vie inconnue; vers la fin, lorsqu'ils commencent à former quelque relation, on les dépêche à l'autre pôle.

Qu'ils ne se marient pas surtout; leur situation en serait empirée. Indépendamment de cette mobilité, leurs faibles traitements ne comportent point un ménage. Ceux d'entre eux qui sont obligés de faire respecter leur position, ayant charge d'âmes, le juge, l'officier, le professeur, passeront leur vie, s'ils n'ont point de fortune, dans un état de luttes, d'efforts misérables, pour cacher leur misère et la couvrir de quelque dignité.

N'avez-vous pas rencontré en diligence (je ne dis pas une fois, mais plusieurs) une dame respectable, sérieuse, ou plutôt triste, d'une mise modeste et quelque peu passée, un enfant ou deux, beaucoup de malles, de bagages, un ménage sur l'impériale. Au débarqué, vous la voyez reçue par son mari, un brave et digne officier qui n'est plus jeune. Elle le suit ainsi, avec toute espèce d'incommodités et d'ennuis, de garnison en garnison, accouche en route, nourrit à l'auberge, puis se remet encore en route. Rien de plus triste que de voir ces pauvres femmes associées ainsi par l'affection et le devoir aux servitudes de la vie militaire.

Les traitements des fonctionnaires, militaires et civils, ont peu changé depuis l'Empire[1]. La fixité que l'on considère comme leur suprême bonheur, presque tous l'ont sous ce rapport. Mais comme l'argent a baissé, le même chiffre va diminuant de valeur réelle, et représentant toujours moins ; nous l'avons remarqué pour les salaires industriels.

La France peut se vanter d'une chose, c'est qu'à l'exception de quelques grandes places trop rétribuées, nos fonctionnaires publics servent l'État presque pour rien. Et avec cela, j'affirme qu'en ce pays, dont on dit tant de mal, il est peu, très-peu de fonctionnaires accessibles à l'argent.

J'entends l'objection : beaucoup sont corrompus par l'espoir d'avancer, par l'intrigue, par les

---

[1] Ils se sont améliorés dans tous les autres États de l'Europe: Ici, ils ont augmenté pour un très-petit nombre de places, baissé pour d'autres, par exemple pour les commis de préfectures et sous-préfectures. — Sur le caractère général et les divisions de cette grande armée des fonctionnaires, lire l'important ouvrage de M. Vivien : *Études administratives,* 1845.

mauvaises influences; je le sais, je l'accorde. Et je n'en soutiendrai pas moins que, parmi ces gens si peu rétribués, vous n'en trouverez pas qui reçoivent de l'argent, comme on voit en Russie, en Italie, dans tant d'autres contrées.

Voyons l'ordre le plus élevé. Le juge qui décide du sort, de la fortune des hommes, qui tous les jours a dans les mains des affaires de plusieurs millions, et qui pour des fonctions si hautes, si assidues, si ennuyeuses, gagne moins que tel ouvrier, le juge ne reçoit pas d'argent.

Prenez en bas, dans une classe où les tentations sont grandes; prenez le douanier : il en est peut-être qui recevraient un léger pourboire dans une occasion insignifiante, mais jamais pour ce qui donne le moindre soupçon de fraude. — Voulez-vous savoir, maintenant, combien il a pour ce service ingrat? six cents francs, un peu plus de trente sous par jour; ajoutons-y les nuits qui ne sont point payées; il passe de deux nuits l'une, sur la frontière, sur la côte, sans abri que son manteau, exposé à l'attaque du contrebandier, au vent de la tempête, qui, de la falaise, parfois l'emporte en mer. C'est là, sur cette grève, que sa femme lui apporte son maigre repas; car il est marié, il a des enfants, et, pour nourrir quatre ou cinq personnes, il a à peu près trente sous.

Un garçon boulanger à Paris[1] gagne plus que deux douaniers, plus qu'un lieutenant d'infanterie, plus que tel magistrat, plus que la plupart des professeurs ; il *gagne autant que six maîtres d'école!*

Honte! infamie!.. Le peuple qui paye le moins ceux qui instruisent le peuple (cachons-nous pour l'avouer), c'est la France.

La France d'aujourd'hui. — Au contraire, la vraie France, celle de la Révolution, déclara que l'enseignement était un sacerdoce, que le maître d'école était l'égal du prêtre. Elle posa en principe que la première dépense de l'État, c'était l'instruction. Dans sa terrible misère, la Convention voulait donner cinquante-quatre millions à l'instruction primaire[2], et elle l'eût fait certainement, si elle eût duré d'avantage... Temps singulier où les hommes se disaient matérialistes, et qui fut en réalité l'apothéose de la pensée, le règne de l'esprit!

Je ne le cache pas ; de toutes les misères de ce temps-ci, il n'y en a pas qui me pèse davantage.

---

[1] Je veux dire en général l'ouvrier de salaire moyen, sans chômage d'hiver. V. plus haut, p. 52, *note*.

[2] Trois mois après le 9 thermidor (27 brumaire an III), sur le rapport de Lakanal. Voir l'*Exposé sommaire des travaux de Lakanal*, p. 135.

L'homme de France le plus méritant, le plus misérable[1], le plus oublié, c'est le maître d'école.
L'État qui ne sait pas seulement quels sont ses
vrais instruments et sa force, qui ne soupçonne
pas que son plus puissant levier moral, serait
cette classe d'hommes, l'État, dis-je, l'abandonne
aux ennemis de l'État. Vous dites que les Frères
enseignent mieux ; je le nie ; quand cela serait vrai,
que m'importe ? le maître d'école, c'est la France ;
le Frère, c'est Rome, c'est l'étranger et l'ennemi :
lisez plutôt leurs livres ; suivez leurs habitudes
et leurs relations ; flatteurs pour l'Université, et
tout jésuites au cœur.

J'ai parlé ailleurs des servitudes du prêtre ; elles
sont grandes, dignes de compassion ; serf de

---

[1] M. Lorain, dans son *Tableau de l'instruction primaire,* ouvrage
officiel de la plus haute importance, où il résume les rapports des 490
inspecteurs qui visitèrent en 1833 toutes les écoles, n'a pas d'expres-
sions assez fortes pour dire l'état de misère et d'abjection où se trouvent
nos instituteurs. Il déclare (p. 60) qu'il y en a qui gagnent *en tout*
100 francs, 60 francs, 50 ! Encore attendent-ils longtemps le paye-
ment, qui souvent ne vient pas ! On ne paye pas en argent ; chaque
famille met de côté ce qu'elle a de plus mauvais dans sa récolte pour
le maître d'école, *quand il vient le dimanche mendier à chaque porte
la besace sur le dos ;* il n'est pas bien venu à réclamer son petit lot de
pommes de terre, *on trouve qu'il fait tort aux pourceaux,* etc. Depuis ces rapports officiels, on a créé de nouvelles écoles ; mais le sort
des anciens maîtres n'a pas été amélioré. Espérons que la Chambre des
députés accordera cette année l'augmentation de cent francs qui a été
demandée en vain l'année dernière. (1846.)

Rome, serf de son évêque, d'ailleurs presque toujours dans une position qui donne au supérieur, bien informé, hypothèque sur lui. Eh bien, ce prêtre, ce serf, c'est le tyran du maître d'école. Celui-ci n'est pas son subordonné légalement, mais il est son valet. Sa femme, mère de famille, fait sa cour à madame la gouvernante de M. le Curé, à la pénitente préférée, influente. Elle sent bien, cette femme qui a des enfants, et qui a tant de peine à vivre, qu'un maître d'école, mal avec le curé, c'est un homme perdu!.. On ne va pas par deux chemins pour le couler à fond; on ne s'amuse pas à dire qu'il est ignorant; non, il est vicieux, il est ivrogne, il est... Ses enfants multipliés, hélas! année par année, ont beau témoigner pour ses mœurs. Les Frères seuls ont des mœurs; ils ont bien quelques petits procès, mais si vite étouffés!

Servitude! pesante servitude! je la retrouve en montant, descendant, à tous les degrés, écrasant les plus dignes, les plus humbles, les plus méritants!

Et je ne parle pas de la dépendance hiérarchique et légitime, de l'obéissance au supérieur naturel. Je parle de l'autre dépendance, oblique, indirecte, qui part de haut, qui descend bas, qui pèse lourdement, qui pénètre, qui entre dans le détail, qui s'informe, qui veut gouverner jusqu'à l'âme.

Grande différence entre le marchand et le fonc- tionnaire! le premier, nous l'avons dit, est con damné à mentir, sur des objets minimes, d'intérêt extérieur; pour ce qui est de l'âme, il garde sou- vent l'indépendance. C'est justement ce côté-la qu'on attaque dans le fonctionnaire; il est inquiété dans les choses de l'âme, parfois mis en demeure de mentir en ce qui touche la foi et la foi poli- tique.

Les plus sages travaillent à se faire oublier; ils évitent de vivre et de penser, font semblant d'être nuls, et jouent si bien ce jeu, qu'à la longue ils n'ont besoin d'aucun semblant; ils deviennent vraiment ce qu'ils voulaient paraître. Les fonc- tionnaires qui sont pourtant les yeux et les bras de la France, visent à ne plus voir, ni remuer; un corps qui a de tels membres doit être bien malade.

Pour s'annuler ainsi, le malheureux est-il quitte? pas toujours. Plus il cède, plus il recule, et plus on exige. On en vient à lui demander ce qu'on appelle des gages de dévouement, des services positifs. Il pourrait avancer, s'il se rendait utile, s'il éclairait sur telle ou telle personne... « Tel par exemple, qui est votre collègue, est-ce un homme bien sûr? »

Voilà un homme troublé, malade. Il rentre chez lui très-soucieux. Pressé tendrement, il avoue ce qu'il a... Où croyez-vous, dans cette grave circonstance, qu'il trouve appui? Dans les siens? Rarement.

Chose triste et dure à dire, mais qu'il faut dire : l'homme aujourd'hui n'est pas corrompu par le monde, il le connaît trop bien; pas davantage par ses amis... qui a des amis?.. Non, ce qui le corrompt le plus souvent, c'est sa famille même. Une excellente femme, inquiète pour ses enfants, est capable de tout, pour faire avancer son mari, jusqu'à le pousser aux lâchetés. Une mère dévote trouve tout simple qu'il fasse sa fortune par la dévotion; le but sanctifie tout; comment pécher en servant la bonne cause?.. Que fera l'homme, quand il trouve la tentation dans la famille même, qui devait l'en garder? quand le vice lui vient par la vertu, par l'obéissance filiale, par le respect de l'autorité paternelle?

Ce côté de nos mœurs est grave; je n'en connais pas de plus sombre.

Au reste, que la bassesse, même avec ces

6

moyens, que le servilisme et le jésuitisme, puissent triompher en France, je ne le croirai jamais. La répugnance pour tout ce qui est faux et perfide est invincible dans ce noble pays. La masse est bonne; n'en jugez pas par l'écume qui surnage. Cette masse, quoiqu'elle flotte, elle a en elle une force qui l'assure : le sentiment de l'honneur militaire renouvelé toujours par notre légende héroïque. Tel, au moment de faillir, s'arrête sans qu'on sache pourquoi... c'est qu'il a senti passer sur sa face l'esprit invisible des héros de nos guerres, le vent du vieux drapeau !..

Ah ! je n'espère qu'en lui ! qu'il sauve la France, ce drapeau, et la France de l'armée ! Notre glorieuse armée sur qui le monde a les yeux[1], qu'elle se maintienne pure ! qu'elle soit de fer contre l'ennemi, et d'acier contre la corruption ! que jamais l'esprit de police n'y pénètre ! qu'elle garde l'horreur des traîtres, des vilaines offres, des moyens souterrains d'avancer !

Quel dépôt dans les mains de ces jeunes soldats ! quelle responsabilité pour l'avenir !.. Au jour du

---

[1] S'il y a eu des actes atroces, ils ont été commandés. Qu'ils retombent sur ceux qui ont donné de tels ordres ! — Remarquons, en passant, que trop souvent nos journaux accueillent dans un intérêt de parti les inventions calomnieuses des Anglais.

suprême combat de la civilisation et de la barbarie
(qui sait si ce n'est pas demain?) il faut que le
Juge les trouve irréprochables, leur épée nette, et
que leurs baïonnettes étincellent sans tache!..
Chaque fois que je les vois passer, mon cœur s'é-
meut en moi : « Ici seulement, ici, vont d'accord
la force et l'idée, la vaillance et le droit, ces deux
choses, séparées par toute la terre... Si le monde
est sauvé par la guerre, vous seules le sauverez...
Saintes baïonnettes de France, cette lueur qui
plane sur vous, que nul œil ne peut soutenir, gar-
dez que rien ne l'obscurcisse ! »

CHAPITRE VII

Le seul peuple qui ait une armée sérieuse, est celui qui ne compte pour rien en Europe. Ce phénomène ne s'explique pas suffisamment par la faiblesse d'un ministère, d'un gouvernement; il tient malheureusement à une cause plus générale, au déclin de la classe gouvernante, classe très-nouvelle et très-usée. Je parle de la bourgeoisie.

Je remonterai un peu haut, pour mieux me faire comprendre.

La glorieuse bourgeoisie qui brisa le moyen âge et fit notre première Révolution, au quatorzième siècle, eut ce caractère particulier d'être une initiation rapide du peuple à la noblesse[1]. Elle fut

---

[1] Le passage se faisait, comme on sait, par la noblesse de robe. Mais, ce qu'on ne sait pas, c'est la facilité avec laquelle cette noblesse devenait militaire, aux quatorzième et quinzième siècles.

moins encore une classe qu'un passage, un degré.
Puis, ayant fait son œuvre, une noblesse nouvelle
et une royauté nouvelle, elle perdit sa mobilité,
se stéréotypa, et resta une classe, trop souvent ridicule. Le bourgeois des dix-septième et dix-huitième siècles est un être bâtard, que la nature semble avoir arrêté dans son développement imparfait,
être mixte, peu gracieux à voir, qui n'est ni d'en
haut ni d'en bas, ne sait ni marcher ni voler,
qui se plaît à lui-même et se prélasse dans ses prétentions.

Notre bourgeoisie actuelle, née en si peu de
temps de la Révolution, n'a pas rencontré, en montant, de nobles sur sa tête. Elle a voulu d'autant
plus être une classe tout d'abord. Elle s'est fixée
en naissant, et si bien qu'elle a cru naïvement
pouvoir tirer de son sein une aristocratie ; autant
vaut dire, improviser une antiquité. Cette création s'est trouvée, comme on pouvait prévoir, non
antique, mais vieille et caduque [1].

Quoique les bourgeois ne demandent pas mieux
que d'être une classe à part, il n'est pas facile de
préciser les limites de cette classe, où elle commence, où elle finit. Elle ne renferme pas exclusi-

---

[1] L'ancienne France eut trois classes. La nouvelle n'en a plus que
deux : le peuple et la bourgeoisie.

vement les gens aisés ; il y a beaucoup de bourgeois pauvres[1]. Dans nos campagnes, le même homme est journalier ici, et là *bourgeois*, parce qu'il y a du bien. Cela fait, grâce à Dieu, qu'on ne peut opposer rigoureusement la bourgeoisie au peuple, comme font quelques-uns, ce qui n'irait pas à moins qu'à créer deux nations. Nos petits propriétaires ruraux, qu'on les appelle ou non *bourgeois*, sont le peuple et le cœur du peuple.

Qu'on étende ou qu'on resserre cette dénomination, ce qui importe à observer, c'est que la bourgeoisie, qui s'est chargée presque seule d'agir depuis cinquante ans, semble aujourd'hui paralysée, incapable d'action. Une classe toute récente semblait devoir la renouveler ; je parle de la classe industrielle, née de 1815, grandie dans les luttes

---

Si vous observez avec attention comment le peuple emploie ce mot, vous trouverez que, pour lui, il désigne moins la richesse qu'une certaine mesure d'indépendance et de loisir, l'absence d'inquiétude pour la nourriture quotidienne. Tel ouvrier qui gagne cinq francs par jour appelle sans difficulté *Mon bourgeois* le rentier famélique de trois cents francs de rente qui se promène en habit noir au plein cœur de janvier. — Si la sécurité est l'essence du bourgeois, faudra-t-il y comprendre ceux qui ne savent jamais s'ils sont riches ou pauvres, les commerçants, d'autres encore qui semblent mieux assis, mais qui, pour des achats ae charge, ou autrement, sont les serfs du capitaliste? S'ils ne sont pas vraiment bourgeois, ils se rattachent néanmoins à la même classe par l'intérêt, la peur, l'idée fixe de la paix à tout prix

de la Restauration, et qui, plus qu'une autre, a fait
la Révolution de Juillet. Peut-être plus française que la bourgeoisie proprement dite, elle est
bourgeoise d'intérêt; elle n'ose bouger. La bourgeoisie ne le veut, ne le peut; elle a perdu le mouvement. Un demi-siècle a donc suffi pour la voir
sortir du peuple, s'élever par son activité et son
énergie, et tout à coup, au milieu de son triomphe,
s'affaisser sur elle-même. Il n'y a pas d'exemple
d'un déclin si rapide.

Ce n'est pas nous qui disons cela; c'est elle.
Les plus tristes aveux lui échappent sur son déclin
et celui de la France qu'elle entraîne.

Un ministre disait, il y a dix ans, devant plusieurs personnes : « La France sera la première
des puissances secondaires. » Ce mot, qui alors
était humble, au point où les choses sont venues
depuis, est presque ambitieux. Tellement la descente est rapide !

Aussi rapide au dedans qu'au dehors. Le progrès du mal se marque au découragement de ceux
même qui en profitent. Ils ne peuvent guère s'intéresser à un jeu où personne n'espère plus tromper personne. Les acteurs s'ennuient presque autant que les spectateurs; ils bâillent avec le public,
excédés d'eux-mêmes et de sentir qu'ils baissent.

L'un d'eux, homme d'esprit, écrivait il y a quelques années qu'il ne fallait plus de grands hommes, que désormais on saurait s'en passer. Ce mot venait à point. Seulement, s'il le réimprime, il faudra qu'il l'étende et prouve cette fois que les hommes moyens, les talents secondaires, ne sont pas indispensables et qu'on peut s'en passer aussi.

La presse, il y a dix ans, prétendait influer. Elle en est revenue. Elle a senti, pour parler seulement de la littérature, que la bourgeoisie qui lit seule (le peuple ne lit guère), n'avait plus besoin d'art. Donc, elle a pu, sans que personne s'en plaignît, réformer deux choses coûteuses, l'art et la critique; elle s'est adressée aux improvisateurs, aux romanciers en commandite, puis, gardant seulement leur nom, aux ouvriers de troisième ordre.

L'affaissement général est moins senti, parce qu'il a lieu d'ensemble; tous descendant, le niveau relatif est le même.

Qui dirait, au peu de bruit qui se fait, que nous ayons été un peuple si bruyant? l'oreille s'y fait peu à peu, la voix aussi. Le diapason change. Tel croit crier, et crie tout bas. Le seul bruit un peu haut, c'est celui de la Bourse. Celui qui l'entend

de près, et qui voit cette agitation, croira trop aisément que ce courant trouble profondément le
grand marais dormant de la bourgeoisie. Erreur.
C'est faire trop de tort, trop d'honneur à la masse
bourgeoise que de lui supposer tant d'activité pour
les intérêts matériels[1]. Elle est fort égoïste, il est
vrai, mais routinière, inerte. Sauf quelques courts
accès, elle s'en tient ordinairement aux premières
acquisitions qu'elle craint de compromettre. Il est
incroyable combien cette classe, en province surtout, se résigne aisément à la médiocrité en toute
chose. Elle a peu, elle l'a d'hier ; pourvu qu'elle
le garde, elle s'arrange pour vivre sans agir, sans
penser[2].

---

[1] La France n'a pas l'âme marchande, sauf ses moments anglais
(comme celui de Law et celui-ci), qui sont des accès rares. Cela se voit
surtout à la facilité avec laquelle les hommes qui d'abord semblent les
plus âpres, s'arrêtent généralement de bonne heure sur le chemin de
la fortune. Le Français qui a gagné dans le commerce ou autrement
quelques mille livres de rentes, se croit riche, et ne fait plus rien.
L'Anglais, tout au contraire, voit dans la richesse acquise un moyen de
s'enrichir ; il persévère jusqu'à la mort dans le travail. Il reste rivé à
sa chaîne, définitivement spécialisé dans son affaire ; seulement, il poursuit cette spécialité sur une plus grande échelle. Il n'éprouve pas le
besoin du loisir, qui lui permettrait d'arranger sa vie librement.

Aussi, il y a fort peu de riches en France, si vous mettez à part nos
capitalistes étrangers. Ce peu de riches seraient presque tous des pauvres en Angleterre. De nos riches, réduisez nombre de gens qui font
bonne figure, et dont la fortune est ou engagée, ou incertaine encore,
hypothétique.

[2] Je connais, près de Paris, une ville assez considérable, où l'on

Ce qui caractérisait l'ancienne bourgeoisie, ce qui manque à la nouvelle, c'est surtout la sécurité.

Celle des deux derniers siècles, fortement assise sur la base de fortunes déjà anciennes, sur des chargès de robe et de finance qui comptaient pour propriétés, sur le monopole des corporations marchandes, etc., se croyait tout aussi ferme en France que le roi. Son ridicule fut l'orgueil, la gauche imitation des grands. Cet effort pour monter plus haut qu'on ne le peut, se traduit par l'emphase, la bouffissure qui marque la plupart des monuments du dix-septième siècle.

Le ridicule de la nouvelle bourgeoisie, c'est le contraste de ses précédents militaires, et de cette peur actuelle qu'elle ne cache nullement, qu'elle exprime à tout propos avec une naïveté singulière. Que trois hommes soient dans la rue à causer de salaires, qu'ils demandent à l'entrepreneur,

---

compte quelques centaines de propriétaires ou rentiers de 4,000 6,000 livres de rente ou un peu plus, qui ne songent nullement à aller au delà, qui ne font rien, ne lisent rien, ni livres, ni journaux (presque), ne s'intéressent à rien, ne se voient point, ne se réunissent jamais, se connaissent à peine. L'entraînement de la Bourse ne se fait sentir aucunement, mais malheureusement plus bas, parmi les pauvres économes des villes, et jusque dans les campagnes, où le paysan n'a pas même un journal qui puisse l'éclairer sur le guet-apens.

riche de leur travail, un sol d'augmentation, le
bourgeois s'épouvante, il crie, il appelle main-
forte.

L'ancien bourgeois du moins était plus conséquent; il s'admirait dans ses priviléges, il voulait
les étendre, il regardait en haut. Le nôtre regarde
en bas, il voit monter la foule derrière lui, comme
il a monté, et il n'aime pas qu'elle monte, il recule, il se serre du côté du pouvoir. S'avoue-t-il
nettement ses tendances rétrogrades? Rarement,
son passé y répugne ; il reste presque toujours
dans cette position contradictoire, libéral de principes, égoïste d'application, voulant, ne voulant
pas. S'il lui reste quelque chose de français qui réclame, il l'apaise par la lecture de quelque journal innocemment grondeur, pacifiquement belliqueux.

La plupart des gouvernements, il faut le dire,
ont spéculé sur ce triste progrès de la peur qui
n'est autre à la longue que celui de la mort morale.
Ils ont pensé qu'on avait meilleur marché des morts
que des vivants. Pour leur faire peur du peuple,
ils ont montré sans cesse à ces gens effrayés deux
têtes de Méduse qui les ont à la longue changés en
pierre : la Terreur et le Communisme.

L'histoire n'a pas encore examiné de près ce

phénomène unique de la Terreur, qu'aucun homme, aucun parti, à coup sûr, ne pourrait ramener. Tout ce que j'en puis dire ici, c'est que, derrière cette fantasmagorie populaire, les meneurs, nos grands Terroristes, n'étaient nullement des hommes du peuple, mais des bourgeois, des nobles, des esprits cultivés, subtils, bizarres, des sophistes et des scolastiques.

Quant au Communisme auquel je reviendrai, un mot suffit. Le dernier pays du monde où la propriété sera abolie, c'est justement la France. Si, comme disait quelqu'un de cette école, « la propriété n'est autre chose que le vol, » il y a ici vingt-cinq millions de voleurs, qui ne se dessaisiront pas demain.

Ce n'en sont pas moins là d'excellentes machines politiques pour effrayer ceux qui possèdent, les faire agir contre leurs principes, leur ôter tout principe. Voyez le bon parti que les jésuites et leurs amis tirent du Communisme, spécialement en Suisse. Chaque fois que le parti de la liberté va gagner du terrain, on découvre, à point nommé, on publie à grand bruit quelque noirceur nouvelle, quelque atroce menée qui fait frémir d'horreur les bons propriétaires, protestants, catholiques, Berne autant que Fribourg.

Nulle passion n'est fixe, la peur moins qu'aucune autre. Il faut en subir le progrès. Or la peur a ceci qu'elle va toujours grossissant son objet, toujours affaiblissant l'imagination maladive. Chaque jour nouvelle défiance ; telle idée semble dangereuse aujourd'hui, tel homme demain, telle classe ; on s'enferme de plus en plus, on barricade, on bouche solidement sa porte et son esprit ; plus de jour, point de petite fente par où puisse entrer la lumière.

Plus de contact avec le peuple. Le bourgeois ne le connaît plus que par la *Gazette des Tribunaux*. Il le voit dans son domestique qui le vole et se moque de lui. Il le voit, à travers les vitres, dans l'homme ivre qui passe là-bas, qui crie, tombe, roule dans la boue. Il ne sait pas que le pauvre diable est, après tout, plus honnête que les empoisonneurs en gros et en détail qui l'ont mis dans ce triste état.

Les rudes travaux font les hommes rudes, et les rudes paroles. La voix de l'homme du peuple est âpre ; il a été soldat, il affecte toujours l'énergie militaire. Le bourgeois en conclut que ses mœurs sont violentes, et le plus souvent il se trompe. Le progrès du temps n'est sensible en nulle chose plus qu'en ceci. Récemment, lorsque la force armée

7

entra brusquement chez la *mère* des charpentiers,
que leur caisse fut brisée, leurs papiers saisis,
leurs pauvres épargnes, n'avons-nous pas vu ces
hommes courageux se contenir dans la modération,
et s'en remettre aux lois?

Le riche, c'est l'enrichi généralement, c'est le
pauvre d'hier. Hier il était lui-même l'ouvrier,
le soldat, le paysan qu'il évite aujourd'hui. Je
comprends mieux que le petit-fils, né riche, puisse
oublier cela; mais que dans une vie d'homme,
en trente ou quarante ans, on se méconnaisse,
c'est chose inexplicable. De grâce, hommes des
temps belliqueux, qui cent fois avez vu l'ennemi,
ne craignez pas d'envisager en face vos pauvres
compatriotes dont on vous fait tant de peur. Que
font-ils? ils commencent aujourd'hui, comme
vous avez commencé. Celui qui passe là-bas, c'est
vous plus jeune... Ce petit conscrit qui s'en va,
chantant la *Marseillaise*, n'est-ce pas vous enfant,
qui partiez en 92? L'officier d'Afrique, plein
d'ambition et d'un souffle de guerre, ne vous rap-
pelle-t-il pas 1804 et le camp de Boulogne? Le
commerçant, l'ouvrier, le petit fabricant, ressem-
blent fort à ceux qui, comme vous, vers 1820,
ont suivi la fortune.

Ceux-ci sont comme vous; s'ils peuvent, ils

monteront, et très-probablement par de meilleurs moyens, étant nés dans un temps meilleur. Ils gagneront, et vous n'y perdrez rien... Laissez cette idée fausse qu'on ne gagne qu'en prenant aux autres. Chaque flot de peuple qui monte, amène avec lui un flot de richesses nouvelles.

Savez-vous le danger de s'isoler, de s'enfermer si bien? c'est de n'enfermer que le vide. En excluant les hommes et les idées on va diminuant soi-même, s'appauvrissant. On se serre dans sa classe, dans son petit cercle d'habitudes où l'esprit, l'activité personnelle, ne sont plus nécessaires. La porte est bien fermée; mais il n'y a personne dedans... Pauvre riche, si tu n'es plus rien, que veux-tu donc si bien garder?

Ouvrons cette âme, voyons avec elle, si elle a du souvenir, ce qui y fut, ce qui y reste. Le jeune élan de la Révolution, hélas! qui en trouverait ici la moindre trace? La force guerrière de l'Empire, l'aspiration libérale de la Restauration, n'y paraissent pas davantage.

Cet homme d'aujourd'hui, nous l'avons vu décroître, à chaque degré qui semblait l'élever. Paysan, il eut les mœurs sévères, la sobriété et l'épargne; ouvrier, il fut bon camarade et secourable aux siens; fabricant, il était actif, énergique, il avait son patriotisme industriel, qui faisait effort contre l'industrie étrangère. Tout cela, il l'a laissé en chemin, et rien n'est venu à la place; sa maison s'est remplie, son coffre est plein, son âme n'est que vide.

La vie s'allume et s'aimante à la vie, s'éteint par l'isolement. Plus elle se mêle aux vies différentes d'elle-même, plus elle devient solidaire des autres existences, et plus elle existe avec force, bonheur, fécondité. Descendez dans l'échelle animale jusqu'aux pauvres êtres qui laissent douter s'ils sont plantes ou animaux, vous entrez dans la solitude; ces misérables créatures n'ont presque aucun rapport avec les autres.

Égoïsme inintelligent? de quel côté la classe craintive des riches et bourgeois regarde-t-elle? où va-t-elle s'allier, s'associer? justement à ce qui est le plus mobile, aux puissances politiques qui vont et viennent en ce pays, aux capitalistes qui, le jour des révolutions, prendront leurs portefeuilles et passeront le détroit... Propriétaires, savez-vous bien celui qui ne bougera point, pas plus que la terre même?.. C'est le peuple. Appuyez-vous sur lui.

Le salut de la France et le vôtre, gens riches, c'est que vous n'ayez pas peur du peuple, que

vous alliez à lui, que vous le connaissiez, que
vous laissiez là les fables qu'on vous fait et qui
n'ont nul rapport à la réalité... Il faut s'entendre,
desserrer les dents, le cœur aussi, se parler,
comme on fait entre hommes.

Vous irez descendant, faiblissant, déclinant
toujours, si vous n'appelez à vous et n'adoptez
tout ce qui est fort, tout ce qui est capable. Il ne
s'agit pas *des capacités* dans le sens ordinaire.
Peu importe qu'une assemblée qui possède cent
cinquante avocats, en ait trois cents. Les hommes
élevés dans nos scolastiques modernes ne renou-
velleront pas le monde... Non, ce sont les hommes
d'instinct, d'inspiration, sans culture, ou d'autres
cultures (étrangères à nos procédés et que nous
n'apprécierons pas), ce sont eux dont l'alliance
rapportera la vie à l'homme d'études, à l'homme
d'affaires le sens pratique, qui certainement lui
a manqué aux derniers temps ; il n'y paraît que
trop à l'état de la France.

Ce que je dois espérer des riches et des bourgeois pour l'association large, franche et généreuse,
je l'ignore. Ils sont bien malades ; on ne revient
pas aisément de si loin. Mais, je l'avoue, j'ai encore espérance en leurs fils. Ces jeunes gens, tels
que je les vois dans nos écoles, devant ma chaire,

ont de meilleures tendances. Toujours ils ont accueilli d'un grand cœur toute parole en faveur du peuple. Qu'ils fassent plus, qu'ils lui tendent la main, et forment de bonne heure avec lui l'alliance de la régénération commune. Qu'elle n'oublie pas, cette jeunesse riche, qu'elle porte un poids lourd, la vie de ses pères, qui, en si peu de temps, ont monté, joui et déchu; elle est lasse en naissant, et, toute jeune qu'elle est, elle a grand besoin de rajeunir en recueillant la pensée populaire. Ce qu'elle a de plus fort, c'est d'être encore tout près du peuple, sa racine, d'où elle est sortie. Eh bien! qu'elle y retourne de sympathie et de cœur, qu'elle y reprenne un peu de la séve puissante qui a fait, depuis 89, le génie, la richesse, la force de la France.

Jeunes et vieux, nous sommes fatigués. Pourquoi ne l'avouerions-nous pas, vers la fin de cette journée laborieuse qui fait une moitié de siècle?.. Ceux même qui ont traversé, comme moi, diverses classes, et qui à travers toutes sortes d'épreuves, ont conservé l'instinct fécond du peuple, ils n'en ont pas moins perdu sur la route, en luttes intérieures, une grande partie de leurs forces... Il est tard, je le sens, le soir ne peut tarder. « Déjà l'ombre plus grande tombe du haut des monts. »

A nous donc, les jeunes et les forts. Venez, les travailleurs. Nous vous ouvrons les bras. Rapportez-nous une chaleur nouvelle; que le monde, que la vie, que la science, recommencent encore.

Pour ma part, j'espère bien que ma science, ma chère étude, l'histoire, ira se ravivant à cette vie populaire, et deviendra par ces nouveaux venus, la chose grande et salutaire que j'avais rêvée. Du peuple sortira l'historien du peuple.

Celui-là ne l'aimera pas plus que moi, sans doute. J'y ai tout mon passé, ma vraie patrie, mon foyer et mon cœur... Mais bien des choses m'ont empêché d'en prendre l'élément le plus fécond. La culture tout abstraite qu'on nous donne, m'a bien longtemps séché. Il m'a fallu de longues années pour effacer le sophiste qu'on avait fait en moi. Je ne suis arrivé à moi-même qu'en me dégageant de cet accessoire étranger; je ne me suis connu que par voie négative. Voilà pourquoi, toujours sincère, toujours passionné pour le vrai, je n'ai pas atteint l'idéal de simplicité grandiose que j'avais devant l'esprit... A toi, jeune homme, à toi reviennent les dons qui m'ont manqué[1]. Fils du

---

[1] Mais je dois l'aider d'avance, et le préparer, ce jeune homme. Voilà pourquoi je continue mon histoire. Un livre est un moyen de faire un meilleur livre.

peuple, l'étant moins éloigné de lui, tu arriveras
tout d'abord sur le terrain de son histoire avec sa
force colossale et son inépuisable séve ; mes ruisseaux viendront d'eux-mêmes se perdre dans tes
torrents.

Je te donne tout ce que j'ai fait... Toi, tu me
donneras l'oubli. Puisse mon histoire imparfaite
s'absorber dans un monument plus digne, où s'ac-
cordent mieux la science et l'inspiration, où, parmi
les vastes et pénétrantes recherches, on sente partout le souffle des grande foules, et l'âme féconde
du peuple!

CHAPITRE VIII

En repassant des yeux cette longue échelle sociale, indiquée en si peu de pages, une foule d'i-
dées, de sentiments pénibles m'obsède, un monde
de tristesse... Tant de douleurs physiques! mais
combien plus de souffrances morales!.. Peu me
sont inconnues; je sais, je sens, j'ai eu ma bonne
part... Je dois néanmoins écarter et mes sentiments et mes souvenirs, et suivre dans ce nuage
ma petite lumière.

Ma lumière d'abord, qui ne me trompera pas,
c'est la France. Le sentiment français, le dévouement du citoyen à la patrie, est ma mesure pour
juger ces hommes et ces classes; mesure morale,
mais naturelle aussi; en toute chose vivante, cha-

7

que partie vaut surtout par son rapport avec l'ensemble.

En nationalité, c'est tout comme en géologie, la chaleur est en bas. Descendez, vous trouverez qu'elle augmente ; aux couches inférieures, elle brûle.

Les pauvres aiment la France, comme lui ayant obligation, ayant des devoirs envers elle. Les riches l'aiment comme leur appartenant, leur étant obligée. Le patriotisme des premiers, c'est le sentiment du devoir ; celui des autres, l'exigence, la prétention d'un droit.

Le paysan, nous l'avons dit, a épousé la France en légitime mariage ; c'est sa femme, à toujours ; il est un avec elle. Pour l'ouvrier, c'est sa belle maîtresse ; il n'a rien, mais il a la France, son noble passé, sa gloire. Libre d'idées locales, il adore la grande unité. Il faut qu'il soit bien misérable, asservi par la faim, le travail, lorsque ce sentiment faiblit en lui ; jamais il ne s'éteint.

Le malheureux servage des intérêts augmente encore, si nous montons aux fabricants, aux marchands. Ils se sentent toujours en péril, marchent comme sur la corde tendue... La faillite ! pour l'éviter partielle, ils risqueraient plutôt de la faire générale... ils ont fait et défait Juillet.

Et pourtant peut-on dire que dans cette grande
classe de plusieurs millions d'âmes, le feu sacré
soit éteint, décidément et sans remède? Non, je
croirais plus volontiers que la flamme est chez eux
à l'état latent. La rivalité étrangère, l'Anglais, les
empêchera d'en perdre l'étincelle.

Quel froid, si je monte plus haut! c'est comme
dans les Alpes. J'atteins la région des neiges. La
végétation morale disparaît peu à peu, la fleur de
nationalité pâlit. C'est comme un monde saisi en
une nuit d'un froid subit d'égoïsme et de peur...
Que je monte encore un degré, la peur même a
cessé, c'est l'égoïsme pur du calculateur sans patrie; plus d'hommes, mais des chiffres... Vrai gla-
cier abandonné de la nature[1]... Qu'on me per-

---

[1] Ces glaciers n'ont pas l'impartiale indifférence de ceux des Alpes,
qui n'accumulent les eaux fécondes que pour les verser indistincte-
ment aux nations. Les Juifs, quoi qu'on dise, ont une patrie, la Bourse
de Londres; ils agissent partout, mais leur racine est au pays de l'or.
Aujourd'hui que la paix armée, cette guerre immobile qui ronge l'Europe, leur a mis les fonds de tous les États entre les mains, que peuvent-ils aimer? le pays du *statu quo*, l'Angleterre. Que peuvent-ils
haïr? le pays du mouvement, la France... Ils ont cru dernièrement
l'amortir en achetant une vingtaine d'hommes que la France renie.
Autre faute : par vanité, par un sentiment exagéré de sécurité, ils ont
mis des rois dans leur bande, se sont mêlés à l'aristocratie, et, par là,
se sont associés aux hasards politiques. Voilà ce que leurs pères, les
Juifs du moyen âge, n'auraient jamais fait. Quelle décadence dans la
sagesse juive!

mette de descendre, le froid est trop grand ici pour moi, je ne respire plus.

Si, comme je le crois, l'amour est la vie même, on vit bien peu là-haut. Il semble qu'au point de vue du sentiment national, qui fait qu'un homme étend sa vie de toute la grande vie de la France, plus on monte vers les classes supérieures, moins on est vivant.

Du moins, en récompense, est-on moins sensible aux souffrances, plus libre, plus heureux? j'en doute. Je vois par exemple que le grand manufacturier, tellement supérieur au misérable petit propriétaire rural, est comme lui, et plus souvent encore que lui, esclave du banquier. Je vois que le petit marchand qui a mis son épargne aux hasards du commerce, qui y compromet sa famille (comme j'ai expliqué), qui sèche d'attente inquiète, d'envie, de concurrence, n'est pas beaucoup plus heureux que l'ouvrier. Celui-ci, s'il est célibataire, s'il peut, sur sa journée de quatre francs, épargner trente sols pour les chômages, est sans comparaison plus gai que l'homme de boutique, et plus indépendant.

Le riche, dira-t-on, ne souffre que de ses vices. — Cela déjà, c'est beaucoup; mais il y faut ajouter l'ennui, la défaillance morale, le sentiment d'un homme qui valut mieux, et qui conserve assez de vie pour sentir qu'elle baisse, pour voir dans les moments lucides qu'il enfonce dans les misères et les ridicules du petit esprit... Baisser, ne plus pouvoir faire acte de volonté qui vous relève, quoi de plus triste? Du Français, tomber au cosmopolite, à l'homme quelconque, et de l'homme au mollusque !

Qu'ai-je voulu dire, en tout ceci? que le pauvre est heureux? Que toute destinée est égale? « Qu'il y a compensation? » Dieu me garde de soutenir une thèse si fausse, si propre à tuer le cœur, à rassurer l'égoïsme!.. Ne vois-je pas, ne sais-je pas d'expérience, que la souffrance physique, loin d'exclure la souffrance morale, s'unit le plus souvent à elle : terribles sœurs qui s'entendent si bien pour écraser le pauvre !.. Voyez, par exemple, le destin de la femme dans nos quartiers indigents ; elle n'enfante presque que pour la mort, et trouve dans le besoin matériel une cause infinie de douleurs morales.

Au moral, au physique, cette société a, par-dessus les autres, un mal qui lui est propre : elle est devenue infiniment sensible. Que les maux ordinaires à l'homme aient diminué, je le crois, l'histoire le prouve assez. Ils ont diminué toutefois dans une proportion finie, et la sensibilité a augmenté infiniment. Pendant que la pensée agrandie ouvrait une sphère nouvelle à la douleur, le cœur donnait, par l'amour, par les liens de famille, de nouvelles prises à la fortune... Chères occasions de souffrir, que personne, à coup sûr, ne veut sacrifier... Mais combien elles ont rendu la vie plus inquiète! On ne souffre plus du présent seulement, mais de l'avenir, du possible. L'âme, tout endolorie d'avance, sent et pressent le mal qui doit venir, celui parfois qui ne viendra jamais.

Pour comble, cet âge d'extrême sensibilité individuelle est justement celui où tout se fait par les moyens collectifs qui se prêtent le moins à ménager l'individu. L'action, en tout genre, se centralise autour de quelque grande force, et bon gré mal gré l'homme entre dans ce tourbillon. Combien peu il y pèse, ce que deviennent dans ces vastes systèmes impersonnels, ses pensées les plus chères, ses poignantes douleurs, hélas! qui peut le dire?.. La machine roule immense, majestueuse, indifférente, sans savoir seulement que ses petits rouages, si durement froissés, ce sont des hommes vivants.

Ces roues animées qui fonctionnent sous une même impulsion, se connaissent-elles au moins les unes les autres? Leur rapport nécessaire de coopé-

ration produit-il un rapport moral?.. Nullement.
C'est le mystère étrange de cet âge ; le temps où
l'on agit le plus ensemble est peut-être celui où les
cœurs sont le moins unis. Les moyens collectifs
qui mettent en commun la pensée, la font circu-
ler, la répandent, n'ont jamais été plus grands,
jamais l'isolement plus profond.

Le mystère reste inexplicable, pour qui n'observe pas historiquement le progrès du système
dont il résulte. Ce système, je l'appelle d'un mot
le *Machinisme;* qu'on me permette d'en rappeler
l'origine.

Le moyen âge posa une formule d'amour, et il
n'aboutit qu'à la haine. Il consacrait l'inégalité,
l'injustice, qui rendait l'amour impossible. La violente réaction de l'amour et de la nature qu'on appelle la Renaissance, ne fonda point l'ordre nouveau, et parut un désordre. Le monde, pour qui
l'ordre était un besoin, dit alors : « Eh ! bien, n'aimons pas ; c'est assez d'une expérience de mille
ans. Cherchons l'ordre et la force dans l'union des
forces ; nous trouverons des machines qui les tien-
dront assemblées sans amour, qui encadreront,
serreront si bien les hommes, cloués, rivés, vis-
sés, que, tout en se détestant, ils agiront d'ensemble. » Et alors, on refit des machines adminis-

tratives, analogues à celles du vieil Empire romain, bureaucratie à la Colbert, armées à la Louvois. Ces machines avaient l'avantage d'employer l'homme comme force régulière, la vie moins ses caprices, ses inégalités.

Toutefois, ce sont encore des hommes; ils en gardent quelque chose. La merveille du Machinisme, ce serait de se passer d'hommes. Cherchons des forces qui, une fois mues par nous, puissent agir sans nous, comme les roues de l'horlogerie.

Mues par nous? c'est encore de l'homme, c'est un défaut. Que la nature fournisse, non-seulement les éléments de la machine, mais le moteur... C'est alors que l'on créa ces ouvriers de fer, qui, de cent mille bras, cent mille dents, peignent, filent, tissent, ouvrent de toute façon; la force, ils la prennent, comme Antée, au sein de leur mère, la nature, aux éléments, à l'eau qui tombe, ou qui, captive, distendue en vapeur, les anime, les soulève de son puissant soupir.

Machines politiques pour rendre nos actes sociaux uniformément automatiques, nous dispenser de patriotisme; machines industrielles qui, créées une fois, multiplient à l'infini des produits monotones, et qui, par l'art d'un jour, nous dispensent d'être artistes tous les jours... Cela, c'est déjà bien, l'homme ne paraît plus beaucoup... Le Machinisme néanmoins veut davantage ; l'homme n'est pas encore mécanisé assez profondément.

Il garde la réflexion solitaire, la méditation philosophique, la pensée pure du Vrai. Là, on ne peut l'atteindre, à moins qu'une scolastique d'emprunt ne le tire de lui-même, pour l'engager dans ses formules. Une fois qu'il aura mis le pied dans cette roue qui tourne à vide, la Machine à penser, engrenée dans la machine politique, roulera triomphante, et s'appellera *philosophie d'État*.

La fantaisie reste encore libre, la vaine poésie, qui aime et crée à son caprice... Inutile mouvement! fâcheuse disperdition de forces!.. Les objets que la fantaisie va suivant au hasard, sont-ils donc si nombreux qu'on ne puisse, en les classant bien, frapper pour chaque classe un moule, où nous n'aurons plus qu'à couler, au besoin du jour, tel roman ou tel drame, toute œuvre qu'on commandera? Plus d'hommes alors dans le travail littéraire, plus de passion, plus de caprice... L'économie anglaise rêvait, comme idéal industriel, une seule machine, un seul homme pour la remonter. Combien le triomphe est plus beau, pour le Machinisme, d'avoir mécanisé le monde ailé de la fantaisie !

Résumons cette histoire :

L'État, moins la patrie ; l'industrie et la littérature, moins l'art ; la philosophie, moins l'examen ; l'humanité, moins l'homme.

Comment s'étonner si le monde souffre, ne respire plus sous cette machine pneumatique ; il a trouvé le moyen de se passer de ce qui est son âme, sa vie ; je parle de l'amour.

Trompé par le moyen âge, qui promit l'union et ne tint pas parole, il a renoncé et cherché, dans son découragement, des arts pour n'aimer pas.

Les machines (je n'excepte pas les plus belles, industrielles, administratives), ont donné à l'homme, parmi tant d'avantages [1], une malheureuse faculté, celle d'unir les forces sans avoir besoin d'unir les cœurs, de coopérer sans aimer, d'agir et vivre ensemble, sans se connaître ; la puissance morale d'association a perdu tout ce que gagnait la concentration mécanique.

Isolement sauvage dans la coopération même, contrat ingrat, sans volonté, sans chaleur, qu'on ne ressent qu'à la dureté des frottements. Le résultat n'est pas l'indifférence, comme on croirait,

---

[1] Je ne songe nullement à contester ces avantages (V. plus haut, p. 54). Qui voudrait revenir aux temps d'impuissance où l'homme n'avait point de machines ?

mais l'antipathie et la haine, non la simple négation de la société, mais son contraire, la société
travaillant activement à devenir insociable.

J'ai sous les yeux, j'ai dans le cœur, la grande
revue de nos misères qu'on a faite avec moi. Eh
bien ! j'affirmerai sous serment, qu'entre toutes
ces misères, très-réelles, que je n'atténue pas,
la pire encore, c'est la misère d'esprit. J'entends
par là, l'ignorance incroyable où nous vivons les
uns à l'égard des autres, les hommes pratiques
aussi bien que les spéculatifs. Et de cette ignorance,
la cause principale, c'est que nous ne croyons pas
avoir besoin de nous connaître ; mille moyens
mécaniques d'agir sans l'âme nous dispensent de
savoir ce que c'est que l'homme, de le voir autrement que comme force, comme chiffre... Chiffre
nous-mêmes et chose abstraite, débarrassés de
l'action vitale par le secours du Machinisme, nous
nous sentons chaque jour baisser et tourner à
zéro.

J'ai observé cent fois la parfaite ignorance où
chaque classe vit à l'égard des autres, ne voyant
pas, et ne voulant pas voir.

Nous, par exemple, les esprits cultivés, que de
peine nous avons à reconnaître ce qu'il y a de
bon dans le peuple ! Nous lui imputons mille

choses qui tiennent, presque fatalement, à sa situation, un habit vieux ou sale, un excès après
l'abstinence, un mot grossier, de rudes mains, que
sais-je?.. Et que deviendrions-nous, s'ils les
avaient moins rudes ?... Nous nous arrêtons à des
choses extérieures, à des misères de forme, et
nous ne voyons pas le bon cœur, le grand cœur
qui est souvent dessous.

Eux, d'autre part, ils ne soupçonnent pas qu'une
âme énergique puisse se trouver dans un corps
faible. Ils se moquent de la vie de cul-de-jatte que
mène le savant. C'est un fainéant, à leur sens. Ils
n'ont aucune idée des puissances de la réflexion,
de la méditation, de la force de calcul décuplée
par la patience. Toute supériorité qui n'est point
gagnée à la guerre, leur semble mal gagnée. Que
de fois j'ai entrevu en souriant que la Légion d'honneur leur semblait mal placée sur un homme
chétif, de pâle et triste mine...

Oui, il y a malentendu. Ils méconnaissent les
puissances de l'étude, de la réflexion persévérante,
qui font les inventeurs. Nous méconnaissons l'instinct, l'inspiration, l'énergie qui font les héros.

C'est là, soyez-en sûr, le plus grand mal du
monde. Nous nous haïssons, nous nous méprisons,
c'est-à-dire nous ignorons.

Les remèdes partiels qu'on pourra appliquer sont bons, sans doute, mais le remède essentiel est un remède général. Il faudrait guérir l'âme.

Le pauvre suppose qu'en liant le riche par telle loi, tout est fini, que le monde ira bien. Le riche croit qu'en ramenant le pauvre à telle forme religieuse, morte depuis deux siècles, il raffermit la société... Beaux topiques! Ils imaginent apparemment, que ces formules, politiques ou religieuses, ont une certaine force cabalistique pour lier le monde, comme si leur puissance n'était pas dans l'accord qu'elles trouvent ou ne trouvent pas dans le cœur!

Le mal est dans le cœur. Que le remède soit aussi dans le cœur! Laissez là vos vieilles recettes. Il faut que le cœur s'ouvre, et les bras... Eh! ce sont vos frères, après tout. L'avez-vous oublié?..

Je ne dis pas que telle ou telle forme d'association ne puisse être excellente. Mais il s'agit bien moins d'abord de formes que de fonds. Les formes les plus ingénieuses ne vous serviront guère si vous êtes insociables.

Entre les hommes d'étude, de réflexion, et les hommes d'instinct, qui fera le premier pas? Nous, les hommes d'étude. L'obstacle (répugnance? pa-

resse ? indifférence ?) est frivole de notre côté. Du
leur, l'obstacle est vraiment grave, c'est la fatalité
d'ignorance, c'est la souffrance qui ferme et sèche
le cœur.

Le peuple réfléchit, sans doute, et souvent plus
que nous. Néanmoins, ce qui le caractérise, ce
sont les puissances instinctives, qui touchent également à la pensée et à l'activité. L'homme du
peuple, c'est surtout l'homme d'instinct et d'action.

Le divorce du monde est principalement l'absurde opposition qui s'est faite aujourd'hui, dans
l'âge machiniste, entre l'instinct et la réflexion,
c'est le mépris de celle-ci pour les facultés instinctives, dont elle croit pouvoir se passer.

Donc, il faut que j'explique ce que c'est que
l'instinct, l'inspiration, que je pose leur droit.
Suivez-moi, je vous prie, dans cette recherche.
C'est la condition de mon sujet. La cité politique
ne se connaîtra en soi, dans ses maux et dans ses
remèdes, que quand elle se sera vue au miroir de
la cité morale.

DEUXIÈME PARTIE

DE L'AFFRANCHISSEMENT PAR L'AMOUR

LA NATURE

CHAPITRE PREMIER

L'INSTINCT DU PEUPLE, PEU ÉTUDIÉ JUSQU'ICI

Au moment de commencer cette vaste et difficile recherche, je m'aperçois d'une chose peu ras-
surante, c'est que je suis seul sur cette route; je
n'y rencontre personne dont je puisse tirer secours. Seul ! je n'en irai pas moins, plein de courage et d'espérance.

De nobles écrivains, d'un génie aristocratique,

et qui toujours avaient peint les mœurs des classes
élevées, se sont souvenus du peuple ; ils ont en-
trepris, dans leur bienveillante intention, de mettre le peuple à la mode. Ils sont sortis de leurs
salons, ont descendu dans la rue, et demandé aux
passants où le peuple demeurait. On leur a indiqué
les bagnes, les prisons, les mauvais lieux.

Il est résulté de ce malentendu une chose très-
fâcheuse, c'est qu'ils ont produit un effet contraire
à celui qu'ils avaient cherché. Ils ont choisi, peint,
raconté, pour nous intéresser au peuple, ce qui
devait naturellement éloigner et effrayer. « Quoi !
le peuple est fait ainsi ? » s'est écrié d'une voix
la gent timide des bourgeois. « Vite, augmentons
la police, armons-nous, fermons nos portes, et
mettons-y le verrou ! »

Il se trouve cependant, à bien regarder les
choses, que ces artistes, grands dramaturges
avant tout, ont peint, sous le nom du peuple, une
classe fort limitée, dont la vie, toute d'accidents,
de violences et de voies de fait, leur offrait un
pittoresque facile, et des succès de terreur.

Criminalistes, économistes, peintres de mœurs,
ils se sont occupés tous, à peu près exclusivement,
d'un peuple exceptionnel.

De cette classe déclassée, qui nous effraye tous

les ans du progrès du crime, du nombre des récidives. C'est un peuple bien connu qui, grâce à la publicité de nos tribunaux, à la lenteur consciencieuse de nos procédures, occupe ici dans l'attention, une place qu'il n'obtient en nul pays de l'Europe. Les jugements secrets de l'Allemagne, la rapide justice anglaise, ne donnent aux criminels que l'on cache ou qu'on déporte, nulle illustration. L'Angleterre, deux ou trois fois plus riche que la France en ce genre, n'étale pas ainsi ses plaies. Ici, au contraire, il n'est aucune chose qui obtienne les honneurs d'une publicité plus complète.

Société étrange, qui vit aux dépens de l'autre, et qui n'en est pas moins suivie par elle avec intérêt; elle a ses journaux pour enregistrer ses gestes, arranger ses paroles et lui prêter de l'esprit. Elle a ses héros, ses illustres, que tout le monde connaît par leur nom, et qui viennent périodiquement aux assises nous raconter leurs campagnes.

Cette tribu d'élite qui a le privilége de poser presque seule devant les peintres du peuple, se recrute principalement dans la foule des grandes villes; nulle classe n'y contribue plus que la classe industrielle.

Ici encore les criminalistes ont dominé l'opi-

8

nion ; c'est à leur suite et sous leur inspiration, que les économistes ont étudié ce qu'ils appelaient *le peuple;* pour eux, le peuple, c'est surtout l'ouvrier, et très-spécialement l'ouvrier des manufactures. Cette façon de parler qui ne serait pas impropre en Angleterre, où la population industrielle fait les deux tiers du tout, l'est singulièrement en France, dans une grande nation agricole, où l'ouvrier ne fait pas la sixième partie de la population[1]. C'est une classe nombreuse, mais, enfin, une petite minorité. Ceux qui y vont chercher leurs modèles, n'ont pas droit d'écrire au bas que c'est là le portrait du peuple.

Examinez bien ces foules spirituelles et corrompues de nos grandes villes qui occupent tant l'observateur, écoutez leur langage, recueillez leurs saillies, souvent heureuses, vous découvrirez une chose que personne n'a remarquée encore, c'est que ces gens, qui parfois ne savent pas lire, n'en sont pas moins, à leur manière, des esprits très-cultivés.

Les hommes qui vivent ensemble, et se touchent toujours, se développent nécessairement au simple contact, et comme par l'effet de la cha-

[1] Et sur ce sixième, l'ouvrier des manufactures fait une partie minime.

leur naturelle. Ils se donnent une éducation,
mauvaise, si l'on veut, mais enfin une éducation.
La vue seule d'une grande ville où, sans vouloir
rien apprendre, on s'instruit à chaque instant, où,
pour avoir connaissance de mille choses nouvelles,
il suffit d'aller dans la rue, de marcher les yeux
ouverts, cette vue, cette ville, sachez-le bien, c'est
une école. Ceux qui y vivent, ne vivent nullement d'une vie instinctive et naturelle; ce sont
des hommes cultivés, qui observent bien ou mal,
et bien ou mal réfléchissent. Je les vois souvent très-subtils et d'une subtilité mauvaise.
Les effets d'une culture raffinée ne sont là que
trop visibles.

Si vous voulez trouver dans le monde quelque
chose de contraire à la nature, de directement
opposé à tous les instincts de l'enfance, regardez
cette créature artificielle qu'on nomme le gamin
de Paris[1]. Plus artificiel encore, le dernier né du
Diable, l'affreux petit homme de Londres, qui, à
douze ans, trafique, vole, boit du gin et va chez
les filles.

Artistes, voilà donc vos modèles... Le bizarre,

[1] C'est une merveille du caractère national, que cet enfant abandonné, provoqué au mal et surexcité de toute façon, conserve quelques
qualités, l'esprit, le courage.

l'exceptionnel, le monstrueux, c'est là ce que vous cherchez. Moraliste, caricaturiste? Quelle différence aujourd'hui?

Un homme vint un jour proposer une mnémonique au grand Thémistocle. Il répondit amèrement : « Donnez-moi donc plutôt un art d'oublier. »

Que Dieu me le donne, cet art, pour oublier aujourd'hui tous vos monstres, vos créations fantastiques, les exceptions choquantes dont vous embrouillez mon sujet. Vous allez, la loupe à la main, vous cherchez dans les ruisseaux, vous trouvez je ne sais quoi de sale et d'immonde, et vous nous le rapportez : Triomphe! Triomphe! Nous avons trouvé le peuple!

Pour nous intéresser à lui, ils nous le montrent forçant les portes et crochetant les serrures. A ces récits pittoresques, ils ajoutent les théories profondes par lesquelles le peuple, à les entendre, se justifie à lui-même cette guerre à la propriété... Vraiment, c'est une terrible misère pour lui, par dessus tant d'autres, d'avoir ces imprudents amis. Ces actes, ces théories, ne sont nullement du peuple. La masse n'est sans doute ni pure ni irréprochable ; mais, enfin, si vous voulez la caractériser par l'idée qui la domine dans son immense majorité, vous la verrez occupée, tout au contraire, de fonder par le travail, l'économie, les moyens les plus respectables, l'œuvre immense qui fait la force de ce pays, la participation de tous à la propriété.

Je le disais, je me sens seul, et j'en serais attristé, si je n'avais avec moi ma foi et mon espérance. Je me vois faible, et de nature, et de mes travaux antérieurs, devant ce sujet immense, comme au pied d'un gigantesque monument que seul il me faut remuer... Ah ! qu'il est aujourd'hui défiguré, chargé d'agrégations étrangères, de mousses et de moisissures, sali des pluies, de la terre, de l'injure des passants!... Le peintre, l'homme *de l'art pour l'art*, vient, regarde, et ce qui lui plaît, ce sont justement ces mousses... Moi, je voudrais les arracher. Ceci, peintre qui passez, ce n'est pas un jouet d'art, voyez-vous, c'est un autel !

Il faut que je perce la terre, que je découvre les bases profondes de ce monument ; l'inscription, je le vois, est maintenant tout enfouie, cachée bien loin là-dessous... Je n'ai pour creuser là, ni pioche, ni fer, ni pic; mes ongles y suffiront.

J'aurai peut-être le bonheur que j'eus il y a dix ans, lorsque je découvris à Holyrood deux curieux monuments. J'étais dans la fameuse chapelle qui,

depuis longtemps n'ayant plus de toit, reçoit la
pluie, le brouillard, et a couvert tous ses tombeaux d'une mousse épaisse, verdâtre. Le souvenir de l'ancienne alliance, si malheureusement perdue, me faisait regretter de ne pouvoir rien lire
sur ces tombeaux des vieux amis de la France.
Machinalement, j'écartai les mousses d'une de ces
pierres, et je lus l'inscription d'un Français qui le
premier avait pavé Édimbourg. Ma curiosité exci-
tée, me mena vers une autre pierre marquée d'une
tête de mort. Cette tombe, tout à fait couchée,
était ensevelie elle-même dans un linceul de moisissures. De mes ongles, je grattai, n'ayant nul
autre instrument, et je commençai à lire quelque
chose d'une inscription latine, quatre mots presque
effacés, que je déchiffrai à la longue, des mots
d'un sens fort grave, bien propres à faire rêver et
qui faisaient soupçonner une destinée tragique. Ces
mots étaient ceux-ci : *Legibus fidus, non regi-*
bus. Fidèle aux lois, non aux rois[1]. .   .   .   .

.   .   .   .

Aujourd'hui encore je creuse... Je voudrais atteindre au fond de la terre. Mais ce n'est pas cette

[1] Voici l'inscription tout entière, comme je la lus, ou crus la lire,
car elle était presque effacée sous cette mousse de trois siècles :

W. HARTER. LEGIBUS FIDUS, NON REGIBUS. JANUAR. 1588.

fois un monument de haine et de guerre civile que
je voudrais exhumer... Ce que je veux, c'est au
contraire, de trouver, en descendant sous cette
terre stérile et froide, les profondeurs où recom-
mence la chaleur sociale, où se garde le trésor de
la vie universelle, où se rouvriraient pour tous
les sources taries de l'amour.

CHAPITRE II

La critique m'attend au premier mot, et elle m'impose silence : « Vous avez fait en cent et quelques pages un long bilan des misères sociales, des servitudes attachées à chaque condition. Nous avons patienté, dans l'espoir que, après les maux, nous saurions enfin les remèdes. A des maux si réels, si positifs, tellement spécifiés, nous attendons que vous opposiez autre chose que des paroles vagues, une banale sentimentalité, des remèdes moraux, métaphysiques. Proposez des réformes précises ; dressez, pour chaque abus, une formule nette de ce qu'il faut changer ; adressez-la aux Chambres... Ou, si vous en restez aux plaintes, aux rêveries, il vaut mieux retourner à votre moyen âge que vous n'auriez pas dû quitter. »

Les remèdes spéciaux n'ont pas manqué ce

semble. Nous en avons quelque cinquante mille
au Bulletin des lois ; nous y ajoutons tous les
jours, et je ne vois pas que nous en allions mieux.
Nos médecins législatifs traitent chaque symp-
tôme, qui apparaît ici et là, comme une maladie
isolée et distincte, et croient y remédier par telle
application locale. Ils sentent peu la solidarité
profonde de toutes les parties du corps social, et
celle de toutes les questions qui s'y rapportent[1].

Hérodote nous conte que les Égyptiens, dans
l'enfance de la science, avaient des médecins différents pour chaque partie du corps ; l'un soignait
le nez, l'autre l'oreille, tel le ventre, etc. Il leur
importait peu que leurs remèdes s'accordassent ;
chacun d'eux travaillait à part, sans déranger les
autres ; si, chaque membre guéri, l'homme mourait, c'était son affaire.

J'ai eu, je l'avoue, un autre idéal de la médecine.
Il m'a paru, qu'avant tout remède extérieur et lo-
cal, il ne serait pas inutile de s'informer du mal

---

[1] Pour citer un exemple, ils n'ont pas voulu voir que la question
pénitentiaire était une dépendance de celle de l'instruction publique.
Qu'il s'agisse de former l'homme ou de le réformer, de l'élever ou de
le relever, ce n'est pas le maçon, c'est l'instituteur que doit appeler
l'État ; l'instituteur religieux, moral, national, qui parlera au nom de
Dieu *et au nom de la France*. J'ai vu telle misérable créature qu'on
croyait désespérée, où le sentiment moral et religieux n'aurait eu aucune prise, garder encore celui de la patrie.

intérieur qui produit tous ces symptômes. Ce mal, c'est, selon moi, le refroidissement, la paralysie du cœur qui fait l'insociabilité ; et celle-ci tient surtout à l'idée fausse que nous pouvons impunément nous isoler, que nous n'avons aucun besoin des autres. Les classes riches et cultivées spécialement s'imaginent qu'elles n'ont rien à voir avec l'instinct du peuple, que leur science de livres suffit à tout, que les hommes d'action ne leur apprendraient rien. Il m'a fallu, pour les éclairer, approfondir ce qu'il y a de fécond dans les facultés instinctives et actives. Cette route était longue, mais légitime, et nulle autre ne l'était.

J'apporte à cet examen trois choses avec moi. Quand je disais tout à l'heure que j'étais seul, j'avais tort.

1° J'apporte l'*observation du présent*, observation d'autant plus sérieuse, qu'en moi, elle n'est pas seulement du dehors, mais aussi du dedans. Fils du peuple, j'ai vécu avec lui, je le connais, c'est moi-même... Comment pourrais-je, étant ainsi au fond des choses, me fourvoyer, comme d'autres, et m'en aller prendre l'exception pour la règle, les monstruosités pour la nature.

2° Mon deuxième avantage, c'est que m'occupant moins de telle nouveauté dans les mœurs de telle classe spéciale, née d'hier, mais me tenant dans la généralité légitime de la masse, *je la relie sans peine à son passé.* Les changements dans les classes inférieures, sont bien plus lents qu'en haut. Je ne vois point naître cette masse brusquement, par hasard, comme un monstre éphémère qui jaillirait du sol ; je la vois qui descend par une génération légitime du fond de l'histoire. La vie est moins mystérieuse quand on sait la naissance, les aïeux et les précédents, quand on a vu long-temps comment l'être vivant existait, pour ainsi parler, bien avant de naître.

5° Prenant ainsi ce peuple dans son présent et son passé, je vois *ses rapports* nécessaires se ré-tablir *avec les autres peuples*, à quelque degré de civilisation ou de barbarie qu'ils soient parvenus. Ils s'expliquent tous entre eux, et se commentent. A telle question que vous posez sur l'un, c'est l'autre qui répond. Tel détail par exemple, dans les habitudes de nos montagnards des Pyrénées, d'Auvergne, vous le trouvez grossier ; moi, je le vois barbare : comme tel, je le comprends, je le classe, j'en sais la place et la valeur dans la vie générale. Que de choses, effacées à demi dans nos mœurs populaires, semblaient inexplicables, dé-pourvues de raison et de sens et qui, reparaissant

pour moi dans leur accord avec l'inspiration primitive, se sont trouvées n'être autre chose que la
sagesse d'un monde oublié... Pauvres débris sans
forme que je rencontrais sans les reconnaître,
mais, par je ne sais quel pressentiment, je ne voulais pas les laisser traîner sur le chemin ; au hasard,
je les ramassais, j'en remplissais les pans de mon
manteau... Puis, en bien regardant, je découvrais,
avec une émotion religieuse, que ce n'était ni
pierre, ni caillou, que j'avais rapporté, mais les
os de mes pères[1].

Cette critique du présent par le passé, par la
comparaison variée des peuples, des âges différents, je ne pouvais la faire dans ce petit livre.
Elle ne m'en a pas moins servi à contrôler, à
éclairer les résultats que me donnaient sur nos
mœurs actuelles, l'observation, la lecture, l'infor-
mation de toute espèce.

« Mais, dira-t-on, ce contrôle lui-même n'a-t-il
pas son danger ? Cette critique n'est-elle pas hardie ?
Le peuple que nous voyons, conserve-t-il quelque
rapport sérieux avec ses origines ? Prosaïque à
ce point, peut-il rappeler en rien les tribus qui,
dans leur barbarie, gardent un souffle poétique ?..

---

[1] Ceux qui connaissent mon livre des *Origines du droit*, compren-
dront bien ceci.

Nous ne prétendons pas que la fécondité, la puissance créatrice ait manqué aux masses populaires. Elles produisent, à l'état sauvage ou barbare ; les chants nationaux de tous les peuples primitifs le témoignent assez. Elles produisent aussi lorsque, transformées par la culture, elles s'approchent des classes supérieures et s'y mêlent. Mais le peuple qui n'a ni l'inspiration primitive, ni la culture, le peuple qui n'est ni civilisé, ni sauvage, qui est dans l'état intermédiaire, tout à la fois vulgaire et rude, ne reste-t-il pas impuissant?.. « Les sauvages eux-mêmes, qui ont naturellement beaucoup d'élévation et de poésie, voient avec dégoût nos émigrants, sortis de ces populations grossières. »

Je ne conteste pas l'état de dépression, de dégénération physique, parfois morale, où se trouve aujourd'hui le peuple, surtout celui des villes. Toute la masse des travaux pesants, toute la charge que, dans l'antiquité, l'esclave portait seul, s'est trouvée aujourd'hui partagée entre les hommes libres des classes inférieures. Tous participent aux misères, aux vulgarités prosaïques, aux laideurs de l'esclavage. Les races les plus heureusement nées, nos jolies races du Midi, par exemple, si vives et si chanteuses, sont tristement courbées

par le travail. Le pis, c'est qu'aujourd'hui l'âme
est souvent aussi courbée que les épaules ; la misère, le besoin, la peur de l'usurier, du garni-
saire, quoi de moins poétique?

Le peuple a moins de poésie en lui-même, et
il en trouve moins dans la société qui l'entoure.
Cette société a du moins rarement le genre de
poésie qu'il peut apprécier, le détail saisissant
dans le pittoresque ou le pathétique. Si elle a une
haute poésie, c'est dans les harmonies, souvent
très-compliquées, qu'un œil peu exercé ne saisit
pas.

L'homme pauvre est seul ; entouré de ces objets
immenses, de ces énormes forces collectives qui
l'entraînent, sans qu'il les comprenne, il se sent
faible, humilié. Il n'a nullement l'orgueil qui
rendit jadis si puissant le génie individuel. Si
l'interprétation lui manque, il reste découragé
devant cette grande société qui lui semble si forte,
si sage et si savante. Tout ce qui vient du centre
lumineux, il l'accepte, le préfère sans difficulté à
ses propres conceptions. Devant cette sagesse, la
petite muse populaire se contient, elle n'ose souf-
fler. La première impose à cette villageoise, la
fait taire, ou même lui fait chanter ses chants.
C'est ainsi que nous avons vu Béranger, dans sa

forme exquise et noblement classique, devenir le chansonnier national, envahir tout le peuple, remplacer les vieux chants des villages, jusqu'aux mélodies antiques que chantaient nos matelots. Les poëtes ouvriers des derniers temps ont imité les rhythmes de Lamartine, s'abdiquant, autant qu'il était en eux, et sacrifiant trop souvent ce qu'ils pouvaient avoir d'originalité populaire.

Le tort du peuple, quand il écrit, c'est toujours de sortir de son cœur, où est sa force, pour aller emprunter aux classes supérieures des abstractions, des généralités. Il a un grand avantage, mais qu'il n'apprécie nullement, celui de ne pas savoir la langue convenue, de n'être pas, comme nous le sommes, obsédé, poursuivi de phrases toutes faites, de formules qui viennent d'elles-mêmes, lorsque nous écrivons, se poser sur notre papier. Voilà justement ce que nous envient, ce que nous empruntent, autant qu'ils peuvent, les littérateurs ouvriers. Ils s'habillent, ils mettent des gants pour écrire, et perdent ainsi la supériorité que donnent au peuple, quand il sait s'en servir, sa main forte et son bras puissant.

Qu'importe? Pourquoi demander à des hommes d'action quels sont leurs écrits? Les vrais produits du génie populaire, ce ne sont pas des livres, ce

sont des actes courageux, des mots spirituels, des
paroles chaleureuses, inspirées, comme je les recueille tous les jours dans la rue, sortant d'une
bouche vulgaire, de celle qui semblait le moins
faite pour l'inspiration. Cet homme, au reste, qui
vous repousse par la vulgarité, ôtez-lui son vieux
vêtement, mettez-lui l'uniforme, le sabre, le fusil,
un tambour, un drapeau en avant.... On ne le reconnaît plus ; c'est un autre homme. Le premier,
où est-il ? impossible de le retrouver.

La dépression, la dégénération, n'est qu'extérieure. Le fonds subsiste. Cette race a toujours du
vin dans le sang ; en ceux même qui semblent le
plus éteints, vous retrouverez une étincelle. Toujours l'énergie militaire, toujours l'insouciance
courageuse, grande parade d'esprit indépendant.
Cette indépendance qu'ils ne savent où placer (en-
través, comme ils sont, de toutes parts), ils la
mettent trop souvent dans les vices, et se vantent
d'être pires qu'ils ne sont. Exactement le contraire
des Anglais.

Entraves extérieures, vie forte qui réclame au
dedans, ce contraste produit beaucoup de faux
mouvements, une discordance dans les actes, les
paroles, qui choque au premier regard. Elle fait
aussi que l'Europe aristocratique se plaît à con-

fondre le peuple de France avec les peuples imagi-
natifs et gesticulateurs, comme les Italiens, les Ir-
landais, Gallois, etc. Ce qui l'en distingue d'une
manière très-forte et très-tranchée, c'est que dans
ses plus grands écarts, dans ses saillies d'imagination, dans ce qu'on aime à appeler ses accès de
Don Quichotisme, il garde le bon sens. Aux moments les plus exaltés, une parole ferme et froide
indique que l'homme n'a pas perdu terre, qu'il
n'est pas dupe lui-même de son exaltation.

Ceci regarde le caractère français en général.
Pour revenir au peuple spécialement, remarquons
que l'instinct qui domine chez lui, lui donne pour
l'action un avantage immense. La pensée réfléchie
n'arrive à l'action que par tous les intermédiaires
de délibération et de discussion ; elle arrive à travers tant de choses que souvent elle n'arrive pas.
Au contraire, la pensée instinctive *touche à l'acte*,
est presque l'acte ; elle est presque en même temps
une idée et une action.

Les classes que nous appelons inférieures, et
qui suivent de plus près l'instinct, sont par cela
même éminemment capables d'action, toujours
prêtes à agir. Nous autres, gens cultivés, nous ja-
sons, nous disputons, nous répandons en paroles
ce que nous avons d'énergie. Nous nous énervons

par la dispersion de l'esprit, par le vain amusement de courir de livre en livre, ou de les faire
battre entre eux. Nous avons de grandes colères
sur de petits sujets; nous trouvons de fortes in-
jures, de grandes menaces d'action.... Cela dit,
nous ne faisons rien, nous n'agissons pas.... Nous
passons à d'autres disputes.

Eux, ils ne parlent pas tant, ils ne s'enrouent
pas à crier, comme font les savants et les vieilles.
Mais qu'il vienne une occasion, sans faire bruit,
ils en profitent, ils agissent avec vigueur. L'économie des paroles profite à l'énergie des actes.

Cela posé, prenons pour juges, entre ces classes,
les hommes héroïques de l'antiquité ou du moyen
âge, et demandons-leur lesquels, de ceux qui parlent, ou de ceux qui agissent, constituent l'aristocratie. Ils répondront : « Ceux qui agissent, » sans
la moindre hésitation.

Si l'on aimait mieux placer la supériorité dans le
bon sens et le bon jugement, je ne sais trop dans
quelle classe on trouverait un homme plus sensé
que le vieux paysan de France. Sans parler de sa
finesse en matière d'intérêt, il connaît bien les
hommes, il devine la société qu'il n'a pas vue: Il
a beaucoup de réflexion intérieure, et une pre-
science singulière des choses naturelles. Il juge du

ciel, et parfois de la terre, mieux qu'un augure de l'antiquité.

Sous l'apparence d'une vie toute physique et végétative, ces gens-là songent, rêvent, et ce qui est rêve chez le jeune homme, devient chez le vieillard réflexion et sagesse. Nous autres, nous avons tous les secours qui peuvent provoquer, soutenir, et fixer la méditation. Mais, d'autre part, plus mêlés à la vie, aux plaisirs, aux vaines conversations, nous pouvons rarement réfléchir, et le voulons encore moins. L'homme du peuple au contraire trouve souvent dans la nature de son travail une solitude obligée. Isolé par la culture des champs, isolé par les métiers bruyants qui créent dans la foule même une solitude, il faut, s'il ne veut périr d'ennui, qu'en lui l'âme se tourne vers elle-même, qu'elle converse avec l'âme.

Les femmes du peuple particulièrement, obligées bien plus que les autres d'être la providence de la famille, celle de leur mari même, forcées tous les jours d'employer avec lui infiniment d'adresse et de vertueuses ruses, atteignent parfois à la longue un degré étonnant de maturité. J'en ai vu qui, vers la fin de l'âge, ayant conservé, à travers tant de rudes épreuves, les meilleurs instincts, s'étant toujours cultivées par la réflexion, élevées par le progrès naturel d'une vie dévouée et pure, n'étaient plus du tout de leur classe, ni, je crois, d'aucune, mais vraiment supérieures à toutes. Elles étaient extraordinairement prudentes, pénétrantes, dans les matières même sur lesquelles vous ne leur auriez supposé aucune expérience. Elles voyaient d'une vue si nette dans les probabilités, qu'on leur aurait cru volontiers un esprit de divination. Nulle part, je n'ai rencontré une telle association de deux choses qu'on croit ordinairement très-distinctes et même opposées, la sagesse du monde et l'esprit de Dieu.

CHAPITRE III

Ce paysan dont nous parlions, cet homme si
avisé, si sage, a pourtant une idée fixe; c'est que
son fils ne soit pas paysan, qu'il monte, qu'il devienne un bourgeois. Il n'y réussit que trop bien.
Ce fils, qui fait ses classes, qui devient M. le curé,
M. l'avocat, M. le fabricant, vous le reconnaîtrez
sans peine. Rouge et de forte race, il remplira
tout, occupera tout de son activité vulgaire; ce
sera un parleur, un politique, un homme important, de grand vol, qui n'a plus rien de commun
avec les petites gens. Vous le trouverez partout
dans le monde, avec sa voix qui couvre tout, et ca-
chant sous des gants glacés les grosses mains de
son père.

9.

Je m'exprime mal ; le père les eut fortes, et le fils
les a grosses. Le père, sans nul doute, était plus
nerveux et plus fin. Il était bien plus près de l'aristocratie. Il ne parlait pas tant, et il allait au but.

Le fils a-t-il monté en quittant la condition de
son père? y a-t-il eu progrès de l'un à l'autre?..
Oui, sans nul doute, pour la culture et le savoir.
Non, pour l'originalité et la distinction réelle.

Tous quittent aujourd'hui leur condition ; ils
montent ou croient monter. Cinq cent mille ouvriers, en trente ans, ont pris patente et sont devenus maîtres. Le nombre des journaliers des campagnes qui sont devenus propriétaires ne peut se
calculer. Les professions dites libérales ont recruté
immensément dans les rangs inférieurs ; les voilà
pleines, combles.

Un changement profond est résulté de tout cela,
dans les idées et la moralité. L'homme fait son âme
sur sa situation matérielle; chose étrange ! il y a
âme de pauvre, âme de riche, âme de marchand...
Il semble que l'homme ne soit que l'accessoire de
la fortune.

Il y a eu, entre les classes, non pas union et
association, mais mélange rapide et grossier. Sans
doute il fallait bien qu'il en fût ainsi pour neutra-
liser les obstacles, autrement insurmontables, que

rencontrait l'égalité nouvelle. Mais ce changement
n'en a pas moins eu pour résultat d'empreindre
l'art, la littérature, toutes choses d'une grande vulgarité. Les gens aisés, même les riches, s'accom-
modent à merveille de choses médiocres, à bas
prix; vous rencontrez dans telle maison de grand
luxe des objets communs, laids et vils; on veut
l'art au rabais. La chose qui fait la vraie noblesse,
la *puissance du sacrifice*, est celle qui fait défaut
à l'enrichi; elle lui manque dans l'art autant que
dans la politique. Il ne sait rien sacrifier, même
dans son intérêt réel. Cette infirmité morale le suit
dans ses jouissances même, et dans ses vanités, les
rend vulgaires, mesquines.

Cette classe de toutes classes, ce mélange bâtard
qui s'est fait si vite, et qui faiblit déjà, sera-t-il
productif? j'en doute. Le mulet est stérile.

Un peuple qui, comparé aux peuples militaires
(France, Pologne, etc.), me paraît être le peuple
éminemment bourgeois, l'Anglais, peut nous éclairer sur les chances futures de la bourgeoisie. Nul
autre au monde n'a eu plus de changements de
classes, et nul n'a mis plus d'adresse à déguiser en
lord enrichi, le fils du marchand. Ceux-ci, qui,
aux deux derniers siècles, ont renouvelé toute la
noblesse anglaise, ont eu une attention singulière

à conserver, avec les noms et les armes, les manoirs vénérables, les meubles, les collections héréditaires; ils ont été jusqu'à copier, de manières et de caractères, les familles antiques dont ils occupaient le foyer. Avec un orgueil soutenu, ils ont, dans l'attitude, dans le parler, dans toute chose de forme, représenté, joué, ces vieux barons. Eh bien! qu'ont-ils produit avec tout ce travail, cet art de conserver la tradition, de fabriquer du vieux? Ils ont fait une noblesse sérieuse, qui a beaucoup d'esprit de suite, mais, au fonds, de peu de ressources, de peu d'invention politique, nullement digne des grandes circonstances dans lesquelles se trouve et se trouvera l'empire Britannique. Où est, je vous prie, l'Angleterre de Shakspeare, de Bacon? La bourgeoisie (déguisée, anoblie, peu m'importe) a dominé depuis Cromwell; la puissance, la richesse, ont augmenté incalculablement; la moyenne de culture s'est élevée, mais en même temps, je ne sais quelle triste égalité s'est établie entre les gentlemen, une ressemblance universelle des hommes et des choses. Vous distinguez à peine dans leur élégante écriture une lettre d'une lettre, ni dans leurs villes, une maison d'une maison, ni dans leur peuple, un Anglais d'un Anglais.

Pour revenir, je croirais volontiers que dans

l'avenir, les grandes originalités inventives appartiendront aux hommes qui ne se perdront point dans ces moyennes bâtardes où s'énerve tout caractère natif. Il se trouvera des hommes forts qui ne voudront pas monter; qui, nés peuple, voudront rester peuple. S'élever à l'aisance, à la bonne heure; mais entrer dans la bourgeoisie, changer de condition et d'habitudes, cela leur paraîtra peu souhaitable; ils sentiront qu'ils y gagneraient peu. La forte séve, le large instinct des masses, le courage de l'esprit, tout cela se conserve mieux chez le travailleur, lorsqu'il n'est point brisé par le travail, lorsqu'il a la vie un peu facile, avec quelques loisirs.

J'ai eu sous les yeux deux exemples d'hommes qui, avec beaucoup de sens, n'ont pas voulu monter. L'un, ouvrier d'une manufacture, intelligent et recueilli, avait toujours refusé d'être contre-maître, craignant la responsabilité, les reproches, le dur contact du manufacturier, aimant mieux travailler silencieux, seul avec sa pensée. Son admirable paix intérieure, qui rappelait celle des ouvriers mystiques dont j'ai parlé, était perdue, s'il avait accepté cette position nouvelle.

L'autre, fils de cordonnier, ayant fait des études classiques, son droit même, et reçu avocat, obéit sans murmurer aux nécessités de sa famille et reprit le métier paternel, montrant qu'une âme forte peut indifféremment ou monter, ou descendre. Sa résignation a été récompensée. Cet homme, qui ne chercha pas la gloire, l'a maintenant dans son fils, qui, doué d'un don singulier, prit dans le métier même le sentiment de l'art, et qui plus tard est devenu l'un des plus grands peintres de l'époque.

Les changements continuels de conditions, de métiers, d'habitudes, empêchent tout perfectionnement intérieur; ils produisent ces mélanges, qui sont tout à la fois vulgaires, prétentieux, inféconds. Celui qui, dans un instrument, sous prétexte d'améliorer les cordes, changerait leur valeur, et les rapprocherait toutes d'une moyenne commune, au fond il les aurait annulées, rendu l'instrument inutile, l'harmonie impossible.

Rester soi, c'est une grande force, une chance d'originalité. Si la fortune change, tant mieux; mais que la nature reste. L'homme du peuple doit y regarder, avant d'étouffer son instinct, pour se mettre à la suite des beaux esprits bourgeois. S'il reste fidèle à son métier et qu'il le change, comme Jacquart; si d'un métier il fait un art, comme Bernard Palissy, quelle gloire plus grande aurait-il en ce monde?

CHAPITRE IV

Celui qui veut connaître les dons les plus hauts de l'instinct du peuple, doit faire peu d'attention aux esprits mixtes, bâtards, demi-cultivés, qui participent aux qualités et aux défauts des classes bourgeoises. Ce qu'il doit chercher et étudier, ce sont spécialement les simples.

Les simples sont, en général, ceux qui divisent peu la pensée, qui n'étant pas armés des machines d'analyse et d'abstraction, voient chaque chose, une, entière, concrète, comme la vie la présente.

Les simples font un grand peuple. Il y a les simples de nature, et les simples de culture, les pauvres d'esprit qui ne distingueront jamais, les enfants qui ne distinguent pas encore, les paysans, les gens du peuple qui n'en ont pas l'habitude.

Le scolastique, le critique, l'homme d'analyse, de *nisi*, de *distinguo*, regarde de haut les simples. Ils ont cependant l'avantage, ne divisant pas, de voir ordinairement les choses à leur état naturel, organisées et vivantes. Donnant peu à la réflexion, ils sont souvent riches d'instinct. L'inspiration n'est pas rare dans ces classes d'hommes, quelquefois même une sorte de divination. On trouve parmi eux des personnes tout à fait à part, qui conservent, dans une vie prosaïque, ce qui est la plus haute poésie morale, la simplicité du cœur. Rien de plus rare que de garder ces dons divins de l'enfance ; cela suppose ordinairement une grâce particulière et une sorte de sainteté.

Il faudrait l'avoir, cette grâce, pour en parler seulement. La science n'exclut nullement la simplicité, il est vrai ; mais elle ne la donne pas. La volonté y fait peu.

Le grand légiste de Toulouse, au point le plus difficile de son œuvre, s'arrête et prie son auditoire de demander pour lui une lumière spéciale en matière si subtile. Combien plus en avons-nous besoin ! et moi, et vous, amis, qui me lisez ! Combien il nous faudrait obtenir, non un don de subtilité, mais de simplicité au contraire et d'enfance de cœur !

Il ne faut plus que les sages se contentent de dire : « Laissez venir les petits. » Il faut qu'ils aillent à eux. Ils ont beaucoup à apprendre au milieu de ces enfants. Ce qu'ils ont de mieux à faire, c'est d'ajourner leur étude, de bien serrer leurs livres qui leur ont servi de peu, et de s'en aller bonnement, parmi les mères et les nourrices, désapprendre et oublier.

Oublier? non, mais plutôt encore réformer leur sagesse, la contrôler par l'instinct de ceux qui sont plus près de Dieu, la rectifier en la mettant à cette petite mesure, et se dire que la science des trois mondes ne contient pas plus qu'il n'y a dans un berceau.

Pour ne parler que du sujet qui nous occupe, nul n'y pénétrera profondément s'il n'a bien observé l'enfant. L'enfant est l'interprète du peuple. Que dis-je? il est le peuple même, dans sa vérité native, avant qu'il se soit déformé, le peuple sans vulgarité, sans rudesse, sans envie, n'inspirant ni défiance, ni répulsion. Non-seulement il l'interprète, mais il le justifie et l'innocente en bien des choses ; telle parole que vous trouvez rude et gros-

sière dans la bouche d'un homme rude, dans celle
de votre enfant, vous la trouvez (ce qu'elle est
véritablement) naïve ; vous apprenez ainsi à vous
défendre d'injustes préventions. L'enfant étant,
comme le peuple, dans une heureuse ignorance
du langage convenu, des formules et des phrases
faites qui dispensent d'invention, vous montre,
par son exemple, comment le peuple est obligé de
chercher son langage et de le trouver sans cesse ;
l'un et l'autre trouvent souvent avec une heureuse
énergie.

C'est encore par l'enfant que vous pouvez apprécier ce que le peuple, tout changé qu'il est,
garde encore de jeune et de primitif. Votre fils,
comme le paysan de Bretagne et des Pyrénées,
parle à chaque instant la langue de la Bible ou de
l'Iliade. La critique la plus hardie des Vico, des
Wolf, des Niebuhr, n'est rien en comparaison des
lumineux et profonds éclairs que certains mots de
l'enfant vous ouvriront tout à coup dans la nuit de
l'antiquité. Que de fois en observant la forme historique et *narrative* qu'il donne aux idées même
abstraites, vous sentirez comment les peuples enfants ont dû *narrer* leurs dogmes en légendes,
et faire une *histoire* de chaque vérité morale !...
C'est là, ô sages, qu'il nous faut bien nous taire...

Entourons, écoutons ce jeune maître des vieux temps; il n'a nullement besoin pour nous instruire de pénétrer ce qu'il dit; mais c'est comme un témoin vivant; « il y était, il en sait mieux le conte. »

En lui, comme chez les peuples jeunes, tout est encore concentré, à l'état *concret* et vivant. Il nous suffit de le regarder, pour sentir l'état singulièrement *abstrait* où nous sommes arrivés aujourd'hui. Beaucoup d'abstractions creuses ne tiennent pas à cet examen. Nos enfants de France surtout, qui sont si vifs et si parleurs, avec un bon sens très-précoce, nous ramènent sans cesse aux réalités. Ces innocents critiques ne laissent pas d'être embarrassants pour le sage. Leurs naïves questions lui présentent trop souvent l'insoluble nœud des choses. Ils n'ont pas appris, comme nous, à tourner les difficultés, à éviter tels problèmes, qu'il semble convenu, entre sages, de n'approfondir jamais. Leur hardie petite logique va toujours droit devant elle. Nulle absurdité sacrée n'aurait tenu en ce monde, si l'homme n'avait fait taire les objections de l'enfant. De quatre à douze ans surtout, c'est l'époque raisonneuse; entre la lactation et l'apparition du sexe, ils semblent plus légers, moins matériels, plus vifs d'esprit qu'ils ne sont après. Un éminent grammairien, qui n'a jamais voulu vivre qu'avec les enfants, me disait qu'à cet âge, il leur trouvait la capacité des plus subtiles abstractions.

Ils perdent infiniment à se dégrossir si vite, à passer rapidement de la vie instinctive à la vie de réflexion. Jusque-là, ils vivaient sur le large fonds de l'instinct, ils nageaient dans la mer de lait. Lorsque de cette mer obscure et féconde, la logique commence à dégager quelques filets lumineux, il y a progrès sans doute, progrès nécessaire qui est une condition de la vie ; mais ce progrès, en un sens, n'en est pas moins une chute. L'enfant se fait homme alors, et c'était un petit dieu.

La première enfance et la mort, ce sont les moments où l'infini rayonne en l'homme, la grâce, prenez ce mot au sens de l'art ou de la théologie. Grâce mobile du petit enfant qui joue et s'essaye à la vie, grâce austère et solennelle du mourant où la vie s'achève, toujours la grâce divine. Rien qui fasse mieux sentir la grande parole biblique : « Vous êtes des Dieux, vous serez des Dieux. »

Apelles et Corrège étudiaient sans cesse ces moments divins. Corrège passait les jours à voir jouer les petits enfants. Apelles, dit un ancien, n'aimait à peindre que des personnes mourantes.

En ces jours d'arrivée, de départ, de passage entre deux mondes, l'homme semble les contenir tous ensemble[1]. La vie instinctive où il est alors plongé, est comme l'aube et le crépuscule de la pensée, plus vague que la pensée sans doute, mais combien plus vaste ! Tout travail intermédiaire de la vie raisonneuse et réfléchie est comme une ligne étroite qui part de l'immensité obscure et qui y retourne. Si vous voulez le bien sentir, étudiez de près l'enfant, le mourant. Placez-vous à leur chevet, observez, faites silence.

J'ai malheureusement eu trop d'occasions de contempler les approches de la mort, et sur des personnes chères. Je me rappelle spécialement une longue journée d'hiver que je passai entre le lit d'une mourante et la lecture d'Isaïe. Ce spectacle, très-pénible, était celui d'un combat entre la veille et le sommeil, un songe laborieux de

---

[1] L'horreur de la fatale énigme, le sceau qui ferme la bouche au moment où l'on sait le mot, tout cela a été saisi une fois, dans une œuvre sublime, que j'ai découverte dans une partie fermée du Père-Lachaise, au cimetière des juifs. C'était un buste de Préault, ou plutôt une tête, prise et serrée dans son linceul, le doigt pressé sur les lèvres. Œuvre vraiment terrible, dont le cœur soutient à peine l'impression, et qui a l'air d'avoir été taillée du grand ciseau de la mort.

l'âme qui se soulevait, retombait... Les yeux qui nageaient dans le vide exprimaient, avec une vérité douloureuse, l'incertitude entre deux mondes. La pensée obscure et vaste roulait toute la vie écoulée, et elle s'agrandissait de pressentiments immenses... Le témoin de cette grande lutte qui en partageait le flux, le reflux, toutes les anxiétés, se serrait, comme en un naufrage, à cette ferme croyance, qu'une âme qui, tout en revenant à nos instincts primitifs, anticipait déjà dans celui du monde inconnu, ne pouvait s'acheminer, par là, à l'anéantissement.

Tout faisait supposer plutôt qu'elle allait de ce double instinct douer quelque jeune existence, qui reprendrait plus heureusement l'œuvre de la vie, et donnerait aux rêves de cette âme, à ses pensées commencées, à ses volontés muettes, les voix qui leur avaient manqué [1].

---

[1] « L'aïeul reçoit l'enfant lorsqu'il sort du sang maternel... Te voilà « donc renée, ô mon âme, pour dormir de nouveau dans un corps. » (Lois indiennes, citées dans mes *Origines du droit*). — Sans admettre l'hypothèse de la transmission des âmes (encore moins celle de la transmission du péché), on est bien tenté de croire que nos premiers instincts sont la pensée des ancêtres que le jeune voyageur apporte comme provision de voyage. Il y ajoute beaucoup. Si j'écarte les théories, si je ferme les livres pour regarder la nature, je vois la pensée naître en nous, comme instinct obscur, poindre dans un demi-jour, s'éclaircir et se diviser au jour de la réflexion; puis, formulée, et de plus en plus acceptée comme formule, passer dans nos habitudes, dans les choses qui

Une chose frappe toujours en observant les enfants et les mourants, c'est la noblesse parfaite
dont la nature les empreint. L'homme naît noble,
et il meurt noble ; il faut tout le travail de la vie
pour devenir grossier, ignoble, pour créer l'inégalité.

Voyez cet enfant que sa mère à genoux nom-
mait si bien *son Jésus*.... La société, l'éducation,
l'ont changé bien vite. L'infini qui était en lui, et
qui le divinisait, va disparaissant ; il se caractérise, il est vrai, se précise, mais se rétrécit.... La
logique, la critique, taille, sculpte impitoyablement dans ce qui lui semble un bloc ; dur statuaire
dont le fer mord dans la matière trop tendre,
chaque coup abat des pans entiers.... Ah ! que le
voilà déjà maigre, mutilé ! La noble ampleur de
sa nature, où est-elle maintenant ?.... Le pis, c'est
que, sous l'influence d'une éducation si rude, il
ne sera pas seulement faible et stérile, mais deviendra vulgaire.

Quand nous regrettons notre enfance, ce n'est
pas tant la vie, les années qui alors étaient devant
nous, c'est notre noblesse que nous regrettons.
Nous avions alors en effet cette naïve dignité de

nous sont propres, que nous n'examinons plus, et alors, obscurcie de
nouveau, faire partie de nos instincts.

l'être qui n'a pas ployé encore, l'égalité avec tous;
tous jeunes alors, tous beaux, tous libres.... Pa-
tientons, cela doit revenir ; l'inégalité n'est que
pour la vie ; égalité, liberté, noblesse, tout nous
revient par la mort.

Hélas ! ce moment ne revient que trop vite pour
le grand nombre des enfants. On ne veut voir dans
l'enfance qu'un apprentissage de la vie, une préparation à vivre, et la plupart ne vivent point. On
veut qu'ils soient heureux « plus tard, » et pour
assurer le bonheur de ces années incertaines, on
accable d'ennui et de douleur le petit moment
qu'ils ont d'assuré[1].

Non, l'enfance n'est pas seulement un âge, un
degré de la vie, c'est un peuple, le peuple innocent.... Cette fleur du genre humain, qui généralement n'a que peu à vivre, suit la nature, au sein
de laquelle elle doit bientôt retomber.... Et c'est
justement la nature que l'on veut dompter en elle.
L'homme qui, par lui-même, s'éloigne de la barbarie du moyen âge, la maintient encore pour l'en-

---

[1] Je ne parle point de l'accablement du travail, ni des punitions innombrables, excessives, que nous infligeons à leur mobilité, voulue par
la nature même, mais de l'inepte dureté qui nous fait plonger brusquement, sans précaution, dans les froides abstractions, un être jeune,
sorti à peine du sang et du lait maternels, tiède encore et qui ne demande qu'à s'épanouir en fleurs.

fant, partant toujours du principe inhumain, que
notre nature est mauvaise, que l'éducation n'en
est pas la bonne économie, mais la réforme, que
l'art et la sagesse humaine doivent amender,
châtier l'instinct que Dieu nous donne.

CHAPITRE V

L'instinct humain est-il perverti d'avance? l'homme est-il méchant de naissance? l'enfant que je reçois dans mes bras, sortant du sein de sa mère, serait-ce un petit damné?

A cette question atroce, qui coûte, rien qu'à l'écrire, le moyen âge sans pitié, sans hésitation, répond : Oui.

Quoi! cette créature qui semble tellement désarmée, innocente, sur qui la nature entière s'attendrit, que la louve ou la lionne viendrait allaiter, au défaut de mère, elle n'a que l'instinct du mal, le souffle de celui qui perdit Adam? elle appartiendrait au Diable, si l'on ne se hâtait de l'exorciser? Même après, si elle meurt dans les bras de sa

---

[1] Ce chapitre, que les esprits inattentifs croiront étranger au sujet, en est le fond même. V. chap. IX.

nourrice, elle est jugée, elle est en péril de damnation, elle peut être jetée *aux bêtes* noires de l'enfer! « Ne livre pas *aux bêtes*, dit l'Église, les âmes qui te portent témoignage! » Et comment celui-ci témoignerait-il? il ne peut comprendre encore, ni parler.

En visitant au mois d'août 1843 quelques cimetières des environs de Lucerne, j'y trouvai une bien naïve et douloureuse expression des terreurs religieuses. Au pied de chaque tombe se trouvait (selon un usage antique) un bénitier, pour garder le mort jour et nuit, et empêcher que *les Bêtes* de l'enfer ne vinssent prendre ce corps, le vexer, le promener, en faire un vampire. Pour l'âme, hélas! on n'avait nul moyen de la défendre; cette peur cruelle était avouée dans plusieurs inscriptions. Je restai longtemps devant celle-ci, sans pouvoir m'en arracher : « *Je suis un enfant de deux ans.... Quelle chose terrible est-ce donc pour un enfant si petit de s'en aller au Jugement et de comparaître déjà devant la face de Dieu!* » Je fondis en larmes, j'avais entrevu l'abîme du désespoir maternel!

Les quartiers indigents de nos grandes villes, ces vastes officines de mort, où les femmes, misérablement fécondes, n'enfantent que pour pleurer, nous donnent quelque idée, mais trop imparfaite, du deuil perpétuel de la mère au moyen âge. Celle-ci, fécondée sans cesse par l'imprévoyance barbare, produisait, sans cesse ni trêve, dans les larmes et la désolation, des enfants, des morts, *des damnés!*....

Age affreux! monde d'illusions cruelles, sur lequel semble planer une infernale ironie! L'homme jouet de son rêve mobile, divin, diabolique! la femme, jouet de l'homme, toujours mère, toujours en deuil! L'enfant qui joue, hélas! un jour, au triste jeu de la vie, sourit, pleure et disparaît.... malheureuses petites ombres qui viennent par millions, par milliards, et ne durent que dans la mémoire d'une mère.... Le désespoir de celle-ci se marque surtout à une chose; elle s'abandonne aisément au péché et à la damnation; elle se venge volontiers de la brutalité de l'homme; elle le trompe, elle pleure, elle rit[1].... Elle se perd; que lui importe, si elle rejoint son enfant?

L'enfant qui survit, n'en est guère plus heu-

---

[1] L'infidélité de la femme est le sujet propre au moyen âge. Les autres temps l'ont peu connue. Ce texte éternel de plaisanteries, ces *joyeuses* histoires, ne peuvent qu'attrister celui qui sait et qui comprend. Elles font trop sentir le prodigieux ennui de ce temps, le vide des âmes sans aliment approprié à leur faiblesse, la prostration morale, le désespoir du bien, l'abandon de soi-même et de son salut.

reux. Le moyen âge est pour lui un terrible péda-
gogue ; il lui propose le symbole le plus compliqué
qu'on ait enseigné jamais, le plus inaccessible
aux simples. Cette leçon subtile que l'Empire romain, dans sa plus haute sagesse, avait eu peine à
entendre, il faut que l'enfant des Barbares, le fils
du serf rustique, perdu dans les bois, la retienne
et la comprenne. Il la retient, la répète ; pour la
comprendre, cette épineuse formule, byzantine et
scolastique, c'est ce que la férule, les coups, les
fouets, n'obtiendront jamais de lui.

L'Église, démocratique par son principe d'élec-
tion, fut éminemment aristocratique par la difficulté de son enseignement et le très-petit nombre
d'hommes qui y purent vraiment atteindre. Elle
damna l'instinct naturel comme pervers et gâté
d'avance, et fit de la science, de la métaphysique,
d'une formule très-abstraite, la condition du
salut[1].

---

[1] Si l'on répond que les esprits non cultivés (*ce qui, pour ce temps-
là, veut dire tout le monde*, ou à peu près) étaient dispensés de comprendre, il faudra avouer qu'une si terrible énigme imposait, sous
peine de damnation, l'abdication générale de l'intelligence humaine
entre les mains de quelques doctes qui croyaient en savoir le mot.
Voyez aussi le résultat. L'énigme une fois posée, une fois entourée de
ses commentaires, non moins obscurs, le genre humain se tait, il reste
en face muet et stérile. Dans une période immense, aussi longue que
toute la période brillante de l'antiquité, du cinquième au onzième siè-

10.

Tous les mystères des religions d'Asie, toutes les subtilités des écoles occidentales, en un mot, tout ce que le monde contient de difficultés d'Orient et d'Occident, tout cela, pressé, entassé dans une même formule! « Eh bien! oui, nous dit l'Église, c'est le monde tout entier dans une prodigieuse coupe. Buvez-la au nom de l'amour! » Et elle apporte ici, à l'appui de la doctrine, l'histoire, la touchante légende; c'est le miel au bord du vase...

« Quoi qu'il contienne, je boirai, si vraiment l'amour est au fond. » Telle fut la réponse du genre humain. Ce fut là la vraie difficulté, l'objection, et c'est l'amour qui la fît, non la haine, la superbe humaine, comme on le répète toujours.

Le moyen âge avait promis l'amour et ne l'avait pas donné. Il avait dit : « Aimez, aimez[1]! » mais

---

cle, il hasarde à peine quelques prières, quelques légendes enfantines, et oncore ce mouvement est-il arrêté par la défense expresse des conciles carlovingiens.

[1] Non-seulement, il avait dit, mais il avait voulu sincèrement. Cette touchante aspiration à l'amour est ce qui a fait le génie du moyen âge, et ce qui lui assure notre sympathie éternelle. Je n'efface pas un mot de ce que j'en ai dit au second volume de l'*Histoire de France*. Seulement, j'ai donné là son élan, son idéal; aujourd'hui, dans un livre d'intérêt pratique, je ne puis donner que le réel, les résultats. — J'ai exprimé (à la fin du même volume, imprimé en 1833), l'impuissance de ce système, et l'espoir qu'il échappera à sa ruine, et parviendra à se transformer. — Combien il est déjà éloigné de nous, on l'a vu le

il avait consacré un ordre civil haineux, l'inégalité dans la loi, dans l'État, dans la famille. Son enseignement trop subtil, accessible à si peu d'hommes, avait apporté dans le monde une nouvelle inégalité. Il avait mis le salut à un prix qu'on n'atteignait guère, au prix d'une science abstruse, et il avait ainsi pesé, de toute la métaphysique du monde, sur le simple et sur l'enfant. Celui-ci qui avait été si heureux dans l'antiquité, eut son enfer au moyen âge.

Il fallut des siècles pour que la raison se fît jour, pour que l'enfant reparût, ce qu'il est, *un innocent.* On eut de la peine à croire que l'homme fût un être héréditairement pervers[1]. Il devint difficile de maintenir dans sa barbarie le prin-

11 mai 1844, lorsque, à la Chambre, un magistrat, sincèrement et courageusement orthodoxe, a déduit une théorie pénale du Péché originel et de la Chute ; les catholiques même en ont reculé.

[1] L'embarras de la théologie vient surtout des progrès de la jurisprudence. Tant que la jurisprudence soutint dans leur rigueur les lois de lèse-Majesté, qui, par la confiscation, etc., étendaient les peines à l'héritier, la théologie put défendre sa loi de lèse-Majesté divine qui damnait les enfants pour le péché du père. Mais, lorsque le droit devint plus clément, il fut de plus en plus difficile de maintenir dans la théologie, qui est le monde de l'amour et de la grâce, cette horrible doctrine de l'*hérédité du crime,* abandonnée de la justice humaine. Les scolastiques, saint Bonaventure, Innocent III, saint Thomas, ne trouvèrent d'autre adoucissement que d'exempter les enfants du feu éternel, *en les laissant du reste* DANS LA DAMNATION. Bossuet a fort bien établi (contre Sfondrata) que cette doctrine n'est point particulière aux

cipe qui damnait les sages non chrétiens, les simples et ignorants, les enfants morts sans baptême. On inventa pour les enfants le palliatif des limbes, un petit enfer plus doux où ils flotteraient toujours, loin de leurs mères, en pleurant.

Remèdes insuffisants; le cœur ne s'en contenta pas. Avec la Renaissance éclata, contre la dureté des vieilles doctrines, la réaction de l'amour. Il vint, au nom de la justice, sauver les innocents, condamnés dans le système qui s'était dit celui de l'amour et de la grâce. Mais ce système, qui reposait tout entier sur les deux idées de la damnation de tous par un seul, du salut de tous par un seul, ne pouvait renoncer à la première sans ébranler la seconde.

Les mères se remirent à croire au salut de leurs enfants. Désormais elles disent toujours, sans s'informer si elles sont bien orthodoxes : « Ils doivent être là-haut des anges, comme ils furent en leur vivant. »

Le cœur a vaincu, la miséricorde a vaincu. L'humanité va s'éloignant de l'injustice antique. Elle

jansénistes, comme on faisait semblant de le croire, qu'elle était celle même de l'Église, celle des Pères (sauf Grégoire de Nazianze), celle des conciles, des papes; en effet, si l'on exempte les enfants de la damnation, on abandonne le Péché originel et l'*hérédité du crime*, qui est la base de tout le système

cingle, au rebours du vieux monde... Où va-
t-elle? Vers un monde (nous pouvons bien le prévoir) qui ne condamnera plus l'innocence, et où
la sagesse pourra vraiment dire : « Laissez venir à
moi les simples et les petits. »

CHAPITRE VI

DIGRESSION. — INSTINCT DES ANIMAUX
RÉCLAMATION POUR EUX

Quelque pressé que je sois, dans cette revue des simples, des humbles fils de l'instinct, mon cœur m'arrête et m'oblige de dire un mot des simples par excellence, des plus innocents, des plus malheureux peut-être, je veux dire des animaux.

Je remarquais tout à l'heure que tout enfant naissait noble. Les naturalistes ont remarqué de même que le jeune animal, plus intelligent à sa naissance, semblait alors rapproché de l'enfant. A mesure qu'il grandit, il devient brute et tombe à la bête. Il semble que sa pauvre âme succombe sous le poids du corps, qu'elle subisse la fascination de la Nature, la magie de la grande Circé.

L'homme se détourne alors, et n'y veut plus voir
une âme. L'enfant seul, par l'instinct du cœur,
sent encore une personne dans cet être dédaigné ;
il lui parle et l'interroge. Et lui aussi, de son côté,
il écoute, il aime l'enfant.

L'animal ! sombre mystère !.. monde immense
de rêves et de douleurs muettes... Mais des signes
trop visibles expriment ces douleurs, au défaut de
langage. Toute la nature proteste contre la barbarie de l'homme qui méconnaît, avilit, qui torture
son frère inférieur ; elle l'accuse devant Celui qui
les créa tous les deux !

Regardez sans prévention leur air doux et rêveur, et l'attrait que les plus avancés d'entre eux
éprouvent visiblement pour l'homme ; ne diriez-
vous pas des enfants dont une fée mauvaise em-
pêcha le développement, qui n'ont pu débrouiller
le premier songe du berceau, peut-être des âmes
punies, humiliées, sur qui pèse une fatalité passa-
gère ?.. Triste enchantement où l'être captif d'une
forme imparfaite dépend de tous ceux qui l'entourent comme une personne endormie... Mais,
parce qu'il est comme endormi, il y a, en récompense, accès vers une sphère de rêves dont nous
n'avons pas l'idée. Nous voyons la face lumineuse

du monde, lui la face obscure; et, qui sait si celle-
ci n'est pas la plus vaste des deux[1]?

L'Orient en est resté à cette croyance, que l'animal est une âme endormie ou enchantée; le
moyen âge y est revenu. Les religions, les systèmes, n'ont pu rien pour étouffer cette voix de la
nature.

L'Inde, plus voisine que nous de la création, a
mieux gardé la tradition de la fraternité universelle.
Elle l'a inscrite au début et à la fin de ses deux
grands poëmes sacrés, le Ramayan, le Mahabharat,
gigantesques pyramides devant lesquelles toutes
nos petites œuvres occidentales doivent se tenir
humbles et respectueuses. Quand vous serez fatigué
de cet Occident disputeur, donnez-vous, je vous
prie, la douceur de revenir à votre mère, à cette

---

[1] « Faisons aujourd'hui, si nous voulons, les fiers, les rois de la création. Mais n'oublions pas notre éducation sous la discipline de la nature.
Les plantes, les animaux, voilà nos premiers précepteurs. Tous ces êtres
que nous dirigeons, ils nous conduisaient alors, mieux que nous n'aurions fait nous-mêmes. I's guidaient notre jeune raison par un instinct
plus sûr; ils nous conseillaient, ces petits, que nous méprisons maintenant. Nous profitons à contempler ces irréprochables enfants de Dieu.
Calmes et purs, ils avaient l'air, dans leur silencieuse existence, de garder les secrets d'en haut. L'arbre, qui a vu tous les temps, l'oiseau qui
parcourt tous les lieux, n'ont-ils rien à nous apprendre? L'aigle ne lit-il
pas dans le soleil, et le hibou dans les ténèbres? Ces grands bœufs eux-
mêmes, si graves sous le chêne sombre, n'ont-ils aucune pensée dans
leurs longues rêveries? » *Origines du droit*, p. LXIX.

majestueuse antiquité, si noble et si tendre. Amour, humilité, grandeur, vous y trouverez tout réuni, et dans un sentiment si simple, si détaché de toute misère d'orgueil, qu'on n'a jamais besoin d'y parler d'humilité.

L'Inde fut bien payée de sa douceur pour la nature; chez elle, le génie fut un don de la pitié. Le premier poëte indien voit voltiger deux colombes, et pendant qu'il admire leur grâce, leur poursuite amoureuse, l'une d'elles tombe frappée d'une flèche... Il pleure; ses gémissements mesurés, sans qu'il y songe, aux battements de son cœur, prennent un mouvement rhythmique, et la poésie est née... Depuis ce temps, deux à deux, les mélodieuses colombes, renées dans le chant de l'homme, aiment et volent par toute la terre (Ramayan).

La nature reconnaissante a doué l'Inde d'un autre don admirable, la fécondité. Entourée par elle de tendresse et de respect, elle lui a multiplié avec l'animal, la source de vie où la terre se renouvelle. Là, jamais d'épuisement. Tant de guerres, tant de désastres et de servitudes, n'ont pu tarir la mamelle de la vache sacrée. Un fleuve de lait coule toujours pour cette terre bénie... bénie de sa propre bonté, de ses doux ménagements pour la créature inférieure.

11

Cette union touchante qui d'abord liait l'homme aux plus humbles enfants de Dieu, l'orgueil l'a rompue... Mais non pas impunément; la terre est devenue rebelle, elle a refusé de nourrir des races inhumaines.

Le monde de l'orgueil, la cité grecque et romaine, eut le mépris de la nature; elle ne tint compte que de l'art, elle n'estima qu'elle-même. Cette fière antiquité, qui ne voulait rien que de - noble, ne réussit que trop bien à supprimer tout le reste. Tout ce qui semblait bas, ignoble, disparut des yeux; les animaux périrent, aussi bien que les esclaves. L'empire romain, débarrassé des uns et des autres, entra dans la majesté du désert. La terre dépensant toujours et ne se réparant plus, devint, parmi tant de monuments qui la couvraient, comme un jardin de marbre. Il y avait encore des villes, mais plus de campagnes; des cirques, des arcs de triomphe, plus de chaumières, plus de laboureurs. Des voies magnifiques attendaient toujours le voyageur qui ne passait plus; de somptueux aqueducs continuaient de porter des fleuves aux cités silencieuses, et n'y trouvaient plus personne à désaltérer.

Un seul homme, avant cette désolation, avait trouvé dans son cœur une réclamation, une plainte

pour tout ce qui s'éteignait. Un seul, parmi les
destructions des guerres civiles, où périssaient à
la fois les hommes et les animaux, trouva dans sa
vaste pitié des larmes pour le bœuf de labour qui
avait fécondé l'antique Italie. Il consacra un chant
divin à ces races disparues[1].

Tendre et profond Virgile!.. moi, qui ai été
nourri par lui et comme sur ses genoux, je suis
heureux que cette gloire unique lui revienne, la
gloire de la pitié et de l'excellence du cœur... Ce
paysan de Mantoue, avec sa timidité de vierge et
ses longs cheveux rustiques, c'est pourtant, sans
qu'il l'ait su, le vrai pontife et l'augure, entre
deux mondes, entre deux âges, à moitié chemin
de l'histoire. Indien par sa tendresse pour la nature, chrétien par son amour de l'homme, il re-
constitue, cet homme simple, dans son cœur
immense, la belle cité universelle dont n'est exclu
rien qui ait vie, tandis que chacun n'y veut faire
entrer que les siens.

---

[1] Dans un autre chant, le plus achevé peut-être, un chant qu'il con-
sacre à son ami le plus cher, au consul, au poëte Gallus, il ne craint
pas de lui donner pour frères et consolateurs, les plus humbles fils de
la nature, des animaux innocents. Après avoir amené tous les dieux
champêtres pour adoucir la blessure du poëte malade d'amour : « *Ses
brebis aussi se tenaient autour de lui* (puis, par un mouvement charmant, craignant de blesser l'orgueil de Gallus) : *Nostri nec pœnitet
illas, nec te pœniteat pecoris, divine poeta.* »

Le christianisme, malgré son esprit de douceur, ne renoua pas l'ancienne union. Il garda contre la nature un préjugé judaïque ; la Judée, qui se connaissait, avait craint d'aimer trop cette sœur de l'homme ; elle la fuyait en la maudissant. Le christianisme, fidèle à ses craintes, tint la nature animale à une distance infinie de l'homme, et la ravala. Les animaux symboliques qui accompagnent les évangélistes, le froid allégorisme de l'agneau et de la colombe, ne relevèrent pas la bête. La bénédiction nouvelle ne l'atteignit pas ; le salut ne vint pas pour les plus petits, les plus humbles de la création. Le Dieu-Homme est mort pour l'homme, et non pas pour eux. N'ayant point part au salut, ils restent hors la loi chrétienne, comme païens, comme impurs, et trop souvent suspects de connivence au mauvais principe. Le Christ, dans l'Évangile, n'a-t-il pas permis aux démons de s'emparer des pourceaux ?

On ne saura jamais les terreurs où, plusieurs siècles durant, le moyen âge vécut, toujours en présence du Diable ! La vision du Mal invisible, mauvais rêve, absurde torture ! et de là une vie bizarre qui ferait rire à chaque instant si l'on ne sentait qu'elle fût triste à en pleurer... Qui douterait alors du Diable ? Je l'ai vu, dit l'empereur

Charles. Je l'ai vu, dit Grégoire VII. Les évêques
qui font les papes, les moines qui prient toute leur
vie, déclarent qu'il est là derrière eux, qu'ils le
sentent, qu'il n'en bouge pas... Le pauvre serf des
campagnes qui le voit sous figure de bête, sculpté
au porche des églises, a peur en revenant chez lui
de le retrouver dans ses bêtes. Celles-ci prennent
le soir, aux mobiles reflets du foyer, un aspect
tout fantastique ; le taureau a un masque étrange,
la chèvre une mine équivoque, et que penser de
ce chat dont le poil, dès qu'on le touche, jette du
feu dans la nuit ?

C'est l'enfant qui rassure l'homme. Il craint si
peu ces animaux qu'il en fait ses camarades. Il
donne des feuilles au bœuf, il monte sur la chèvre,
manie hardiment le chat noir. Il fait mieux, il les
imite, contrefait leur voix... et la famille sourit :
« Pourquoi craindre aussi, j'avais tort. C'est ici
une maison chrétienne, eau bénite et buis bénit ;
il n'oserait approcher... Mes bêtes sont des bêtes
de Dieu, des innocents, des enfants... Et même,
les animaux des champs ont bien l'air de connaître Dieu ; ils vivent comme des ermites. Ce beau
cerf, par exemple, qui a la croix sur la tête, qui va,
comme un bois vivant, à travers les bois, il semble
lui-même un miracle. La biche est douce comme

ma vache, et elle a les cornes de moins ; la biche au défaut de mère, aurait nourri mon enfant... » Ce dernier mot exprimé, comme tout l'est alors, sous forme historique, finit, en se développant, par produire la plus belle des légendes du moyen âge, celle de Geneviève de Brabant : la famille opprimée par l'homme, recueillie par l'animal, la femme innocente, sauvée par l'innocente bête des bois, le salut venant ainsi du plus petit, du plus humble.

Les animaux, réhabilités, prennent place dans la famille rustique après l'enfant qui les aime, comme les petits parents figurent au bas bout de la table dans une noble maison. Ils sont traités comme tels aux grands jours, prennent part aux joies, aux tristesses, portent habits de deuil ou de noces (naguère encore en Bretagne). Ils ne disent rien, il est vrai, mais ils sont dociles, ils écoutent patiemment ; l'homme, comme prêtre en sa maison, les prêche au nom du Seigneur[1].

Ainsi le génie populaire, plus naïf et plus profond que la sophistique sacrée, opéra timidement, mais avec efficacité, la réhabilitation de la nature. Celle-ci ne fut pas ingrate. L'homme fut récom-

---

Voir le petit sermon aux abeilles fugitives, dans mes *Origines du droit*.

pensé; ces pauvres êtres qui n'ont rien, donnèrent des trésors. L'animal, dès qu'il fut aimé, dura, se multiplia... Et la terre redevint féconde, et le monde qui semblait finir, recommença riche et puissant, parce qu'il avait reçu, comme une rosée, la bénédiction de la miséricorde.

La famille, une fois composée ainsi, il s'agit de la faire, si l'on peut, entrer tout entière dans l'Église. Ici grandes difficultés! On veut bien recevoir l'animal, mais pour lui jeter l'eau bénite, l'exorciser en quelque sorte, et seulement au parvis... « Homme simple, laisse là ta bête, entre seul. L'entrée de l'Église, c'est le Jugement que tu vois représenté sur les portes; la Loi siége au seuil; saint Michel debout tient l'épée et la balance... Comment juger, sauver ou damner, ce que tu amènes avec toi? La bête, cela a-t-il une âme?.. Ces âmes de bêtes, qu'en faire? leur ouvrirons-nous les limbes, comme à celles des petits enfants? »

N'importe, notre homme s'obstine; il écoute avec respect, mais ne se soucie de comprendre. Il ne veut pas être sauvé seul, et sans les siens. Pourquoi son bœuf et son âne ne feraient-ils pas leur salut avec le chien de saint Paulin? ils ont bien autant travaillé!

« Eh bien ! je serai habile, dit-il en lui-même,
je prendrai le jour de Noël où l'Église est en famille, le jour où Dieu est encore trop petit pour
être juste... Justes ou non, nous passerons tous,
moi, ma femme, mon enfant, mon âne... Lui aussi !
Il a été à Béthléem, il a porté Notre-Seigneur. Il
faut bien en récompense que la pauvre bête ait son
jour... Il n'est pas trop sûr d'ailleurs qu'elle soit
ce qu'elle paraît ; elle est, au fond, malicieuse,
fainéante ; c'est tout comme moi ; si je n'étais
aussi traîné, je ne travaillerais guère. »

C'était un grand spectacle, touchant, plus que
risible encore, lorsque la bête du peuple était, malgré les défenses des évêques et des conciles, ame-
née par lui dans l'église. La nature, condamnée,
maudite, rentrait victorieuse, sous la forme la plus
humble qui pût la faire pardonner. Elle revenait
avec les saints du paganisme, entre la Sibylle et
Virgile[1]. On présentait à l'animal le glaive qui
l'arrêta sous Balaam ; mais ce glaive de l'ancienne
Loi, émoussé, ne l'effrayait plus ; la Loi finissait
en ce jour, et faisait place à la Grâce. Humblement, mais assurément, il allait droit à la crèche.
Il y écoutait l'office, et, comme un chrétien baptisé, s'agenouillait dévotement. On lui chantait

---

[1] Conservé longtemps à Rouen. Ducange, verbo *Festum*.

alors, pour lui, partie en langue de l'Église, partie en gaulois, afin qu'il comprît son antienne, bouffonne et sublime.

> A genoux! et dis *amen!*
> Assez mangé d'herbe et de foin.
> *Amen!* encore une fois.
> Laisse les vieilles choses, et va!

L'animal profita peu de cette réparation[1]. [Les conciles lui fermèrent l'Église. Les philosophes qui, pour l'orgueil et la sécheresse, continuèrent les théologiens, décidèrent qu'il n'avait pas d'âme[2]. Il souffre en ce monde, qu'importe? il ne doit attendre aucune compensation dans une vie supérieure... Ainsi, il n'y aurait point de Dieu pour lui; le père tendre de l'homme serait pour ce qui n'est pas homme un cruel tyran!.. Créer des jouets, mais sensibles, des machines, mais souf-

---

[1] Le génie populaire fit plus pour son protégé. Sans s'arrêter aux résistances de l'Église, il créa à l'animal une position légale, le traita comme une personne, le fit tester en droit, et jusque dans l'acte le plus grave, le jugement criminel; il y figura comme témoin, quelquefois comme coupable. Nul doute que cette importance attribuée à l'animal n'ait puissamment contribué à sa conservation, à sa durée, et, par suite, à la fécondité de la terre, qui dépend généralement des ménagements qu'il trouve en l'homme. C'est peut-être la vraie cause pour laquelle le moyen âge se relevait toujours après tant d'affreuses ruines.

[2] Le jésuite Bongeant objecta que les bêtes devaient avoir une âme, *puisqu'elles étaient des diables.*

11.

frantes, des automates, qui ne ressembleraient aux
créatures supérieures que par la faculté d'endurer
le mal !.. Que la terre vous soit pesante, hommes
durs qui avez pu avoir cette idée impie, qui por-
tez une telle sentence sur tant de vies innocentes
et douloureuses !

Notre siècle aura une grande gloire. Il s'y est
rencontré un philosophe qui eut un cœur d'homme[1]. Il aima l'enfant, l'animal. L'enfant, avant sa
naissance, n'avait excité l'intérêt que comme une
ébauche, une préparation de la vie; lui, il l'aima
en lui-même, il le suivit patiemment dans sa petite vie obscure, et il surprit dans ses changements
la fidèle reproduction des métamorphoses ani-
males. Ainsi, au sein de la femme, au vrai sanc-
tuaire de la nature, s'est découvert le mystère de
la fraternité universelle... Grâces soient rendues
à Dieu!

Ceci est la véritable réhabilitation de la vie inférieure. L'animal, ce serf des serfs, se retrouve le
parent du roi du monde.

Que celui-ci reprenne donc, avec un sentiment
plus doux, le grand travail de l'éducation des ani-

---

[1] Si glorieusement continué par son ami et son fils, MM. Serres et
Isidore Geoffroy Saint-Hilaire. Je vois avec bonheur une jeunesse pleine
d'avenir entrer dans cette voie scientifique, qui est la voie de la vie.

maux, qui jadis lui soumit le globe[1], et qu'il a abandonné depuis deux mille ans, au grand dommage de la terre. Que le peuple apprenne que sa prospérité tient aux ménagements qu'il aura pour ce pauvre peuple inférieur. Que la science se souvienne que l'animal, en rapport plus étroit avec la nature, en fut l'augure et l'interprète dans l'antiquité. Elle trouvera une voix de Dieu dans l'instinct du simple des simples.

[1] Notre âge machiniste, qui partout veut des machines, devait s'apercevoir, ce semble, que si l'on veut que les animaux ne soient rien de plus, ce sont à coup sûr les premières de toutes, donnant, outre une telle quantité de force positive, une autre force infinie, qu'on ne peut apprécier et qui résulte (si l'on ne veut dire de l'âme) de l'animation de la vie. Il semblait donc qu'on dût reprendre l'étude et la domestication des animaux. Voir le bel article *Domestication*, de M. Isidore Geoffroy Saint-Hilaire, dans *l'Encyclopédie nouvelle*, de MM. Leroux et Reynaud.

CHAPITRE VII

J'ai lu dans la vie d'un grand docteur de l'Église, qu'étant revenu après sa mort dans son monastère, il honora de son apparition, non les premiers de ses frères, mais le dernier, le plus simple, un pauvre d'esprit. Celui-ci en eut cette faveur de mourir trois jours après. Il avait sur le visage une joie vraiment céleste. « On pouvait, dit le légendaire, lui dire le vers de Virgile :

« Petit enfant, connais ta mère à son sourire! »

. . . .

C'est un fait remarquable, que la plupart des hommes de génie ont une prédilection particulière

pour les enfants et les simples. Ceux-ci, de leur
côté, ordinairement timides devant la foule, muets
devant les gens d'esprit, éprouvent, en présence
du génie, une sécurité complète. Cette puissance
qui impose à tout le monde, elle les rassure au
contraire. Ils sentent qu'ils ne trouveront là nulle
moquerie, mais bienveillance et protection. Alors,
ils se trouvent vraiment dans leur état naturel,
leur langue se délie, et l'on peut voir que ces gens
qu'on a nommés simples, parce qu'ils ignorent le
langage convenu, n'en sont bien souvent que plus
originaux, surtout très-imaginatifs, doués d'un
singulier instinct pour saisir des rapports fort
éloignés.

Ils rapprochent et lient volontiers, divisent, ana-
lysent peu. Non-seulement toute division coûte à
leur esprit, mais elle leur fait peine, leur semble
un démembrement. Ils n'aiment pas à scinder la
vie, et tout leur paraît avoir vie. Les choses, quelles
qu'elles soient, sont pour eux comme des êtres or-
ganiques, qu'ils se feraient scrupule d'altérer en
rien. Ils reculent du moment qu'il faut déranger
par l'analyse ce qui présente la moindre apparence
d'harmonie vitale. Cette disposition implique ordinairement de la douceur naturelle et de la bonté;
on les appelle *bonnes gens.*

Non-seulement ils ne divisent pas, mais dès qu'ils trouvent une chose divisée, partielle, ou ils la négligent, ou ils la rejoignent en esprit au tout dont elle est séparée ; ils recomposent ce tout avec une rapidité d'imagination qu'on n'attendrait nullement de leur lenteur naturelle. Ils sont puissants pour composer en proportion de leur impuissance pour diviser. Ou plutôt, il semble, à voir une opération si facile qu'il n'y ait là ni puissance, ni impuissance, mais un fait nécessaire, inhérent à leur existence. En effet, c'est en cela qu'ils existent comme *simples*.

Une main paraît dans la lumière. Le raisonneur conclut que sans doute il y a dans l'ombre un homme dont on ne voit que la main ; de la main, il conclut l'homme. Le simple ne raisonne pas, ne conclut pas ; tout d'abord, en voyant la main, il dit : « Je vois un homme. » Et il l'a vu en effet des yeux de l'esprit.

Ici, tous deux sont d'accord. Mais, dans mille occasions, le simple qui, sur une partie, voit un tout qu'on ne voit pas, qui, sur un signe, devine, affirme un être invisible encore, fait rire et passe pour fou.

Voir ce qui ne paraît aux yeux de personne, c'est la seconde vue. Voir ce qui semble à venir,

à naître, c'est la prophétie. Deux choses qui font
l'étonnement de la foule, la dérision des sages,
et qui sont généralement un don naturel de simplicité.

Ce don, rare chez les hommes civilisés, est,
comme on sait, fort commun chez les peuples
simples, qu'ils soient sauvages ou barbares.

Les simples sympathisent à la vie, et ils ont,
en récompense, ce don magnifique, qu'il leur
suffit du moindre signe pour la voir et la prévoir.

C'est là leur parenté secrète avec l'homme de
génie. Ils atteignent souvent sans effort, par simplicité, ce qu'il obtient par la puissance de
simplification qui est en lui; en sorte que le
premier du genre humain et ceux qui semblent
les derniers, se rencontrent très-bien et s'entendent. Ils s'entendent par une chose, leur sympathie commune pour la nature, pour la vie, qui
fait qu'ils ne se complaisent que dans l'unité
vivante.

Si vous étudiez sérieusement dans sa vie et
dans ses œuvres ce mystère de la nature qu'on
appelle l'homme de génie, vous trouverez généralement que c'est celui qui, tout en acquérant les dons du critique, a gardé les dons du

simple[1]. Ces deux hommes, opposés ailleurs, sont conciliés en lui. Au moment où son critique intérieur semble l'avoir poussé à l'infinie division, le simple lui maintient l'unité présente. Il lui conserve toujours le sentiment de la vie, la lui garde indivisible. Mais, quoique le génie ait en lui les deux puissances, l'amour de l'harmonie vivante, le tendre respect de la vie sont chez lui si forts, qu'il sacrifierait l'étude, et la science elle-même, si elle ne pouvait s'obtenir que par voie de démembrement. Des deux hommes qui sont en lui, il laisserait celui qui divise; le simple resterait, avec sa force ignorante de divination et de prophétie.

Ceci est un mystère du cœur. Si le génie, à travers les divisions, les anatomies fictives de la science, conserve en lui toujours un simple, qui ne consent jamais à la vraie division, qui tend toujours à l'unité, qui craint de la détruire dans la plus petite existence, c'est que le propre du génie, c'est l'amour de la vie même, l'amour qui fait qu'on la conserve, et l'amour qui la produit.

---

[1] Le génie, je le sais, a mille formes. Celle que je donne ici est certainement celle des génies les plus originaux, les plus féconds, celle qui caractérise le plus souvent les grands inventeurs. La Fontaine et Corneille, Newton et Lagrange, Ampère et Geoffroy Saint-Hilaire, ont été en même temps les plus simples et les plus subtils des hommes.

La foule qui voit tout cela confusément et du dehors, sans pouvoir s'en rendre compte, trouve parfois que ce grand homme est un *bon* homme et un *simple*. Elle s'étonne du contraste; mais il n'y a pas de contraste; c'est la simplicité, la bonté, qui sont le fonds du génie, sa raison première; c'est par elle qu'il participe à la fécondité de Dieu.

Cette bonté qui lui donne le respect des petites existences que les autres ne regardent pas, qui l'arrêtent parfois tout à coup, pour ne pas détruire un brin d'herbe, elle est l'amusement de la foule. L'esprit de simplicité qui fait que les divisions n'entravent jamais son esprit, qui sur une partie, un signe, lui fait voir, prévoir un être entier, un système que personne ne devine encore, cette faculté merveilleuse est justement celle qui fait l'étonnement, le scandale presque, du vulgaire. Elle le sort du monde, en quelque sorte, le met hors de l'opinion, hors du lieu, du temps... lui qui seul y doit laisser trace.

La trace qu'il y laissera, ce n'est pas seulement l'œuvre de génie. C'est cette vie même de simplicité, d'enfance, de bonté et de sainteté, où tous les siècles viendront chercher une sorte de rafraîchissement moral. Telle ou telle de ses découvertes deviendra peut-être moins utile dans le progrès du genre humain ; mais sa vie, qui parut de son vivant le côté faible, où l'envie se dédommageait, restera le trésor du monde et l'éternelle fête du cœur.

Certes, le peuple a bien raison d'appeler cet homme un simple. C'est le simple par excellence, l'enfant des enfants, il est le peuple plus que n'est le peuple même.

Je m'explique. Le simple a des côtés inintelligents, des vues troubles et indécises, où il flotte, cherche, suit plusieurs routes à la fois, et sort du caractère de simple. La simplicité du génie, qui est la vraie, n'a jamais rien de ces vues louches ; elle s'applique aux objets, comme une lumière puissante qui n'a pas besoin de détour, parce qu'elle pénètre et traverse tout.

Le génie a le don d'enfance, comme ne l'a jamais l'enfant. Ce don, nous l'avons dit, c'est l'instinct vague, immense, que la réflexion précise et rétrécit bientôt, de sorte que l'enfant est de bonne heure questionneur, épilogueur et tout plein d'objections. Le génie garde l'instinct natif dans sa grandeur, dans sa forte impulsion, avec une grâce de Dieu que malheureusement l'enfant perd, la jeune et vivace espérance.

Le peuple, en sa plus haute idée, se trouve difficilement dans le peuple. Que je l'observe ici ou là,
ce n'est pas lui, c'est telle classe, telle forme partielle du peuple, altérée et éphémère. Il n'est dans
sa vérité, à sa plus haute puissance, que dans
l'homme de génie ; en lui réside la grande âme...
Tout le monde s'étonne de voir les masses inertes
vibrer au moindre mot qu'il dit, les bruits de l'O-
céan se taire devant cette voix, la vague populaire
traîner à ses pieds... Pourquoi donc s'en étonner ?
Cette voix, c'est celle du peuple ; muet en lui-
même, il parle en cet homme, et Dieu avec lui.
C'est là vraiment qu'on peut dire : « Vox populi,
vox Dei. »

Est-ce un Dieu, ou est-ce un homme ? Faut-il,
pour l'instinct du génie, que nous cherchions des
noms mystiques, inspiration ? révélation ? — C'est
la tendance du vulgaire ; il lui faut se forger des
dieux. — « L'instinct ? la nature ? Fi ! disent-ils.
Si ce n'était que l'instinct, nous ne serions pas
entraînés... C'est l'inspiration d'en haut, c'est le
bien-aimé de Dieu, c'est un Dieu, un nouveau
messie ! » — Plutôt que d'admirer un homme,
d'admettre la supériorité de son semblable, on
le fera inspiré de Dieu, Dieu s'il le faut ; chacun
se dit qu'il n'a pas fallu moins qu'un rayon

surnaturel pour l'éblouir à ce point... Ainsi, l'on met hors de la nature, hors de l'observation et de la science, celui qui fut la vraie nature, celui que la science, entre tous, devait observer ; on exclut de l'humanité celui qui seul était *homme*... Cet homme par excellence, une imprudente adoration le rejette au ciel, l'isole de la terre des vivants, où il avait sa racine... Eh ! laissez-le donc parmi nous, celui qui fait la vie d'ici-bas. Qu'il reste homme, qu'il reste peuple. Ne le séparez pas des enfants, des pauvres et des simples, où il a son cœur, pour l'exiler sur un autel. Qu'il soit enveloppé dans cette foule dont il est.l'esprit, qu'il plonge en pleine vie féconde, vive avec nous, souffre avec nous ; il puisera dans la participation de nos souffrances et de nos faiblesses la force que Dieu y a cachée, et qui sera son génie même.

CHAPITRE VIII

Si la perfection n'est point d'ici-bas, ce qui en approche le plus, c'est, selon toute apparence, l'homme harmonique et fécond qui manifeste son excellence intérieure par une surabondance d'amour et de force, qui la prouve non-seulement par des actes passagers, mais par des œuvres immortelles où sa grande âme restera en société avec tout le genre humain. Cette surabondance de dons, cette fécondité, cette création durable, c'est apparemment le signe que là nous devons trouver la plénitude de la nature et le modèle de l'art. L'art social, de tous le plus compliqué, doit bien regarder si ce chef-d'œuvre de Dieu, où la riche diversité s'accorde dans l'unité féconde, ne pourrait lui

donner quelques lumières sur l'objet de ses recherches.

Qu'on me permette donc d'insister sur le caractère du génie, de pénétrer dans son harmonie intérieure, de regarder la sage économie et la bonne
police de cette grande cité morale qui tient dans
une âme d'homme.

Le génie, la puissance inventive et génératrice,
suppose, nous l'avons dit, qu'un même homme
est doué des deux puissances, qu'il réunit en lui
ce qu'on peut appeler les deux sexes de l'esprit,
l'instinct des simples, et la réflexion des sages. Il
est en quelque sorte homme et femme, enfant et
mûr, barbare et civilisé, peuple et aristocratie.

Cette dualité, qui étonne, et qui fait que le vulgaire le regarde souvent comme un phénomène
bizarre, une monstruosité, c'est ce qui lui constitue, au plus haut degré, le caractère normal et légitime de l'homme. A vrai dire, lui seul est homme,
et il n'y en a pas d'autres. Le simple est une
moitié d'homme, le critique une moitié d'homme;
ils n'engendrent pas ; encore moins les médiocres,
qu'on pourrait appeler les *neutres*, n'ayant ni
l'un ni l'autre sexe. Lui, qui est seul complet,
seul aussi il peut engendrer ; il est chargé de con-
tinuer la création divine. Tous les autres sont sté-

riles, sauf les moments où ils se reconstituent par l'amour une sorte d'unité double ; leurs aptitudes naturelles, transmises par la génération, restent impuissantes jusqu'à ce qu'elles rencontrent l'homme complet qui seul a la fécondité.

Ce n'est pas que l'étincelle instinctive, inspiratrice, ait manqué à tous ces hommes, mais chez eux, la réflexion bientôt la glace ou l'obscurcit. Le privilége du génie, c'est qu'en lui l'inspiration agit par-devant la réflexion, sa flamme brûle en pleine lumière. Tout se traîne chez les autres, lentement, successivement ; l'intervalle les stérilise. Le génie comble l'intervalle, joint les deux bouts, supprime le temps, il est un éclair de l'éternité...   .

L'instinct, rapide à ce point, touche à l'acte, et devient acte ; l'idée concentrée ainsi, se fait vivante et engendre.

Tel autre, aujourd'hui vulgaire, avait aussi reçu en germe cette dualité féconde des deux personnes, du simple et du critique ; mais sa malignité naturelle a de bonne heure détruit l'harmonie ; dès les premiers pas dans la science, l'orgueil est venu, la subtilité ; le critique a tué le simple. La réflexion, sottement fière de sa virilité précoce, a méprisé l'instinct, comme un faible enfant ; vaniteuse, aris-

tocratique, elle s'est mêlée, dès qu'elle a pu, à la
foule dorée des sophistes, elle a renié, devant leurs
risées, l'humble parenté qui la rapprochait trop du
peuple. Elle les a devancées; de peur qu'ils ne
s'en moquassent, elle s'est mise, chose impie, à se
moquer de son ¡frère... Eh bien! elle restera
seule; seule elle ne fait pas un homme. Celui-ci
est impuissant.

Le génie ne connaît rien à cette triste politique.
Il n'a garde d'étouffer sa flamme intérieure, par
crainte des risées du monde; il ne les entend
même pas. En lui la réflexion n'a rien d'amer, ni
d'ironique; elle traite avec ménagements les *en-*
fances de l'instinct. Cette moitié instinctive a besoin que l'autre l'épargne; faible et vague, elle
est sujette aux mouvements désordonnés, parce
qu'étant pleine d'aspirations, aveugle d'amour, elle
se précipite au devant de la lumière. La réflexion
sait bien que, si elle est supérieure en ce qu'elle a
déjà la lumière, elle est inférieure à l'instinct,
comme chaleur féconde, comme concentration vivante. Entre elles, c'est une question d'âge plutôt
que de dignité. Tout commence sous forme d'instinct. La réflexion d'aujourd'hui fut instinct hier.
Lequel vaut mieux? Qui le dira?.. Le plus jeune
et le plus faible a peut-être l'avantage.

La fécondité du génie, répétons-le, tient, en grande partie sans nul doute, à la bonté, douceur et simplicité de cœur, avec lesquelles il accueille les faibles essais de l'instinct. Il les accueille en lui-même, dans son monde intérieur, et tout autant dans l'extérieur, chez l'homme et dans la nature. Partout, il sympathise aux simples, et sa facile indulgence évoque incessamment des limbes de nouveaux germes de pensée.

D'eux-mêmes, ils volent à lui. Je ne sais combien de choses qui n'avaient pas forme encore, qui flottaient seules et délaissées, elles viennent à lui sans crainte. Et lui, l'homme au regard perçant, il ne veut pas examiner si elles sont informes, grossières, il les accueille et leur sourit, il leur sait gré d'être vivantes, les absout et les relève... De cette clémence, il résulte pour lui ce singulier avantage, c'est que tout vient l'enrichir, le secourir, le fortifier. Le monde, pour tous les autres, est un sablonneux désert où ils cherchent et ne trouvent pas.

Dans cette âme, pleine et comble des dons vivants de la nature, comment ne viendrait pas l'amour? Une chose aimée surgit... D'où vient-elle? on ne peut le dire. Elle est aimée, il suffit... Elle va croître et vivre en lui, comme lui-même vit

12

dans la nature, accucillant tout ce qui viendra, se nourrissant de toute chose, s'augmentant et s'embellissant, devenant la fleur du génie, comme lui même est la fleur du monde.

Type sublime de l'adoption... Ce point vivant qui tout à l'heure apparut obscur encore, couvé de l'œil paternel, il va s'organisant, se vivifiant, il s'illumine de splendeur, c'est une grande invention, une œuvre d'art, un poëme... J'admire cette belle création dans son résultat; mais combien j'aurais voulu la suivre en sa génération[1], dans la tendre incubation sous laquelle commença sa vie, sa chaleur !

Hommes puissants, en qui Dieu accomplit ces grandes choses, daignez donc nous dire vous-mêmes, quel fut le moment sacré où l'invention,

---

[1] Combien il est regrettable que les hommes de génie effacent la trace successive de leur propre création ! Rarement ils gardent la série des ébauches qui l'ont préparée. Vous en trouvez quelque chose, incomplet et à grand'peine, dans la série progressive des tableaux de quelques grands peintres qui sans cesse ont peint leur pensée, et en ont fixé chaque moment par des œuvres immortelles. Il n'est pas impossible de suivre ainsi la génération d'une idée dans Raphaël, le Titien, Rubens, Rembrandt. Pour ne parler que de ce dernier, le *Bon Samaritain*, le *Christ d'Emmaüs*, le *Lazare*, enfin le *Christ consolant le peuple* (gravure aux cent florins), indiquent les degrés successifs par lesquels le grand artiste, ému du spectacle nouveau des profondes misères modernes, couva et enfanta son idée. Dans la dernière expression qu'il lui donne, si forte et si populaire, l'œuvre et l'ouvrier ont atteint un degré inouï d'attendrissement.

l'œuvre d'art, jaillit pour la première fois... quelles
furent dans votre âme les premières paroles avec
cet être nouveau, le dialogue qui s'engagea en
vous entre la vieille sagesse et la jeune création, le
doux accueil qu'elle lui fit, comment elle l'encou-
ragea, rude et brute encore, la forma sans la
changer, et, loin de gêner sa liberté, fit tout pour
qu'elle devînt libre, qu'elle fût vraiment elle-
même.

Ah! si vous révéliez cela, vous auriez éclairé,
non-seulement l'art, mais l'art moral aussi, l'art
de l'éducation et de la politique. Si nous savions
la culture que donne le génie au bien-aimé de
sa pensée, comme ils vivent entre eux, par
quelle adresse et quelle douceur, sans attenter à
son originalité, il l'anime à se produire selon
sa nature, nous aurions à la fois la règle de l'art,
et le modèle de l'éducation, de l'initiation civile[1].

Bonté de Dieu, c'est là qu'il faut que nous vous

---

[1] Ceci n'est pas une simple comparaison comme celle que donne
Platon au livre IV de la *République*. Non, c'est la chose elle-même,
prise en soi, dans son plus intime, dans sa naissance et sa nature. A
mesure qu'on s'habituera à regarder le monde social dans le monde
moral, on verra que celui-ci est l'origine, la mère, la matrice de l'autre,
ou plutôt qu'ils ne font qu'un.

Le combat de l'âme avec l'âme, le progrès et l'éducation qui en résultent, les traités que font entre elles ses puissances intérieures, l'a-
mour qu'elle a pour elle-même, les mariages, les adoptions accomplis
dans cette enceinte étroite et si variée, révéleront à la philosophie le

contemplions ! C'est dans cette âme supérieure où la sagesse et l'instinct sont si bien harmonisés, que nous devons chercher le type pour toute œuvre sociale. L'âme de l'homme de génie, cette âme visiblement divine, puisqu'elle crée comme Dieu, c'est la cité intérieure sur laquelle nous devons modeler la cité extérieure, afin qu'elle soit divine aussi.

Cet homme est harmonique et productif quand les deux hommes qui sont en lui, le simple et le réfléchi, s'entendent et s'entr'aident.

Eh bien ! la société sera au plus haut point harmonique et productive, si les classes cultivées, réfléchies, accueillant et adoptant les hommes d'instinct et d'action, reçoivent d'eux la chaleur, et leur prêtent la lumière[1].

secret de la politique, de l'éducation, de l'initiation sociale. Que l'artiste élève son œuvre, que l'homme élève l'enfant de son choix, que la cité élève les classes qui sont encore enfants, ce sont trois choses analogues ; il arrivera du moins, par les progrès de la science et de l'amour, qu'elles le seront de plus en plus.

Cette science est à créer. La philosophie, qui depuis des siècles tourne sur les mêmes idées, n'y a pas touché encore. Les mystiques, qui ont tant regardé dans l'âme humaine, s'aveuglaient à y chercher Dieu, qui y est sans nul doute, mais qu'on y distingue bien mieux quand on l'y voit en son image qu'il y déposa, la Cité humaine et divine.

[1] Étendez ceci à la grande société du genre humain. Telles nations sont relativement à l'état instinctif, telles à l'état de réflexion. Lorsqu'elles entrent en contact, les nations cultivées doivent, au nom de l'humanité, au nom de leur intérêt, se faire un art, une langue, pour s'entendre avec celles qui n'ont que l'instinct barbare.

« Quelle différence ! dira-t-on. Ne voyez-vous pas que dans l'âme d'un seul homme, la cité intérieure se compose du même et du même ; entre deux parents si proches, facile est le rapprochement. Dans la cité politique, que d'éléments opposés, discordants, que de résistances variées ! la donnée est ici infiniment plus complexe ; que dis-je? l'un des objets comparés est presque le contraire de l'autre ; dans l'un, je ne vois que la paix, et dans l'autre que la guerre. »

Plût au ciel que l'objection fût raisonnable, que je pusse l'accepter ! Plût à Dieu que la discorde ne fût que dans la cité extérieure, et que dans l'intérieure, dans l'apparente unité de l'idividu, il y eût vraiment la paix !.. Je sens plutôt tout le contraire... La bataille générale du monde est moins discordante encore que celle que je porte en moi, la dispute de moi avec moi, le combat de l'*homo duplex.*

Cette guerre est visible en tout homme. S'il y a dans l'homme de génie trêve et pacification, cela tient à un beau mystère, aux sacrifices intérieurs que ses puissances opposées se font les unes aux autres. Le fond de l'art, comme celui de la société, ne l'oubliez point, c'est le sacrifice.

Cette lutte est dignement payée. L'œuvre qu'on

12.

croirait inerte et passive, modifie son ouvrier. Elle l'améliore moralement, récompensant ainsi la bienveillance dont l'entoura le grand artiste, quand elle était jeune, faible, informe encore. Il l'a faite, mais elle le fait ; elle le rend, à mesure qu'elle grandit, très-grand et très-bon. Si le monde entier, avec ses misères, ses nécessités, ses fatalités hostiles, ne pesait sur lui, on verrait qu'il n'est point d'homme de génie qui, pour l'excellence du cœur, ne soit un héros.

Toutes ces épreuves intérieures que le monde ne sait guère, préservent le génie de toute misère d'orgueil. S'il repousse, au nom de son œuvre, la stupide risée du vulgaire, c'est pour elle, et non pour lui. Il reste intérieurement dans une douceur héroïque, toujours enfant, peuple et simple. Quoi qu'il accomplisse de grand, il est du côté des petits. Il laisse aller la foule des vaniteux, des subtils, se promener dans le vide, se réjouir de moqueries, de sophismes, de négations. Qu'ils triomphent, qu'ils courent, tant qu'ils veulent, dans les voies du monde... Lui, il reste tranquille là où viendront tous les simples, aux marches du trône du Père.

Et c'est par lui qu'ils y viendront. Quel appui, quel protecteur ont-ils autre que lui? Il est leur

commun héritage à ces déshérités, leur glorieux
dédommagement. Il est leur voix à ces muets,
leur puissance à ces impuissants, l'accomplisse-
ment tardif de toutes leurs aspirations. En lui, fi-
nalement, ils sont glorifiés, et sauvés par lui. Il les
entraîne et les enlève tous, dans la longue chaîne
des classes et des genres en lesquels ils se divisent :
femmes, enfants, ignorants, pauvres d'esprit, et
avec eux, nos humbles compagnons de travail qui
n'ont eu que le pur instinct, et derrière ceux-ci,
les tribus infinies de la vie inférieure, aussi loin
que l'instinct s'étend.

Tous se réclament du Simple, à la porte de la
Cité où ils doivent entrer tôt ou tard. « Que ve-
nez-vous faire ici ? qui êtes-vous, pauvres simples ?
— Les petits frères de l'aîné de Dieu. »

CHAPITRE IX

J'ai été loin, bien loin peut-être dans l'entraînement de mon cœur.

Je voulais caractériser l'instinct populaire, y montrer la source de vie où les classes cultivées doivent chercher aujourd'hui leur rajeunissement; je voulais prouver à ces classes, nées d'hier, usées déjà, qu'elles ont besoin de se rapprocher du peuple d'où elles sont sorties.

Ce peuple, défiguré par ces maux, altéré par son progrès même, j'ai dû, pour trouver son génie, l'étudier spécialement dans son élément le plus pur, le peuple des enfants et des simples. C'est là que Dieu nous garde le dépôt de l'instinct vivant, le trésor d'éternelle jeunesse.

Mais ces simples, ces enfants que j'appelais dans mon livre à témoigner pour le peuple, il s'est trouvé qu'ils ont réclamé pour eux-mêmes. Et moi, je les ai écoutés ; j'ai vengé comme j'ai pu les simples du mépris du monde. J'ai demandé pour l'enfant comment la dureté du moyen âge continuait toujours contre lui

Quoi? vous avez repoussé, dans la croyance et dans la vie, le fatalisme cruel qui supposait l'homme perverti en naissant d'une faute qu'il n'a pas faite ; et quand il s'agit de l'enfant, vous partez de cette idée ; vous châtiez l'innocent ; vous déduisez, d'une hypothèse chaque jour plus abandonnée, une éducation de supplices. Vous étouffez, vous bâillonnez le jeune révélateur, ce Joseph, ce Daniel, qui seul vous dirait votre énigme et votre rêve oublié.

Si vous maintenez que l'instinct de l'homme est mauvais, gâté d'avance, que l'homme ne vaut qu'autant qu'il est châtié, amendé, métamorphosé par la science, ou la scolastique religieuse, *vous avez condamné le peuple*, et le peuple des enfants, et les peuples encore enfants, qu'on les nomme sauvages ou barbares.

Ce préjugé a été meurtrier pour tous les pauvres fils de l'instinct. Il a rendu les classes cultivées

dédaigneuses, haineuses pour les classes non cultivées. Il a infligé aux enfants, l'enfer de notre éducation. Il a autorisé contre les peuples enfants
mille fables ineptes et malveillantes qui n'ont pas
peu contribué à rassurer nos soi-disant chrétiens
dans l'extermination de ces peuples.

Mon livre voulait encore envelopper ceux-ci,
les sauvages ou les barbares, abriter ce qui en
reste... Tout à l'heure, il sera trop tard. Le travail d'extermination se poursuit rapidement. En
moins d'un demi-siècle, que de nations j'ai vues
disparaître! Où sont maintenant nos alliés, les
montagnards d'Écosse? Un huissier anglais a
chassé le peuple de Fingal et de Robert-Bruce.
Où sont nos autres amis, les Indiens de l'Amérique du Nord, à qui notre vieille France avait si
bien donné la main? hélas! je viens de voir les
derniers qu'on montrait sur des tréteaux... Les
Anglais d'Amérique, marchands, puritains, dans
leur dure inintelligence, ont refoulé, affamé,
anéanti tout à l'heure ces races héroïques, qui
laissent une place vide à jamais sur le globe, un
regret au genre humain.

En présence de ces destructions, et de celle du
nord de l'Inde, de celle du Caucase, de celle du
Liban, puisse la France sentir à temps que notre

interminable guerre d'Afrique tient surtout à ce que nous méconnaissons le génie de ces peuples ; nous restons toujours à distance, sans rien faire pour dissiper l'ignorance mutuelle, les malentendus qu'elle cause. Ils ont avoué l'autre jour qu'ils ne combattaient contre nous que parce qu'ils nous croyaient ennemis de leur religion, qui est l'Unité de Dieu ; ils ignoraient que la France, et presque toute l'Europe, eussent secoué les croyances idolâtriques qui, pendant le moyen âge, ont obscurci l'Unité. Bonaparte le leur dit au Caire; qui le redira maintenant?

Le brouillard se lèvera un jour ou l'autre entre les deux rives, et l'on se reconnaîtra. L'Afrique, dont les races se rapprochent tellement de nos races du Midi, l'Afrique que je reconnais parfois dans mes amis les plus distingués des Pyrénées, de la Provence, rendra à là France un grand service ; elle expliquera en elle bien des choses qu'on méprise et qu'on n'entend pas. Nous comprendrons mieux alors l'âpre séve populaire de nos habitants des montagnes, des pays les moins mélangés. Tel détail de mœurs, je l'ai dit, que l'on trouve rude et grossier, est en effet barbare, et relie notre peuple à ces populations, barbares sans doute, mais nullement vulgaires.

Barbares, sauvages, enfants, peuple même (pour la plus grande part), ils ont cette misère commune que leur instinct est méconnu, qu'eux-mêmes ne savent point nous le faire comprendre. Ils sont comme des muets, souffrent, s'éteignent en silence. Et nous n'entendons rien, nous le savons à peine. L'homme d'Afrique meurt de faim sur son silo dévasté, il meurt et ne se plaint pas. L'homme d'Europe travaille à mort, finit dans un hôpital, sans que personne l'ait su. L'enfant, même l'enfant riche, languit et ne peut se plaindre ; personne ne veut l'écouter ; le moyen âge, fini pour nous, continue pour lui dans sa barbarie.

Spectacle étrange ! D'une part, des existences pleines de jeune et puissante vie... Mais ces êtres sont comme enchantés encore, ils ne peuvent bien faire entendre leurs pensées et leurs douleurs. D'autre part, en voilà d'autres qui ont recueilli tout ce que l'humanité a jamais forgé d'instruments pour analyser, pour exprimer la pensée, langues, classifications, et logique, et rhétorique, mais la vie est faible entre eux... Ils auraient besoin que ces muets, en qui Dieu versa sa sève à pleins bords, leur en donnassent une goutte.

Qui ne ferait des vœux pour ce grand peuple, qui, des basses et obscures régions, aspire et monte à tâtons, sans lumière pour monter, n'ayant pas même une voix pour gémir... Mais leur silence parle...

On dit que César, naviguant le long des côtes de l'Afrique, s'endormit et eut un songe : il voyait comme une grande armée, qui pleurait et lui tendait les bras. En s'éveillant, il écrivit sur ses tablettes : Corinthe et Carthage. Et il rebâtit ces deux villes.

Je ne suis pas César, mais que de fois j'ai eu le songe de César! Je les voyais pleurer, je comprenais ces pleurs : « Urbem orant. » Ils veulent la Cité! ils demandent qu'elle les reçoive et les protége... Moi, pauvre rêveur solitaire, que pouvais-je donner à ce grand peuple muet! ce que j'avais, une voix... Que ce soit leur première entrée dans la Cité du droit, dont ils sont exclus jusqu'ici.

J'ai fait parler dans ce livre ceux qui n'en sont pas même à savoir s'ils ont un droit au monde. Tous ceux-là qui gémissent ou souffrent en silence, tout ce qui aspire et monte à la vie, c'est mon peuple... C'est le Peuple. — Qu'ils viennent tous avec moi.

Que ne puis-je agrandir la Cité, afin qu'elle soit solide! Elle branle, elle croule, tant qu'elle est incomplète, exclusive, injuste. Sa justice, c'est sa solidité. Si elle veut n'être que juste, elle ne sera pas même juste. Il faut qu'elle soit sainte et divine, fondée par Celui qui seul fonde.

Elle sera divine, si au lieu de fermer jalousement ses portes, elle rallie tout ce qu'il y a d'enfants de Dieu, les derniers, les plus humbles (malheur à qui rougira de son frère !). Tous, sans distinction de classe ni classification, faibles ou forts, simples ou sages, qu'ils apportent ici leur sagesse ou leur instinct. Ces impuissants, ces incapables, *miserabiles personæ*, qui ne peuvent rien pour eux-mêmes, ils peuvent beaucoup pour nous. Ils ont en eux un mystère de puissance inconnue, une fécondité cachée, des sources vives au fond de leur nature. La Cité, en les appelant, appelle la vie, qui peut seule la renouveler.

Donc, qu'ici l'homme avec l'homme, que l'homme avec la nature, aient, après ce long divorce, l'heureuse réconciliation ; que tous les orgueils finissent, que la Cité protectrice, aille du ciel à l'abîme, vaste comme le sein de Dieu !

Je proteste, pour ma part, que s'il reste quelqu'un derrière qu'elle repousse encore et n'abrite point de son droit, moi, je n'y entrerai point, et je resterai au seuil.

TROISIÈME PARTIE

DE L'AFFRANCHISSEMENT PAR L'AMOUR

LA PATRIE

CHAPITRE PREMIER

L'AMITIÉ

C'est une grande gloire pour nos vieilles communes de France, d'avoir trouvé les premières le vrai nom de la patrie. Dans leur simplicité pleine de sens et de profondeur, elles l'appelaient *l'Amitié*[1].

La patrie c'est bien en effet la grande amitié

---

[1] La patrie n'était encore que dans la commune. On disait *l'amitié* de Lille, *l'amitié* d'Aire, etc. Voir Michelet, *Histoire de France*, t. V, p. 515.

qui contient toutes les autres. J'aime la France, parce qu'elle est la France, et aussi parce que c'est le pays de ceux que j'aime et que j'ai aimés.

La patrie, la grande amitié, où sont tous nos attachements, nous est d'abord révélée par eux; puis, à son tour, elle les généralise, les étend, les ennoblit. L'ami devient tout un peuple. Nos amitiés individuelles sont comme des premiers degrés de cette grande initiation, des stations par où l'âme passe, et peu à peu monte, pour se connaître et s'aimer dans cette âme meilleure, plus désintéressée, plus haute, qu'on appelle la Patrie.

Je dis *désintéressée*, parce que là où elle est forte, elle fait que nous nous aimons, malgré l'opposition des intérêts, la différence des conditions, malgré l'inégalité. Pauvres, riches, grands et petits, elles nous enlève tous au-dessus de toutes nos misères d'envie. C'est vraiment *la grande* amitié, parce qu'elle rend héroïque. Ceux qui se sont liés en elle, sont solidement liés; leur attachement durera tout autant que la Patrie. Que dis-je? Elle n'est nulle part plus indestructible que dans leurs âmes immortelles. Elle finirait dans le monde et dans l'histoire, elle s'abîmerait au sein du globe, qu'elle survivrait comme l'*Amitié*.

Il semble, à entendre nos philosophes, que
l'homme est un être tellement insociable, qu'à
grand'peine, par tous les efforts de l'art et de la
méditation, pourront-ils inventer la machine ingénieuse qui rapprocherait l'homme de l'homme.
Et moi, pour peu que j'observe, à sa naissance
même, je le vois déjà sociable. Avant d'avoir les
yeux ouverts, il aime la société; il pleure, dès
qu'il est laissé seul... Comment s'en étonnerait-on?
au jour qu'on dit le premier, il quitte une société
déjà bien ancienne, et si douce! Il a commencé
par elle; vieux de neuf mois, il lui faut divorcer,
entrer dans la solitude, chercher à tâtons s'il pourra
retrouver une ombre de la chère union qu'il avait,
qu'il a perdue.

Il aime sa nourrice et sa mère, et les distingue
peu de lui-même... Mais quel est son ravissement,
quand il voit pour la première fois *un autre*, un
enfant de son âge, qui est lui, qui n'est pas lui!
A peine, retrouvera-t-il quelque chose de ce moment dans les plus vives joies de l'amour. La famille, la nourrice, la mère même pour quelque
temps, tout cède devant le *camarade*, il a fait tout
oublier.

C'est là qu'il faut voir combien l'inégalité, cette
pierre d'achoppement des politiques, embarrasse

peu la nature. Elle s'amuse au contraire, dans tous les rapports du cœur, à se jouer des différences, des inégalités, qui sembleraient devoir créer à l'union d'insurmontables obstacles. La femme, par exemple, aime l'homme, justement parce qu'il est plus fort. L'enfant aime son ami, souvent parce qu'il est supérieur. L'inégalité leur plaît comme occasion de dévouement, comme émulation, comme espoir d'égalité. Le vœu le plus cher de l'amour, c'est de se faire un égal; sa crainte, c'est de rester supérieur, de garder un avantage que l'autre n'ait pas.

C'est le caractère singulier des belles amitiés d'enfance, que l'inégalité y sert puissamment. Il faut qu'elle y soit, pour qu'il y ait aspiration, échange et mutualité. Regardez ces enfants, ce qui leur rend ces amitiés charmantes, c'est, dans l'analogie de caractère et d'habitude, l'inégalité d'esprit et de culture; le faible suit le fort, sans servilité, sans envie; il l'écoute avec ravissement, il suit avec bonheur l'attrait de l'initiation.

L'amitié est peut-être, plus que l'amour, un moyen de progrès. L'amour est, comme elle, une initiation sans doute, mais il ne peut créer d'émulation entre ceux qu'il unit; les amants diffèrent de sexe et de nature; le moins avancé des

deux ne peut beaucoup changer, pour ressembler
à l'autre; l'effort d'assimilation mutuelle s'arrête
de bonne heure.

L'esprit de rivalité qui s'éveille si vite entre
les petites filles, commence tard chez les garçons. Il faut l'école, le collége, tous les efforts du
maître, pour éveiller ces tristes passions. L'homme,
sous ce rapport, naît généreux, héroïque. Il faut
lui apprendre l'envie; il ne la sait pas de lui-
même.

Ah! qu'il a bien raison, et qu'il y gagne! L'a-
mour ne compte pas, il ne sait mesurer. Il ne s'attache point à calculer une égalité mathématique et
rigoureuse que l'on n'atteint jamais. Il aime bien
mieux la dépasser. Il crée, le plus souvent, contre
l'inégalité de la nature, une inégalité en sens inverse. Entre l'homme et la femme, par exemple,
il fait que le plus fort veut être serviteur du plus
faible. Dans le progrès de la famille, quand l'enfant naît, le privilége descend à ce nouveau venu.
L'inégalité de la nature favorisait le fort qui est le
père; l'inégalité qu'y substitue l'amour, favorise
le faible, le plus faible, et le fait le premier.

Voilà la beauté de la famille naturelle. Et la
beauté de la famille artificielle, c'est de favoriser
le fils élu, fils de la volonté, plus cher que ceux de

la nature. L'idéal de la Cité qu'elle doit poursuivre, c'est l'adoption des faibles par les forts, l'inégalité au profit des moindres.

Aristote dit très-bien contre Platon : « La Cité
se fait non d'hommes semblables, mais d'hommes
différents. » A quoi j'ajoute : « Différents, mais
harmonisés par l'amour, rendus de plus en plus
semblables. » La démocratie, c'est l'amour dans
la Cité, et l'initiation.

L'initiation du patronnage, romain ou féodal,
était chose artificielle et née des circonstances[1].
C'est aux invariables et naturels rapports de
l'homme qu'il nous faut revenir.

Ces rapports, quels sont-ils?.. Ne cherchez pas
bien loin. Regardez seulement l'homme avant
qu'il soit asservi à la passion, brisé par la dure
éducation, aigri par les rivalités. Prenez-le, avant

---

[1] Le patronage antique et féodal ne reviendra pas, ne doit point revenir. Nous nous sentons égaux. Le caractère d'ailleurs perdait infiniment, et l'originalité, dans ces rapports de dépendance étroite où
l'homme avait toujours les yeux sur l'homme, devenait son ombre, sa
triste copie. La longue table commune où le baron siégeait au feu, et
qui, du chapelain, du sénéchal et des autres vassaux, allait se pro'on-
geant jusqu'à la porte, où mangeait, en servant debout, le petit valet
de cuisine, cette table était une école, où l'imitation allait descendant;
chacun étudiait, copiait son voisin du rang supérieur. Les sentiments
n'étaient pas toujours serviles, mais les esprits l'étaient. Cette servitude d'imitation est sans nul doute une des causes qui retardèrent le
moyen âge, et le stérilisèrent longtemps.

l'amour, avant l'envie. Que trouvez-vous en lui ?
la chose qui lui est la plus naturelle entre toutes,
la première (ah ! qu'elle soit aussi la dernière!) :
l'amitié.

Me voilà bientôt vieux. J'ai, par-dessus mon
âge, deux ou trois mille ans que l'histoire a entassés sur moi, tant d'événements, de passions, de
souvenirs divers où entrent pêle-mêle ma vie et
celle du monde. Eh bien ! parmi ces grandes choses innombrables, et ces choses poignantes, une
domine, triomphe, toujours jeune, fraîche, floris-
sante, ma première amitié !

C'était, je me le rappelle (bien mieux que mes
pensées d'hier), c'était un désir immense, insatia-
ble, de communications, de confidences, de révélations mutuelles. Ni la parole, ni le papier, n'y
suffisaient. Après d'immenses promenades, nous
nous conduisions, et nous reconduisions. Quelle
joie, lorsque revenait le jour, d'avoir tant à se
dire ! Je partais de bonne heure, dans ma force et
ma liberté, impatient de parler, de reprendre l'entretien, de confier tant de choses. — « Quels secrets ? Quels mystères ? » — Que sais-je ? tel fait
historique peut-être, ou tel vers de Virgile que je
venais d'apprendre...

Que de fois je me trompais d'heure ! à quatre, à

13.

cinq heures du matin, j'allais, je frappais, je faisais ouvrir les portes, je réveillais mon ami. Comment peindre avec des paroles, les vives et légères lueurs sous lesquelles, dans ces matinées, brillaient, voltigeaient toutes choses ? Mon existence était ailée, j'en ai encore l'impression, mêlée au matin, au printemps ; je sentais, vivais dans l'aurore.

Age regrettable, vrai paradis sur terre, qui ne connaît ni haine, ni mépris, ni bassesse, où l'inégalité est si parfaitement inconnue, où la société est encore vraiment humaine, vraiment divine... Tout cela passe vite. Les intérêts viennent, les concurrences, les rivalités... Et pourtant il en resterait quelque chose, si l'éducation travaillait à réunir les hommes autant qu'elle s'attache à les diviser.

Si seulement les deux enfants, le pauvre et le riche, avaient été assis aux bancs d'une même écoles, si liés d'amitié, divisés de carrières, ils se voyaient souvent, ils feraient plus entre eux que toutes les politiques, toutes les morales du monde. Ils conserveraient dans leur amitié désintéressée, innocente, le nœud sacré de la Cité... Le riche saurait la vie, l'inégalité, et il en gémirait ; tout son effort serait de partager. Le pauvre prendrait un grand cœur, et le consolerait d'être riche.

Comment vivre, sans savoir la vie? Or, on ne la
sait qu'à un prix : Souffrir, travailler, être pauvre, — ou bien encore se faire pauvre, de sympathie, de cœur, s'associer de volonté au travail et
à la souffrance.

Que voulez-vous que sache un riche, avec toute
la science du monde? par cela seul qu'il a la vie
facile, il en ignore les fortes et profondes réalités.
Ne creusant point, n'appuyant pas, il court, il
glisse, comme sur une glace; nulle part il n'entre,
il est toujours dehors; dans cette rapide existence,
extérieure et superficielle, demain il sera au terme
et s'en ira dans l'ignorance, aussi bien qu'il était
venu.

Ce qui lui a manqué, c'était un point solide où,
de son âme, il appuyât, creusât, dans la vie et la
connaissance. Tout au contraire, le pauvre est fixé
sur un point obscur, sans voir ni ciel ni terre. Ce
qui lui manque, c'est de pouvoir se relever, res-
pirer, regarder le ciel. Rivé à cette place par la fatalité, il lui faudrait s'étendre, généraliser son
existence et sa souffrance même, vivre hors de ce
point où il souffre, et puisqu'il a une âme infinie,
l'épanouir infiniment... Tous les moyens lui manquent; les lois y feront peu; il y faut l'amitié.
L'homme de loisir, cultivé, réfléchi, doit remettre

cette âme captive dans son rapport avec le monde, la changer? non, mais l'aider à être elle-même, écarter l'obstacle qui l'empêchait de déployer ses ailes.

Tout cela deviendrait facile, si chacun des deux comprenait qu'il ne trouvera qu'en l'autre son affranchissement. L'homme de science et de culture, aujourd'hui serf des abstractions, des formules, ne reprendra sa liberté qu'au contact de l'homme d'instinct. Sa jeunesse et sa vie qu'il croit renouveler dans de lointains voyages, elle est là, près de lui, dans ce qui est la jeunesse sociale, je veux dire dans le peuple. Celui-ci, d'autre part, pour qui l'ignorance et l'isolement sont comme une prison, il étendra son horizon, retrouvera l'air libre, s'il accepte la communication de la science, si, au lieu de la dénigrer par envie, il y respecte l'accumulation des travaux de l'humanité, tout l'effort de l'homme antérieur.

Cette assistance, cette culture mutuelle, forte et sérieuse, qu'ils trouveront l'un dans l'autre, elle suppose, je l'avoue, dans tous les deux, une magnanimité véritable; nous les appelons à l'héroïsme. Quel appel plus digne de l'homme?.. plus naturel aussi, dès qu'il revient à lui et se relève, avec la grâce de Dieu?

L'héroïsme du pauvre, c'est d'immoler l'envie, c'est d'être lui-même assez haut au-dessus de sa pauvreté, pour ne pas même vouloir s'informer si la richesse est gagnée bien ou mal. L'héroïsme du riche, c'est, tout en connaissant le droit du pauvre, de l'aimer et d'aller à lui.

« Héroïsme?.. N'est-ce pas là le plus simple devoir? » Sans doute, mais c'est justement parce qu'il y a devoir, que le cœur se resserre. Triste infirmité de notre nature; nous n'aimons guère que celui à qui nous ne devons rien, l'être abandonné, désarmé, qui n'allègue nul droit contre nous.

Il faut des deux côtés que le cœur s'élargisse. On a pris la démocratie par le droit et le devoir, par la Loi, et l'on n'a eu que la loi morte... Ah! reprenons-la par la grâce.

Vous dites : « Que nous importe? nous ferons de si sages lois, si artificiellement dressées et combinées, qu'on n'aura que faire de s'aimer... » Pour vouloir de sages lois, pour les suivre, il faut aimer d'abord.

« Comment aimer? Ne voyez-vous pas les insurmontables barrières que l'intérêt élève entre nous? Dans la concurrence accablante où nous nous débattons, pouvons-nous bien être assez simples pour aider nos rivaux, pour donner la main aujourd'hui à ceux qui le seraient demain? »

Triste aveu! quoi! pour quelque argent, pour une place misérable que vous perdrez bientôt, vous livrez le trésor de l'homme, tout ce qu'il y a de bon, de grand, l'amitié, la patrie, la véritable vie du cœur.

Eh! malheureux! si près, si loin de la Révolution, avez-vous déjà oublié que les premiers hommes du monde, ces jeunes généraux, dans leur terrible élan, leur course violente à la mort immortelle, qu'ils se disputaient tous, rivaux acharnés pour la belle maîtresse qui brûle les cœurs du plus âpre amour, la Victoire! n'éprouvèrent point de jalousie? Elle restera toujours, la glorieuse lettre par laquelle le vainqueur de la Vendée couvrit de sa vertu, de sa popularité, l'homme qui déjà faisait peur[1], le vainqueur d'Arcole, et se porta garant

---

[1] On sait que Bonaparte s'était rendu suspect, en agissant comme maître et arbitre de l'Italie, accordant ou refusant, sans consulter personne, des armistices qui décidaient de la paix ou de la guerre, envoyant directement des fonds à l'armée du Rhin, sans prendre l'intermédiaire de la trésorerie, etc. On faisait courir le bruit qu'il allait être arrêté au milieu de son armée. — Hoche écrivit, pour le justifier, au ministre de la police, une lettre qui fut rendue publique. Il y renvoie aux royalistes les bruits calomnieux qu'on faisait courir : « Pourquoi Bonaparte se trouve-t-il l'objet des fureurs de ces messieurs ? Est-ce parce qu'il les a battus en vendémiaire? est-ce parce qu'il dissout les armées des rois, et qu'il fournit à la République les moyens de termi-

pour lui... Ah! grande époque, grands hommes, vrais vainqueurs à qui tout devait céder! Vous aviez vaincu l'envie aussi aisément que le monde! Nobles âmes, où que vous soyez, donnez-nous, pour nous sauver, un souffle de votre esprit!

ner glorieusement cette guerre?.. Ah! brave jeune homme, quel est le militaire républicain qui ne brûle de t'imiter! Courage! Bonaparte, conduis à Naples, à Vienne, nos armées victorieuses ; réponds à tes ennemis personnels en humiliant les rois, en donnant à nos armes un lustre nouveau, et laisse-nous le soin de ta gloire! »

CHAPITRE II

Il faudrait sentir bien peu la gravité d'un tel sujet, pour entreprendre de le traiter en quelques pages. Je me contenterai de faire une observation, essentielle dans l'état de nos mœurs.

Indifférents comme nous sommes à la patrie et au monde, ni citoyens, ni philanthropes, nous n'avons guère qu'une chose par laquelle nous prétendions échapper à l'égoïsme; ce sont les liens de famille. Être un bon père de famille, c'est un mérite qu'on affiche, et souvent à grand profit.

Eh bien ! il faut l'avouer, dans les classes supérieures, la famille est très-malade, Si les choses continuaient, elle deviendrait impossible.

On a accusé les hommes, et non sans raison.
J'ai parlé moi-même ailleurs de leur matérialisme,
de leur sécheresse, de l'insigne maladresse avec
laquelle ils perdent l'ascendant des premiers jours.
Cependant, il faut l'avouer, la faute est surtout
aux femmes, je veux dire, aux mères. L'éducation
qu'elles donnent, ou laissent donner à leurs filles,
a fait du mariage une charge intolérable.

Ce que nous voyons, ne rappelle que trop les
derniers siècles de l'Empire romain. Les femmes,
étant devenues des héritières, sachant qu'elles
étaient riches, et protégeant leurs maris, rendirent la condition de ceux-ci tellement misérable,
qu'aucun avantage pécuniaire, aucune prescrip-
tion législative, ne purent décider les hommes à
subir cette servitude. Ils aimèrent mieux fuir au
désert. La Thébaïde se peupla.

Le législateur, effrayé de la dépopulation, fut
obligé de favoriser, de régulariser les attachements
inférieurs, les seuls que l'homme accepta. Il en
serait peut-être aujourd'hui de même, si notre
société, plus industrielle que celle de l'Empire
romain, ne spéculait sur le mariage. L'homme
moderne accepte par cupidité, par nécessité, les
chances qui rebutaient les Romains. Spéculation
peu sûre. La jeune femme sait qu'elle apporte

beaucoup, mais elle n'a nullement appris la valeur de l'argent, elle dépense encore davantage. Si je regardais aux événements récents, aux bouleversements des fortunes, je serais tenté de dire : « Voulez-vous vous ruiner? épousez une femme riche. »

Je sais tout ce qu'il y a d'inconvénients à prendre une femme de condition, d'éducation inférieures. Le premier, c'est de s'isoler, de sortir de son milieu, de perdre ses relations. Un autre, c'est qu'on n'épouse pas la femme seule, mais la famille, dont les habitudes sont souvent grossières. Cette femme, on espère bien l'élever, la faire à soi et pour soi ; mais, il se trouve souvent qu'avec un heureux instinct et de la docilité, elle n'est point élevable. Ces éducations tardives qu'on essaye de donner aux fortes races du peuple, moins malléables et plus dures, ont rarement prise sur elles.

Ces inconvénients reconnus, je n'en suis pas moins obligé de revenir à celui, bien autrement grave, des mariages brillants d'aujourd'hui. Il consiste simplement en ceci, que la vie y est *impossible*.

Cette vie consiste à commencer tous les soirs, après une journée de travail, une journée plus fatigante encore d'amusements, de plaisirs. Rien de pareil dans les autres pays de l'Europe, rien de semblable dans le peuple ; le Français des classes riches est le seul homme du monde qui ne repose jamais. C'est peut-être la cause principale pour laquelle nos enrichis, nos bourgeois, une classe née d'hier, est déjà usée.

Dans cet âge travailleur, où le temps a un prix incalculable, les hommes sérieux, productifs, qui veulent des résultats, ne peuvent accepter, comme condition du mariage, une dépense si énorme de la vie. La nuit, employée ainsi à promener une femme, tue d'avance le lendemain.

L'homme a besoin, le soir, du foyer et du re-pos. Il revient plein de pensées ; il faudrait qu'il pût se recueillir, confier ses idées, ses projets, ses anxiétés, les combats du jour, qu'il eût où verser son cœur. Il trouve une femme qui n'a rien fait, qui a hâte d'employer ses forces, prête, parée, impatiente... Quel moyen de lui parler ! « C'est bon, monsieur, il est tard, nous manquerions l'heure... Vous direz cela demain. »

Qu'il aille, s'il ne veut la confier à une amie plus âgée, qui trop souvent fort gâtée, maligne et malicieuse, n'aura nul plus grand plaisir que d'aigrir la jeune femme contre *son tyran*, de la compromettre, de la lancer dans les plus tristes folies.

Non, il ne peut la laisser sous cette conduite suspecte. Il la conduira lui-même, il part... Avec quelle envie il voit revenir chez lui le travailleur attardé. Celui-ci, il est vrai, a bien fatigué le jour, mais il va trouver le repos, un intérieur, une famille, le somme enfin, ce bonheur légitime que Dieu lui donne tous les soirs. Sa femme l'attend, elle compte les minutes ; le couvert est mis ; la mère et l'enfant regardent s'il vient. Pour peu qu'il vaille quelque chose, cet homme, elle met en lui sa vanité, elle l'admire, et le révère... Et que de soins ! je la vois, dans leur faible nourriture, je la vois, sans qu'il l'aperçoive, garder le moindre pour elle, réserver pour l'homme qui a plus de mal, l'aliment nourrissant qui réparera ses forces.

Il se couche, elle couche les enfants, et elle veille. Elle travaille bien tard dans la nuit. De grand matin, longtemps avant qu'il ouvre les yeux, elle est debout, tout est prêt, la nourriture chaude qu'il prend, et celle qu'il emporte avec lui. Il part, le cœur satisfait, bien tranquille sur ce qu'il laisse, ayant embrassé sa femme et ses enfants endormis.

Je l'ai dit, et le redirai: le bonheur est là. Elle
sent qu'elle est nourrie par lui, elle en est heureuse; il travaille d'autant mieux qu'il sait qu'il
travaille pour elle. Voilà le vrai mariage. Bonheur
monotone! dira-t-on. Non, l'enfant y met le progrès... S'il s'y joignait l'étincelle, si le travailleur,
avec un peu de sécurité, de loisir, avait des moments de vie plus haute, s'il y associait la femme
et la nourrissait de son esprit... Ce serait trop;
on ne demanderait rien au ciel qu'une éternité
d'ici-bas.

Triste victime de la cupidité, ce bonheur, vous
pouviez l'avoir; vous l'avez sacrifié. L'humble fille
que vous aimiez, qui vous aimait, que vous avez
délaissée, regrettez-la bien maintenant! Était-il
sage (je ne parle pas d'honneur ni d'humanité) de
briser la pauvre créature et de briser votre cœur,
pour épouser l'esclavage? L'argent que vous avez
cherché, il s'enfuira de lui-même, il ne restera
pas dans vos mains. Les enfants de cette union
sans amour, conçus d'un calcul, porteront sur
leur face pâle leur triste origine; leur existence
inharmonique témoignera du divorce intérieur
que contint ce mariage; ils n'auront pas le cœur
de vivre.

La différence était-elle donc si grande entre cette

fille et cette fille ; toutes deux, après tout, sont du
peuple. La plus riche a pour père un travailleur enrichi. Du vrai peuple, non mêlé, au peuple bourgeois, aux classes bâtardes, il n'y a pas un abîme.

Si la bourgeoisie veut se relever de son épuisement précoce, elle craindra moins de s'unir aux
familles qui sont aujourd'hui ce qu'elle-même était
hier. Là, est la force, la beauté et l'avenir. Nos
jeunes gens arrivent tard au mariage, bien fatigués déjà, et ils épousent ordinairement une jeune
fille étiolée ; les enfants meurent ou languissent.
A la seconde ou troisième génération, la bourgeoisie sera aussi chétive que nos nobles l'étaient
avant la Révolution[1].

Et ce n'est pas seulement le physique qui fait
défaut, mais le moral baisse. Qu'attendre pour les
travaux suivis, pour les affaires sérieuses, pour la
grande invention, d'un homme qui, s'étant vendu
à un mariage d'argent, est serf d'une femme, d'une
famille, obligé de se disperser, de jeter aux quatre
vents son temps et sa vie ? Imaginez ce qui doit
advenir d'une nation où les classes dirigeantes se
consument dans les vaines paroles, dans l'agitation à vide... Pour que la vie soit féconde, il faut

[1] Comme M. de Maistre le leur dit si bien dans ses *Considérations
sur la Révolution.*

le recueillement de l'esprit, le repos du cœur.

Un fait remarquable de ce temps, c'est que les femmes du peuple (qui ne sont nullement grossières, comme les hommes, et qui éprouvent le besoin de délicatesse et de distinction), écoutent les hommes au-dessus d'elles, avec une confiance qu'elles n'avaient nullement autrefois... Elles voyaient la noblesse comme une barrière insurmontable à l'amour; mais la richesse ne leur paraît pas une séparation de classes[1]; on la compte

---

[1] Observation de Pierre Leroux, aussi judicieux ici qu'il est ailleurs ingénieux et profond. Que de choses il faudrait ajouter! Quel côté triste de nos mœurs! Je m'afflige surtout de voir la famille, la mère! pousser le jeune homme à la trahison. Et n'est-ce pas de cette mère que la jeune fille trompée devrait espérer quelque protection? Une femme pieuse ne devrait-elle pas avoir des entrailles, un cœur infini pour cette pauvre enfant, qui après tout (qu'importe devant Dieu que l'orgueil du monde en murmure) est devenue la sienne? Quels égards les femmes attendront-elles de nous, si elles ne se protégent pas entre elles? Elles ont en commun un mystère, qui devrait les lier bien plus que les hommes ne peuvent l'être, le mystère de l'enfantement, de la maternité, qui est celui de la vie et de la mort, celui qui leur fait atteindre l'extrême limite dans la souffrance et dans la jouissance. La participation à ce mystère terrible, que l'homme ne connaît pas, les rend toutes égales, toutes sœurs; il n'y a d'inégalité qu'entre les hommes. C'est à la mère, c'est à la sœur, à réclamer du fils ou du frère pour sa fille trompée, et, si le mariage est impossible, à la couvrir de leur protection. A leur défaut, celle même qu'il épouse, la jeune femme vertueuse doit expier les torts, couvrir tout de sa bonté, ouvrir ses bras et son cœur aux enfants du premier amour. Qu'elle se rappelle la tendresse de Valentine de Milan pour Dunois, et cet embrassement pathétique : « Ah! tu m'as été dérobé!..» (Voir dans mon *Histoire* la mort de Louis d'Orléans.)

si peu, quand on aime! Touchante confiance du peuple, qui, dans sa partie la meilleure, la plus aimable et la plus tendre, se rapproche ainsi des rangs supérieurs, et vient y apporter la séve, la beauté, la grâce morale!.. Ah! malheur à ceux qui la trompent! S'ils sont inaccessibles aux remords, ils auront du moins des regrets, en songeant qu'ils ont perdu ce qui vaut les trésors du monde, le ciel et la terre : Être aimé !

CHAPITRE III

DE L'ASSOCIATION

Je me suis longtemps occupé des anciennes associations de la France. De toutes, la plus belle, à mon sens, est celle des filets pour la pêche, sur les côtes d'Harfleur et de Barfleur. Chacun de ces vastes filets (de cent vingt brasses ou six cents pieds) se divise en plusieurs parts qui passent par héritage aux filles aussi bien qu'aux garçons. Les filles, héritant de ce droit, mais n'allant pas à la pêche, y concourent néanmoins en tissant leur lot de filet, qu'elles confient aux pêcheurs. La belle et sage Normande file ainsi sa dot ; ce lot de filet, c'est son fief qu'elle administre avec la prudence de la femme de Guillaume le Conquérant. De son droit et de son travail, doublement propriétaire,

14

il faut bien, comme telle, qu'elle sache le détail de l'expédition ; elle en apprécie les chances, s'intéresse au choix de l'équipage, s'associe aux inquiétudes de cette vie aventureuse. Elle risque souvent sur la barque plus que son filet. Souvent, celui qu'au départ elle a choisi pour pêcheur, la choisit pour femme au retour.

Vrai *pays de sapience !* Cette Normandie, qui, en tant de choses, a servi de modèle à la France et à l'Angleterre, me semble avoir trouvé là un type d'association plus digne qu'aucun autre d'être recommandé à l'attention de l'avenir.

Celle-ci est bien autre chose que les associations fromagères du Jura[1], où l'on n'associe après tout que la mise et le profit. Chacun apporte son lait au

---

[1] Souvent citées par Fourier. Je suis l'homme de l'histoire et de la tradition ; donc je n'ai rien à dire à celui qui se vante de procéder par voie d'*écart absolu*. Ce livre du Peuple, particulièrement fondé sur l'idée de la patrie, c'est-à-dire du dévouement, du sacrifice, n'a rien à voir avec la doctrine de l'*attraction passionnelle*. Je saisis néanmoins cette occasion pour exprimer mon admiration pour tant de vues de détail ingénieuses, profondes, quelquefois très-applicables, ma tendre admiration pour un génie méconnu, pour une vie occupée tout entière du bonheur du genre humain. J'en parlerai un jour, selon mon cœur. — Singulier contraste d'une telle ostentation de matérialisme, et d'une vie spiritualiste, abstinente, désintéressée ! Ce contraste s'est reproduit tout récemment, à la gloire de ses disciples. Tandis que les amis de la vertu et de la religion, leurs défenseurs obligés, les conservateurs nés de la morale publique, s'enrôlaient sous main dans la bande de ceux qui jouent à coup sûr, les disciples de Fourier qui ne parlent que d'in-

fromage commun, et partage proportionnellement dans la vente. Cette économie collective n'exige aucun rapppochement moral, elle met l'égoïsme à l'aise, et peut se concilier avec toute la sécheresse de l'individualisme. Elle ne me semble pas mériter le beau nom d'association.

Celle des pêcheurs de Normandie le mérite éminemment ; elle est morale et sociale tout autant qu'économique. Qu'est-ce au fond ? une jeune fille sérieuse, honnête, qui, de son travail, de ses veilles, de sa petite épargne, commandite les jeunes gens, met sur leur barque sa fortune, avant d'y mettre son cœur ; elle a droit de connaître, de choisir, d'aimer le pêcheur habile, heureux. Voilà une association vraiment digne de ce nom ; loin d'éloigner de l'association naturelle de la famille, elle en prépare le lien, — et par là, elle profite à la grande association, à celle de la patrie.

Ici, mon cœur m'échappe, et ma plume s'arrête… Je dois avouer que la patrie, la famille, y profiteront peu maintenant. Les associations du filet n'existeront bientôt plus que dans l'histoire ; elles sont déjà remplacées, sur plusieurs points de la

térêt, d'argent et de jouissances, ont mis l'intérêt sous leurs pieds et frappé courageusement le Baal de la Bourse… le Baal ! non, le Moloch, l'idole qui dévorait des hommes.

côte, par ce qui remplace tout... par la banque et par l'usure.

Grande race des marins normands, qui la première trouva l'Amérique, fonda les comptoirs d'Afrique, conquit les deux Siciles, l'Angleterre! ne vous retrouverai-je donc plus que dans la tapisserie de Bayeux?.. Qui n'a le cœur percé, en passant des falaises aux dunes, de nos côtes si languissantes à celles d'en face qui sont si vivantes, de l'inertie de Cherbourg[1] à la brûlante et terrible activité de Portsmouth?.. Que m'importe que le Havre s'emplisse de vaisseaux américains, d'un commerce de transit, qui se fait par la France, sans la France, parfois contre elle?

Pesante malédiction! punition vraiment sévère de notre insociabilité! Nos économistes déclarent qu'il n'y a rien à faire pour la libre association. Nos académies en effacent le nom de leurs concours. Ce nom est celui d'un délit, prévu par nos lois pénales... Une seule association reste permise, l'intimité croissante entre Saint-Cloud et Windsor.

Le commerce a formé quelques sociétés, mais

[1] Inertie maritime; mais les maçons ne manquent point, pas plus qu'ailleurs. Un ingénieur met une louable activité à terminer la digue.

de guerre, pour absorber le petit commerce, détruire les petits marchands. Il a nui beaucoup, gagné peu. Les grosses maisons de commandite qui s'étaient créées dans cet espoir ont peu réussi. Elles ne sont pas en progrès ; dès qu'il s'en forme une nouvelle, les autres souffrent et languissent. Plusieurs sont déjà tombées, et celles qui subsistent ne tendent point à s'accroître.

Dans les campagnes, je vois nos très-anciennes communautés agricoles du Morvan, du Berri, de Picardie, qui peu à peu se dissolvent et demandent séparation aux tribunaux. Elles avaient duré des siècles ; plusieurs avaient prospéré. Ces couvents de laboureurs mariés qui réunissaient ensemble une vingtaine de familles, parentes entre elles, sous un même toit, sous la direction d'un chef qu'elles élisaient, avaient pourtant sans aucun doute de grands avantages économiques[1].

Si, de ces paysans, je passe aux esprits les plus cultivés, je ne vois guère d'esprit d'association dans la littérature. Les hommes les plus naturellement

---

[1] Mais vraisemblablement elles gênaient trop les deux sentiments qui caractérisent notre époque, l'amour de la propriété personnelle, et celui de la famille. Lire une très-curieuse brochure de M. Dupin aîné : *Excursion dans la Nièvre*, 1840. Voir aussi mes *Origines du droit*, sur la *collaboratio*, les *parsonniers*, le *chanteau, vivre à un pain et un pot*, etc.

rapprochés par les lumières, par l'estime et l'admiration naturelle, n'en vivent pas moins isolés. La parenté du génie même sert peu pour rapprocher les cœurs. Je connais ici quatre ou cinq hommes qui sont certainement l'aristocratie du genre humain, qui n'ont plus de pairs et de juges qu'entre eux. Ces hommes qui vivront toujours, s'ils avaient été séparés par les siècles, auraient regretté amèrement de ne point s'être connus. Ils vivent dans le même temps, dans la même ville, porte à porte, et ils ne se voient point.

Dans un de mes pèlerinages à Lyon, je visitai quelques tisseurs, et à mon ordinaire, je m'informai des maux, des remèdes. Je leur demandai surtout s'ils ne pourraient, quelle que fût leur divergence d'opinions, s'associer dans certaines choses matérielles, économiques. L'un d'eux, homme plein de sens, et d'une haute moralité, qui sentait bien tout ce que j'apportais dans ces recherches de cœur et de bonne intention, me laissa pousser mon enquête plus loin que je n'avais fait encore. « Le mal, disait-il d'abord, c'est la partialité du gouvernement pour les fabricants. — Et après? — Leur monopole, leur tyrannie, leur exigence... — Est-ce tout? » Il se tut deux minutes, et dit ensuite, avec un soupir, cette grave parole : « Il y a un autre mal, monsieur, *nous sommes insociables.* »

Ce mot me retentit au cœur, me frappa comme une sentence. Que de raisons j'avais de le supposer juste et vrai! que de fois il me revint!.. « Quoi! me disais-je, la France, le pays renommé entre tous pour la douceur éminemment sociable de ses mœurs et de son génie, est-elle immuablement divisée, et pour jamais?.. S'il en est ainsi, nous reste-t-il chance de vivre, et n'avons-nous pas déjà péri, avant de périr?.. L'âme est-elle morte en nous? Sommes-nous pires que nos pères, dont on nous vante sans cesse les pieuses associations[1]? L'amour, la fraternité, sont-ils donc finis en ce monde? »

---

[1] La nécessité seule, de ses chaînes d'airain, avait lié les anciennes associations barbares (V. dans mes *Origines,* les formes terribles du sang bu, ou versé sous la terre, etc.), la nécessité, dis-je, et la certitude de périr, si l'on restait désuni. — Dans les associations monacales, l'amitié est sévèrement défendue, comme un vol qu'on fait à Dieu (V. Michelet, *Hist. de Fr.,* t. V, p. 12, *note*). — La barbarie du compagnonnage, et sa tentative même pour se réformer (V. A. Perdiguier), nous fait assez connaître ce qu'étaient les associations industrielles du moyen âge. La confrérie, née du danger, et de la prière (si naturelle à l'homme en danger), haïssait certainement l'étranger plus qu'elle ne ne s'aimait elle-même. La bannière du saint patron la ralliait, et de la procession elle la menait au combat. C'était bien moins fraternité que ligue et force défensive, souvent offensive aussi, dans les haines et jalousies de métiers.

Dans cette pensée si sombre, résolu, comme un
mourant, à bien tâter si je mourais, je regardai
sérieusement non les plus hauts, non les derniers,
mais un homme, ni bon, ni mauvais, un homme
en qui sont plusieurs classes, qui a vu, souffert,
qui, certainement d'esprit et de cœur, porte en lui
la pensée du peuple... Cet homme qui n'est autre
que moi, pour vivre seul et volontairement solitaire, il n'en est pas moins resté sociable et sympathique.

Il en est ainsi de bien d'autres. Un fond im-
muable, inaltérable de sociabilité, dort ici dans les
profondeurs. Il est tout entier en réserve ; je le
sens partout dans les masses, lorsque j'y descends,
lorsque j'écoute et observe. Mais pourquoi s'étonnerait-on si cet instinct de sociabilité facile, tellement découragé aux derniers temps, s'est resserré,
replié?.. Trompé par les partis, exploité par les
industriels, mis en suspicion par le gouvernement,
il ne remue plus, n'agit plus. Toutes les forces
de la société semblent tournées contre l'instinct
sociable !.. Unir les pierres, désunir les hommes,
ils ne savent rien de plus.

Le patronage ne supplée nullement ici à
ce qui manque à l'esprit d'association. L'apparition récente de l'idée d'égalité a tué (pour

un temps) l'idée qui l'avait précédée, celle de protection bienveillante, d'adoption, de paternité. Le riche a dit durement au pauvre : « Tu réclames l'égalité, et le rang de frère ? eh bien, soit ! mais dès ce moment, tu ne trouveras plus d'assistance en moi ; Dieu m'imposait les devoirs de père ; en réclamant l'égalité, tu m'en as toi-même affranchi[1]. »

Chez ce peuple, moins qu'aucun autre, on ne peut prendre ici le change. Nulle comédie sociale, nulle déférence extérieure, ne peut faire illusion sur sa sociabilité. Il n'a pas les manières humbles des Allemands. Il n'est pas comme les Anglais, toujours chapeau bas, devant ce qui est riche ou noble. Si vous lui parlez, et qu'il réponde honnêtement, cordialement, vous pouvez croire qu'il accorde vraiment cela à la personne, fort peu à la position.

Le Français a passé par bien des choses, par la Révolution, par la guerre. Un tel homme à coup sûr est difficile à conduire, difficile à associer. Pourquoi ? précisément parce que, comme individu, il a beaucoup de valeur.

---

[1] L'effort du monde et son salut sera de recouvrer l'accord de ces deux idées. Fraternité. paternité, ces mots, inconciliables dans la famille, ne le sont nullement dans la société civile. Elle trouve, je l'ai déjà dit, le modèle qui les accorde, dans la société morale que chaque homme porte en lui. Voir la fin de la seconde partie.

Vous faites des hommes de fer dans votre guerre d'Afrique, une guerre très-individuelle qui oblige sans cesse l'homme à ne compter que sur soi ; nul doute que vous n'ayez raison de les vouloir et former tels, à la veille des crises qu'il nous faut attendre en Europe. Mais aussi, ne vous étonnez pas trop, si ces lions, à peine revenus, gardent, tout en se soumettant au frein des lois, quelque chose de l'indépendance sauvage.

Ces hommes, je vous en préviens, ne se prendront à l'association que par le cœur, par l'amitié. Ne croyez pas que vous les attellerez à une société *négative* où l'âme ne sera pour rien, qu'ils vivront ensemble, sans aimer, par économie et par douceur naturelle, comme font, par exemple à Zurich, les ouvriers allemands. La société *coopérative* des Anglais, qui s'unissent parfaitement pour telle affaire spéciale, tout en se haïssant, se contre-carrant dans telle autre où leurs intérêts diffèrent, elle ne convient pas davantage à nos Français. Il faut une société d'amis à la France ; c'est son désavantage industriel, mais sa supériorité sociale, de n'en pas emporter d'autres. L'union ne se fait ici, ni par mollesse de caractère et communauté d'habitudes, ni par âpreté de chasseurs qui se mettent, comme les loups, en bande pour une proie. Ici, la seule union possible, c'est l'union des esprits.

Il n'est guère de forme d'association qui ne soit excellente, si cette condition existe. La question dominante, chez ce peuple sympathique, est celle des personnes et des dispositions morales. « Les associés s'aiment-ils? se conviennent-ils? voilà ce qu'il faut toujours se demander en premier lieu[1]. Des sociétés d'ouvriers se formeront, et elles dureront, *s'ils s'aiment;* des sociétés d'ouvriers-

---

[1] Dans l'association, la forme est importante sans doute, mais elle ne vient qu'en seconde ligne. Rétablir les anciennes formes, les *corporations,* les tyrannies industrielles, reprendre les entraves pour mieux marcher, défaire l'œuvre de la Révolution, détruire à la légère ce qu'on a demandé pendant tant de siècles, cela me paraît insensé. — D'autre part, imaginer que l'État qui fait si peu ce qui est de son ressort naturel, pourrait remplir la fonction de fabricant, de marchand universel, qu'est-ce autre chose que *se remettre de toute chose au fonctionnaire;* ce fonctionnaire, est-ce un ange? investi de cet étrange pouvoir, sera-t-il moins corrompu que le fabricant ou le marchand? Ce qui est sûr, c'est qu'il n'aura nullement leur activité. — Quant à la *communauté,* trois mots suffisent. La communauté *naturelle* est un état très-antique, très-barbare, très-improductif. La communauté *volontaire* est un élan passager, un mouvement héroïque qui signale une foi nouvelle, et qui retombe bientôt. La communauté *forcée,* imposée par la violence, est une chose impossible à une époque où la propriété est infiniment divisée, nulle part plus impossible qu'en France. — Pour revenir aux formes possibles d'association, je crois qu'elles doivent *différer selon les différentes professions,* qui, plus ou moins compliquées, exigent plus ou moins l'unité de direction; — et *différer aussi selon les différents pays,* selon la diversité des génies nationaux. Cette observation essentielle, que je développerai un jour, pourrait être appuyée sur un nombre immense de faits.

maîtres, qui, sans chefs, vivront en frères ; mais il faut *qu'ils s'aiment* beaucoup.

S'aimer, ce n'est pas seulement avoir bienveillance mutuelle. L'attraction naturelle des caractères, des goûts analogues, n'y suffirait pas. Il faut y suivre sa nature, mais de cœur, c'est-à-dire toujours prêt au sacrifice, au dévouement qui immole la nature.

Que voulez-vous faire en ce monde sans le sacrifice[1]?.. Il en est le soutien même ; le monde, sans lui, croulerait tout à l'heure. Supposez les meilleurs instincts, les caractères les plus droits, les natures les plus parfaites (telles qu'on n'en voit pas ici-bas), tout périrait encore sans ce remède suprême.

« Se sacrifier à un autre! » Chose étrange, inouïe, qui scandalisera l'oreille de nos philosophes. « S'immoler à qui? à un homme, qu'on sait valoir moins que soi ; perdre au profit de ce néant une valeur infinie. » C'est celle, en effet, que chacun ne manque guère de s'attribuer à lui-même.

Il y a là, nous ne le dissimulons point, une vé-

---

[1] Nulle époque n'en a montré de tels exemples. Dans quel siècle a-t-on vu de si grandes armées, tant de millions d'hommes, souffrir mourir, sans révolte, avec douceur, en silence?

ritable difficulté. On ne se sacrifie guère qu'à ce qu'on croit infini. Il faut, pour le sacrifice, un Dieu, un autel... un Dieu, en qui les hommes se reconnaissent et s'aiment... Comment sacrifierions-nous? Nous avons perdu nos dieux!

Le dieu Verbe, sous la forme où le vit le moyen âge, fut-il ce lien nécessaire? L'histoire tout entière est là pour répondre : Non. Le moyen âge promit l'union, et ne donna que la guerre. Il fallut que ce Dieu eût sa seconde époque, qu'il apparût sur la terre, en son incarnation de 89. Alors il donna à l'association sa forme à la fois la plus vaste et la plus vraie, celle qui, seule encore, peut nous réunir, et par nous, sauver le monde.

France, glorieuse mère, qui n'êtes pas seulement la nôtre, mais qui devez enfanter toute nation à la liberté, faites que nous nous aimions en vous !

CHAPITRE IV

Les antipathies nationales ont diminué, le droit des gens s'est adouci, nous sommes entrés dans une ère de bienveillance et de fraternité, si l'on veut comparer ce temps aux temps haineux du moyen âge. Les nations se sont déjà quelque peu mêlées d'intérêts, ont copié mutuellement leurs modes, leurs littératures. Est-ce à dire pour cela que les nationalités s'affaiblissent? Examinons bien:

Ce qui s'est affaibli bien certainement, c'est, dans chaque nation, la dissidence intérieure. Nos provincialités françaises s'effacent rapidement. L'Écosse et le Pays de Galles se sont rattachés à l'unité Britannique. L'Allemagne cherche la

sienne, et se croit prête à lui sacrifier une
foule d'intérêts divergents qui la divisaient jusqu'ici.

Ce sacrifice des diverses nationalités intérieures
à la grande nationalité qui les contient, fortifie
celle-ci, sans nul doute. Elle efface peut-être le
détail saillant, pittoresque, qui caractérisait un
peuple aux yeux de l'observateur superficiel ; mais
elle fortifie son génie, et lui permet de le mani-
fester. C'est au moment où la France a supprimé
dans son sein toutes les Frances divergentes,
qu'elle a donné sa haute et originale révélation.
Elle s'est trouvée elle-même, et, tout en pro-
clamant le futur droit commun du monde, elle
s'est distinguée du monde, plus qu'elle n'avait fait
jamais.

On peut en dire autant de l'Angleterre ; avec
ses machines, ses vaisseaux, ses quinze millions
d'ouvriers, elle diffère aujourd'hui de toutes les
nations bien plus qu'au temps d'Élisabeth. L'Allemagne qui se cherchait à tâtons aux dix-septième et dix-huitième siècles, s'est enfin découverte en Goethe, Schelling et Beethoven ; c'est
depuis lors seulement qu'elle a pu sérieusement
aspirer à l'unité.

Loin que les nationalités s'effacent, je les vois

chaque jour se caractériser moralement, et, de collections d'hommes qu'elles étaient, devenir des personnes. C'est le progrès naturel de la vie. Chaque homme, en commençant, sent confusément son génie ; il semble dans le premier âge que ce soit un homme quelconque ; en avançant, il s'approfondit lui-même, et va se caractérisant au dehors par ses actes, par ses œuvres ; il devient peu à peu tel homme, sort de classe, et mérite un nom.

Pour croire que les nationalités vont disparaître bientôt, je ne connais que deux moyens : 1° ignorer l'histoire, la savoir par formules creuses, comme les philosophes qui ne l'étudient jamais, ou encore par lieux communs littéraires, pour en causer, comme les femmes. Ceux qui la savent ainsi, la voient dans le passé comme un petit point obscur, qu'on peut biffer, si l'on veut. — 2° Ce n'est pas tout ; il faut encore ignorer la nature autant que l'histoire, oublier que les caractères nationaux ne dérivent nullement de nos caprices, mais sont profondément fondés dans l'influence du climat, de l'alimentation, des productions naturelles d'un pays, qu'ils se modifient quelque peu, mais ne s'effacent jamais. — Ceux qui ne sont ainsi liés ni par la physiologie ni par l'histoire, ceux qui constituent l'humanité, sans s'informer de l'homme ni de la nature, il leur est loisible d'effacer toute frontière, de combler les fleuves, d'aplanir les montagnes. Cependant, je les en préviens, les nations dureront encore s'ils n'ont l'attention de supprimer les villes, les grands centres de civilisation, où les nationalités ont résumé leur génie.

Nous avons dit, vers la fin de la seconde partie, que si Dieu a mis quelque part le type de la Cité politique, c'était selon toute apparence, dans la Cité morale, je veux dire dans une âme d'homme. Eh bien ! que fait d'abord cette âme, elle se fixe en un lieu, s'y recueille, elle s'organise un corps, une demeure, un ordre d'idées. Et alors, elle peut agir. — Tout de même, une âme de peuple doit se faire un point central d'organisme; il faut qu'elle s'assoie en un lieu, s'y ramasse et s'y recueille, qu'elle s'harmonise à une telle nature, comme vous diriez les sept collines pour cette petite Rome, ou pour notre France, la mer et le Rhin, les Alpes et les Pyrénées; ce sont là nos sept collines.

C'est une force, pour toute vie, de se circonscrire, de couper quelque chose à soi dans l'espace et dans le temps, de mordre une pièce qui soit sienne, au sein de l'indifférente et dissolvante nature qui voudrait toujours confondre. Cela, c'est exister, c'est vivre.

Un esprit fixé sur un point ira s'approfondissant. Un esprit flottant dans l'espace se disperse et s'évanouit. Voyez l'homme qui va donnant son amour à toutes, il passe sans avoir su l'amour ; qu'il aime une fois et longtemps, il trouve en une passion l'infini de la nature et tout le progrès du monde [1].

La Patrie, la Cité, loin d'être opposées à la nature, sont, pour cette âme de peuple qui y réside, l'unique et tout-puissant moyen de réaliser sa nature. Elle lui donne à la fois et le point de départ vital et la liberté de développement. Supposez le génie athénien, moins Athènes, il flotte, il divague, se perd et meurt inconnu. Enfermé dans ce cadre étroit, mais heureux, d'une telle Cité, fixé sur cette terre exquise ou l'abeille cueillait le miel de Sophocle et de Platon, le génie puissant d'Athènes, d'une imperceptible ville, a fait en deux ou trois

---

[1] La patrie (la *matrie*, comme disaient si bien les Doriens) est l'amour des amours. Elle nous apparaît dans nos songes comme une jeune mère adorée, ou comme une puissante nourrice qui nous allaite par millions... Faible image ! non-seulement elle nous allaite, mais nous contient en soi : *In eâ movemur et sumus.*

siècles, autant, que douze peuples du moyen âge
en mille ans.

Le plus puissant moyen de Dieu pour créer et
augmenter l'originalité distinctive, c'est de maintenir le monde harmoniquement divisé en ces
grands et beaux systèmes qu'on appelle des nations, dont chacun ouvrant à l'homme un champ
divers d'activité, est une éducation vivante[1]. Plus
l'homme avance, plus il entre dans le génie de sa
patrie, mieux il concourt à l'harmonie du globe ;
il apprend à connaître cette patrie, et dans sa valeur propre, et dans sa valeur relative, comme une
note du grand concert ; il s'y associe par elle ; en
elle, il aime le monde. La patrie est l'initiation nécessaire à l'universelle patrie.

L'union avance ainsi toujours sans péril d'atteindre jamais l'unité, puisque toute nation, à
chaque pas qu'elle fait vers la concorde[2], est plus

---

[1] Tout concourt à cette éducation. Nul objet d'art, nulle industrie,
même de luxe, nulle forme de culture élevée, n'est sans action sur la
masse, sans influence sur les derniers, sur les plus pauvres. Dans ce
grand corps d'une nation, la circulation spirituelle se fait, insensible,
descend, monte, va au plus haut, au plus bas. Telle idée entre par les
yeux (modes, boutiques, musées, etc.), telle autre par la conversation,
par la langue qui est le grand dépôt du progrès commun. Tous reçoivent la pensée de tous, sans l'analyser peut-être, mais enfin ils la reçoivent.

[2] A mesure qu'une nation entre en possession de son génie propre,

originale en soi. Si, par impossible, les diversités cessaient, si l'unité était venue, toute nation chantant même note, le concert serait fini ; l'harmonie confondue ne serait plus qu'un vain bruit. Le monde, monotone et barbare, pourrait alors mourir, sans laisser même un regret.

Rien ne périra, j'en suis sûr, ni âme d'homme, ni âme de peuple ; nous sommes en trop bonnes mains. Nous irons, tout au contraire, vivant toujours davantage, c'est-à-dire fortifiant notre individualité, acquérant des originalités plus puissantes et plus fécondes. Dieu nous garde de nous perdre en lui... Et si nulle âme ne périt, comment ces grandes âmes de nations, avec leur génie vivace, leur histoire riche en martyrs, comble de sacrifices héroïques, toute pleine d'immortalité, comment pourraient-elles s'éteindre ? Lorsqu'une d'elles s'éclipse un instant, le monde entier est malade en toutes ses nations, et le monde du cœur en ses

qu'elle le révèle et le constate par des œuvres, elle a de moins en moins besoin de l'opposer par la guerre à celui des autres peuples Son originalité, chaque jour mieux assurée, éclate dans la production, plus que dans l'opposition. La diversité des nations qui se manifestait violemment par la guerre, elle se marque mieux encore, lorsque chacune d'elles fait entendre distinctement sa grande voix ; toutes criaient sur la même note, chacune fait maintenant sa partie ; il y a peu à peu concert, harmonie, le monde devient une lyre. Mais cette harmonie, à quel prix ? au prix de la diversité.

fibres qui répondent aux nations... Lecteur, cette fibre souffrante que je vois dans votre cœur, c'est la Pologne [1] et l'Italie.

La nationalité, la patrie, c'est toujours la vie du monde. Elle morte, tout serait mort. Demandez plutôt au peuple, il le sent, il vous le dira. Demandez à la science, à l'histoire, à l'expérience du genre humain. Ces deux grandes voix sont d'accord. Deux voix ? non, deux réalités, ce qui est et ce qui fut, contre la vaine abstraction.

J'avais là-dessus mon cœur et l'histoire ; j'étais ferme sur ce rocher ; je n'avais besoin de personne pour me confirmer ma foi. Mais j'ai été dans les foules, j'ai interrogé le peuple, jeunes et vieux, petits et grands. Je les ai entendus tous témoigner pour la patrie. C'est là la fibre vivante qui chez eux meurt la dernière. Je l'ai trouvée dans des morts... J'ai été dans les cimetières qu'on appelle des prisons, des bagnes, et là, j'ai ouvert des hommes ; eh bien, dans ces hommes morts, où la poitrine était vide, devinez ce que je trouvais... la France encore, dernière étincelle par laquelle peut-être on les aurait fait revivre.

---

[1] Souffrante, et maintenant muette au Collége de France, dans la voix qui lui restait, notre cher et grand Mickiewicz !

Ne dites pas, je vous prie, que ce ne soit rien
du tout que d'être né dans le pays qu'entourent
les Pyrénées, les Alpes, le Rhin, l'Océan. Prenez
le plus pauvre homme, mal vêtu et affamé, celui
que vous croyez uniquement occupé des besoins
matériels. Il vous dira que c'est un patrimoine
que de participer à cette gloire immense, à cette
légende unique qui fait l'entretien du monde. Il
sait bien que s'il allait au dernier désert du globe,
sous l'équateur, sous les pôles, il trouverait là
Napoléon, nos armées, notre grande histoire, pour
le couvrir et le protéger, que les enfants viendraient à lui, que les vieillards se tairaient et le
prieraient de parler, qu'à l'entendre seulement
nommer ces noms, ils baiseraient ses vêtements.

Pour nous, quoi qu'il advienne de nous, pauvre ou riche, heureux, malheureux, vivant, et par
delà la mort, nous remercierons toujours Dieu, de
nous avoir donné cette grande patrie, la France.
Et cela, non pas seulement à cause de tant de
choses glorieuses qu'elle a faites, mais surtout
parce qu'en elle, nous trouvons à la fois le représentant des libertés du monde et le pays sympathique entre tous, l'initiation à l'amour universel.
Ce dernier trait est si fort en France, que souvent elle s'en est oubliée. Il nous faut aujourd'hui

la rappeler à elle-même, la prier d'aimer toutes
les nations moins que soi.

Sans doute, tout grand peuple représente une
idée importante au genre humain. Mais que cela,
grand Dieu, est bien plus vrai de la France ! Supposez un moment qu'elle s'éclipse, qu'elle finisse,
le lien sympathique du monde est relaché, dissout,
et probablement détruit. L'amour qui fait la vie
du globe, en serait atteint en ce qu'il a de plus
vivant. La terre entrerait dans l'âge glacé où déjà
tout près de nous sont arrivés d'autres globes.

J'eus, à ce sujet, un songe affreux en plein
jour, que je suis forcé de conter. J'étais à Dublin,
près d'un pont, je suivais un quai ; je regarde la
rivière, et je la vois traîner faible et étroite entre
de larges grèves sablonneuses, à peu près comme on
voit la nôtre du quai des Orfèvres ; je crois reconnaître la Seine. Les quais même ressemblaient,
moins les riches boutiques, moins les monuments,
les Tuileries, le Louvre, c'était presque Paris,
moins Paris. De ce pont descendaient quelques
personnes mal vêtues, non, comme chez nous, en
blouse, mais en vieux habits tachés. Ils disputaient
violemment, d'une voix âcre, gutturale, toute barbare, avec un affreux bossu en haillons que je
vois encore ; d'autres gens passaient à côté, misé-

rables et contrefaits... Une chose, en regardant,
me saisit, me terrifia, toutes ces figures étaient
françaises... C'était Paris, c'était la France, une
France enlaidie, abrutie, sauvage. J'éprouvai à ce
moment combien la terreur est crédule; je ne fis
nulle objection. Je me dis qu'apparemment il était
venu un autre 1815, mais depuis longtemps, bien
longtemps, que des siècles de misères s'étaient
appesantis sur mon pays condamné sans retour, et
moi, je revenais là pour prendre ma part de cette
immense douleur. Ils pesaient sur moi, ces siècles,
en une masse de plomb; tant de siècles en deux
minutes!.. Je restai cloué à cette place et ne
marchai plus... Mon compagnon de voyage me
secoua, et alors je revins un peu... Mais je ne
retirai pas tout à fait de mon esprit le terrible
songe, je ne pouvais me consoler; tant que je fus
en Irlande, j'en gardai une tristesse profonde, qui
me revient tout entière, pendant que j'écris ceci.

CHAPITRE V

LA FRANCE

Le chef d'une de nos écoles socialistes disait, il y a quelques années : « Qu'est-ce que c'est que la Patrie ? »

Leurs utopies cosmopolites de jouissances matérielles me paraissent, je l'avoue, un commentaire prosaïque de la poésie d'Horace : « Rome s'écroule, fuyons aux îles fortunées, » ce triste champ d'abandon et de découragement.

Les chrétiens qui arrivent après, avec la patrie céleste, et l'universelle fraternité ici-bas, n'en donnent pas moins, par cette belle et touchante doctrine, le coup mortel à l'Empire. Leurs frères du nord viennent bientôt leur mettre la corde au col.

Nous ne sommes point des fils d'esclave, sans patrie, sans dieux, comme était le grand poëte que nous venons de citer; nous ne sommes pas des Romains de Tarse, comme l'apôtre des gentils; nous sommes les Romains de Rome, et les Français de la France. Nous sommes les fils de ceux qui, par l'effort d'une nationalité héroïque, ont fait l'ouvrage du monde, et fondé, pour toute nation, l'évangile de l'égalité. Nos pères n'ont pas compris la fraternité comme cette vague sympathie qui fait accepter, aimer tout, qui mêle, abâtardit, confond. Ils crurent que la fraternité n'était pas l'aveugle mélange des existences et des caractères, mais bien l'union des cœurs. Ils gardèrent pour eux, pour la France, l'originalité du dévouement, du sacrifice, que personne ne lui disputa; seule, elle arrosa de son sang cet arbre qu'elle plantait. L'occasion était belle pour les autres nations de ne pas la laisser seule. Elles n'imitèrent pas la France dans son dévouement ; veut-on aujourd'hui que la France les imite dans leur égoïsme, leur immorale indifférence, que n'ayant pu les élever, elle descende à leur niveau?

Qui pourrait voir sans étonnement le peuple qui naguère a élevé le phare de l'avenir vers lequel regarde le monde, voir ce peuple aujourd'hui

traîner la tête basse dans la voie de l'imitation...
Cette voie, quelle est-elle? nous ne la connaissons
que trop, bien des peuples l'ont suivie : c'est tout
simplement la voie du suicide et de la mort.

Pauvres imitateurs, vous croyez donc qu'on
imite?.. On prend à un peuple voisin telle chose
qui chez lui est vivante; on se l'approprie tant
bien que mal, malgré les répugnances d'un organisme qui n'était pas fait pour elle; mais c'est un
corps étranger que vous mettez dans la chair;
c'est une chose inerte et morte, c'est la mort que
vous adoptez.

Que dire, si cette chose n'est pas étrangère
seulement et différente, mais ennemie! si vous
l'allez chercher justement chez ceux que la nature vous a donnés pour adversaires, qu'elle vous
a symétriquement opposés? si vous demandez un
renouvellement de vie à ce qui est la négation de
votre vie propre? Si la France, par exemple, se
mettant à marcher au rebours de son histoire, de
sa nature, s'en va copier ce qu'on peut appeler
l'anti-France, l'Angleterre.

Il ne s'agit point ici de haine nationale, ni de
malveillance aveugle. Nous avons l'estime que
nous devons avoir pour cette grande nation britannique; nous l'avons prouvé en l'étudiant aussi

sérieusement qu'aucun homme de ce temps. Le résultat de cette étude et de cette estime même, c'est la conviction que le progrès du monde tient à ce que les deux peuples ne perdent point leurs qualités dans un mélange indistinct, que ces deux aimants opposés agissent en sens inverse, que ces deux électricités, positive et négative, ne soient jamais confondues.

L'élément qui, entre tous, était pour nous le plus hétérogène, l'élément anglais, est celui précisément que nous avons préféré. Nous l'avons adopté politiquement, dans notre constitution, sur la foi des doctrinaires qui copiaient sans comprendre ; — adopté littéralement, sans voir que le premier génie que l'Angleterre ait eu de nos jours, est celui qui l'a le plus violemment démentie. — Enfin, nous l'avons adopté, ce même élément anglais, chose incroyable et risible, dans l'art, dans la mode. Cette raideur, cette gaucherie, qui n'est point extérieure, ni accidentelle, mais qui tient à un profond mystère physiologique, c'est là ce que nous copions.

J'ai sous les yeux deux romans, écrits avec un grand talent. Eh bien! dans ces romans français, quel est l'homme ridicule? le Français, toujours le Français. L'Anglais est l'homme admirable, la

Providence invisible, mais présente, qui sauve tout. Il arrive juste à point pour réparer toutes les sottises de l'autre. Et comment?.. c'est qu'il est riche. Le Français est pauvre, et pauvre d'esprit.

Riche! est-ce donc là la cause de cet engouement singulier? Le riche (le plus souvent l'Anglais), c'est le bien-aimé de Dieu. Les plus libres, les plus fermes esprits ont peine à se défendre d'une prévention en sa faveur... Les femmes le trouvent beau, les hommes veulent bien le croire noble. Son cheval étique est pris pour modèle par les artistes.

Riche! avouez-le donc, c'est le secret motif de l'admiration universelle. L'Angleterre est le peuple riche; peu importe ses millions de mendiants. Pour qui ne s'informe point des hommes, elle présente au monde un spectacle unique, celui du plus énorme entassement de richesses qui ait été fait jamais. Triomphante agriculture, tant de machines, tant de vaisseaux, tant de magasins pleins et combles, cette bourse maîtresse du monde..., l'or coule là, comme de l'eau.

Ah! la France n'a rien de semblable; c'est un pays de pauvreté. L'énumération comparée de tout ce que possède l'une, de tout ce que l'autre n'a pas, nous mènerait vraiment trop loin. L'Angleterre a bonne grâce de demander en souriant à la France, quels sont donc après tout les résultats matériels de son activité, ce qui reste de son travail, de tant de mouvements, d'efforts[1]?

La voilà, cette France, assise par terre, comme Job, entre ses amies, les nations, qui viennent la consoler, l'interroger, l'améliorer, si elles peuvent, travailler à son salut.

« Où sont tes vaisseaux, tes machines, dit l'Angleterre? » — Et l'Allemagne : « Où sont tes systèmes? N'auras-tu donc pas au moins, comme l'Italie, des œuvres d'art à montrer? »

---

[1] Les produits matériels de la France, les résultats durables de son travail, ne sont rien en comparaison de ses produits invisibles. Ceux-ci furent le plus souvent des actes, des mouvements, des paroles et des pensées. Sa littérature écrite (la première pourtant, selon moi) est loin, bien loin au-dessous de sa parole, de sa conversation brillante et féconde. Sa fabrication en tout genre n'est rien près de son action. Pour machines, elle eut des hommes héroïques; pour systèmes, des hommes inspirés. « Cette parole, cette action, ne sont-ce pas choses improductives? » Et c'est là précisément ce qui place la France très-haut. Elle a excellé dans les choses du mouvement et de la grâce, dans celles qui ne servent à rien. Au-dessus de tout ce qui est matériel, tangible, commencent les impondérables, les insaisissables, les invisibles. Ne la classez donc jamais par les choses de la matière, par ce qu'on touche et qu'on voit. Ne la jugez pas, comme une autre, sur ce que vous remarquez de la misère extérieure. C'est le pays de l'esprit, et celui par conséquent qui donne le moins de prise à l'action matérielle du monde.

Bonnes sœurs qui venez consoler ainsi la France, permettez que je vous réponde. Elle est malade, voyez-vous ; je lui vois la tête basse, elle ne veut pas parler.

Si l'on voulait entasser ce que chaque nation a dépensé de sang, et d'or, et d'efforts de toute sorte, pour les choses désintéressées qui ne devaient profiter qu'au monde, la pyramide de la France irait montant jusqu'au ciel... Et la vôtre, ô nations, toutes tant que vous êtes ici, ah ! la vôtre, l'entassement de vos sacrifices, irait au genou d'un enfant.

Ne venez donc pas me dire : « Comme elle est pâle, cette France !.. » Elle a versé son sang pour vous... — « Qu'elle est pauvre ! » Pour votre cause, elle a donné sans compter[1]... Et n'ayant plus

---

[1] J'écris ici, en l'affaiblissant, une pensée qui m'assaillit les premières fois que je passai la frontière. Une fois notamment que j'entrais en Suisse, j'en fus blessé au cœur. — Voir nos pauvres paysans de la Franche-Comté si misérables, et tout à coup, en passant un ruisseau, les gens de Neuchâtel, si aisés, si bien vêtus, visiblement heureux ! — Les deux charges principales qui écrasent la France, la dette et l'armée, qu'est-ce au fond ? Deux sacrifices qu'elle fait au monde autant qu'à elle-même. La dette, c'est l'argent qu'elle lui paye pour lui avoir donné son principe de salut, la loi de liberté qu'il copie en la calomniant. Et l'armée de la France ? c'est la défense du monde, la réserve qu'il lui garde, le jour où les Barbares arriveront, où l'Allemagne, cherchant toujours son unité qu'elle cherche depuis Charlemagne, sera bien obligée ou de nous mettre devant elle, ou de se faire contre la liberté l'avant-garde de la Russie.

rien, elle a dit : « Je n'ai ni or, ni argent, mais ce que j'ai, je vous le donne... » Alors elle a donné son âme, et c'est de quoi vous vivez[1].

« Ce qui lui reste, c'est ce qu'elle a donné... » Mais, écoutez-bien, nations, apprenez, ce que sans nous, vous n'auriez appris jamais : « Plus on donne et plus on garde! » Son esprit peut dormir en elle, mais il est toujours entier, toujours près d'un puissant réveil.

Il y a bien longtemps que je suis la France, vivant jour par jour avec elle depuis deux milliers d'années. Nous avons vu ensemble les plus mauvais jours, et j'ai acquis cette foi que ce pays est celui de l'invincible espérance. Il faut bien que Dieu l'éclaire plus qu'une autre nation, puisqu'en pleine nuit, elle voit quand nulle autre ne voit plus ; dans ces affreuses ténèbres qui se faisaient souvent au moyen âge et depuis, personne ne distinguait le ciel ; la France seule le voyait.

Voilà ce que c'est que la France. Avec elle, rien n'est fini ; toujours à recommencer.

---

[1] Non, ce n'est pas le machinisme industriel de l'Angleterre, ce n'est pas le machinisme scolastique de l'Allemagne, qui fait la vie du monde ; c'est le souffle de la France, dans quelque état qu'elle soit, la chaleur latente de sa Révolution que l'Europe porte toujours en elle.

Quand nos paysans gaulois chassèrent un moment les Romains, et firent un empire des Gaules,
ils mirent sur leur monnaie le premier mot de ce
pays (et le dernier) : *Espérance*.

CHAPITRE VI

L'étranger croit avoir tout dit, quand il dit en souriant : « La France est l'enfant de l'Europe. »

Si vous lui donnez ce titre, qui devant Dieu n'est pas le moindre, il faudra que vous conveniez que c'est l'enfant Salomon qui siége et qui fait justice. Qui donc a conservé, sinon la France, la tradition du droit?

Du droit religieux, politique et civil; la chaise de Papinien, et la chaire de Grégoire VII.

Rome n'est nulle autre part qu'ici. Dès saint Louis, à qui l'Europe vient-elle demander justice, le pape, l'empereur, les rois?.. La papauté théologique en Gerson et en Bossuet, la papauté phi-

losophique en Descartes et en Voltaire, la papauté
politique, civile, en Cujas et Dumoulin, en Rousseau et Montesquieu, qui pourrait la méconnaître?
Ses lois, qui ne sont autres que celles de la raison,
s'imposent à ses ennemis même. L'Angleterre
vient de donner le Code civil à l'île de Ceylan.

Rome eut le pontificat du temps obscur, la
royauté de l'équivoque. Et la France a été le pontife du temps de lumière.

Ceci n'est pas un accident des derniers siècles,
un hasard révolutionnaire. C'est le résultat légitime d'une tradition liée à toute la tradition depuis
deux mille ans. Nul peuple n'en a une semblable.
En celui-ci, se continue le grand mouvement humain (si nettement marqué par les langues), de
l'Inde à la Grèce, à Rome, et de Rome à nous.

Toute autre histoire est mutilée, la nôtre seule
est complète; prenez l'histoire de l'Italie, il y
manque les derniers siècles; prenez l'histoire de
l'Allemagne, de l'Angleterre, il y manque les premiers. Prenez celle de la France; avec elle, vous
savez le monde.

Et dans cette grande tradition il n'y a pas seulement suite, mais progrès. La France a continué
l'œuvre romaine et chrétienne. Le christianisme
avait promis, et elle a tenu. L'égalité fraternelle,

ajournée à l'autre vie, elle l'a enseignée au monde, comme la loi d'ici-bas.

Cette nation a deux choses très-fortes que je ne vois chez nulle autre. Elle a à la fois le principe et la légende, l'idée plus large et plus humaine, et en même temps la tradition plus suivie.

Ce principe, cette idée, enfouis dans le moyen âge sous le dogme de la grâce, ils s'appellent en langue d'homme, la fraternité.

Cette tradition, c'est celle qui fait de l'histoire de France celle de l'humanité. En elle se perpé-tue, sous forme diverse, l'idéal moral du monde, de saint Louis à la Pucelle, de Jeanne d'Arc à nos jeunes généraux de la Révolution; le saint de la France, quel qu'il soit, est celui de toutes les nations, il est adopté, béni et pleuré du genre humain.

« Pour tout homme, disait impartialement un philosophe américain, le premier pays, c'est sa patrie, et le second, c'est la France. » — Mais combien d'hommes aiment mieux vivre ici qu'en leur pays! Dès qu'ils peuvent un moment briser le fil qui les tient, ils viennent, pauvres oiseaux de passage, s'y abattre, s'y réfugier, y prendre au moins un moment de chaleur vitale. Ils avouent tacitement que c'est ici la patrie universelle.

Cette nation, considérée ainsi comme l'asile du monde, est bien plus qu'une nation; c'est la fraternité vivante. En quelque défaillance qu'elle tombe, elle contient au fond de sa nature ce principe vivace, qui lui conserve, quoi qu'il arrive, des chances particulières de restauration.

. Le jour où, se souvenant qu'elle fut et doit être le salut du genre humain, la France s'entourera de ses enfants et leur enseignera la France, comme foi et comme religion, elle se retrouvera vivante, et solide comme le globe.

Je dis là une chose grave, à laquelle j'ai pensé longtemps, et qui contient peut-être la rénovation de notre pays. C'est le seul qui ait droit de s'enseigner ainsi lui-même, parce qu'il est celui qui a le plus confondu son intérêt et sa destinée avec ceux de l'humanité. C'est le seul qui puisse le faire, parce que sa grande légende nationale, et pourtant humaine, est la seule complète et la mieux suivie de toutes, celle qui, par son enchaînement historique, répond le mieux aux exigences de la raison.

Et il n'y a pas là de fanatisme; c'est l'expression trop abrégée d'un jugement sérieux, fondé sur une longue étude. Il me serait trop facile de montrer que les autres nations n'ont que des lé-

gendes spéciales que le monde n'a pas reçues. Ces
légendes, d'ailleurs, ont souvent ce caractère
d'être isolées, individuelles, sans lien, comme des
points lumineux, éloignés les uns des autres[1]. La
légende nationale de France est une traînée de lumière immense, non interrompue, véritable voie
lactée sur laquelle le monde eut toujours les yeux.

L'Allemagne et l'Angleterre, comme race,
comme langue et comme instinct, sont étrangères
à la grande tradition du monde, romano-chré-
tienne et démocratique. Elles en prennent quelque chose, mais sans l'harmoniser bien avec leur
fond qui est exceptionnel; elles le prennent de

---

[1] Pour parler d'abord du grand peuple qui semble le plus riche en
légendes, de l'Allemagne, celles de Sigfrid l'invulnérable, de Frédéric
Barberousse, de Goetz à la main de fer, sont des rêves poétiques qui
tournent la vie dans le passé, dans l'impossible et les vains regrets.
Luther, rejeté, conspué de la moitié de l'Allemagne, n'a pu laisser une
légende. Frédéric, personnage peu Allemand, mais Prussien (ce qui est
tout autre), Français de plus et philosophe, a laissé la trace d'une force,
mais rien au cœur, rien comme poésie, comme foi nationale.

Les légendes historiques de l'Angleterre, la victoire d'Édouard III et
celle d'Élisabeth donnent un fait glorieux plutôt qu'un modèle moral.
Un type, grâce à Shakespeare, est resté très-puissant dans l'esprit anglais, et il n'a que trop influé : c'est celui de Richard III. — Il est
curieux d'observer combien leur tradition s'est brisée facilement; il
semble par trois fois qu'on y voit surgir trois peuples. Les ballades de
Robin Hood et autres, dont se berçait le moyen âge, finissent avec
Shakespeare; Shakespeare est tué par la Bible, par Cromwell et par
Milton, lesquels s'effacent devant l'industrialisme et les demi-grands
hommes des derniers temps...

côté, indirectement, gauchement, le prennent et
ne le prennent pas. Observez bien ces peuples,
vous y trouverez, au physique, au moral, un
désaccord de vie et de principe que n'offre pas la
France, et qui (même sans tenir compte de la
valeur intrinsèque, en s'arrêtant à la forme et ne
consultant que l'art), doit empêcher toujours le
monde d'y chercher ses modèles et ses enseigne-
ments.

La France, au contraire, n'est pas mêlée de
deux principes. En elle, l'élément celtique s'est
pénétré du romain, et ne fait plus qu'un avec lui.
L'élément germanique, dont quelques-uns font tant
de bruit, est vraiment imperceptible.

Elle procède de Rome, et elle doit enseigner
Rome, sa langue, son histoire, son droit. Notre
éducation n'est point absurde en ceci. Elle l'est
en ce qu'elle ne pénètre point cette éducation romaine du sentiment de la France ; elle appuie pe-
samment, scolastiquement sur Rome qui est le
chemin, elle cache la France qui est le but.

Ce but, il faudrait, dès l'entrée, le montrer à
l'enfant, le faire partir de la France qui est lui, et
par Rome, le mener à la France, encore à lui.
Alors seulement notre éducation serait harmonique.

Le jour où ce peuple, revenu à lui-même, ouvrira les yeux et se regardera, il comprendra que la première institution qui peut le faire vivre et durer, c'est de donner à *tous* (avec plus ou moins d'étendue, selon le temps dont ils disposent) cette éducation harmonique qui fonderait la patrie au cœur même de l'enfant. Nul autre salut. Nous avons vieilli dans nos vices, et nous n'en voulons pas guérir. Si Dieu sauve ce glorieux et infortuné pays, il le sauvera par l'enfance.

CHAPITRE VII

Le seul gouvernement qui se soit occupé, d'un grand cœur, de l'éducation du peuple, c'est celui de la Révolution. L'Assemblée constituante et la législative posèrent les principes dans une admirable lumière, avec un sens vraiment humain. La Convention, au milieu de sa lutte terrible contre le monde, contre la France qu'elle sauvait malgré elle, parmi les dangers personnels qu'elle courait, assassinée en détail, décimée et mutilée, elle ne lâcha pas prise, elle poursuivit obstinément ce sujet saint et sacré de l'éducation populaire; dans ses orageuses nuits, où elle siégeait armée, prolongeant chaque séance qui pouvait être la dernière, elle prit néanmoins le temps d'évoquer tous les sys-

16.

tèmes et de les examiner. « Si nous décrétons l'é-
ducation, disait un de ses membres, nous aurons
assez vécu[1]. »

Les trois projets adoptés sont pleins de sens et
de grandeur. Ils organisent d'abord le haut et le
bas, les écoles normales et les écoles primaires.
Ils allument une vive lumière, et la portent tout
d'abord dans la vaste profondeur du peuple. Après
cela, plus à loisir, ils remplissent l'espace intermédiaire, les écoles centrales ou colléges où pour-
ront s'élever les riches. Néanmoins, tout est
créé d'ensemble et harmoniquement; on savait
alors qu'une œuvre vivante ne se fait pas pièce à
pièce.

Moment de mémoire éternelle! c'était deux mois
après le Neuf thermidor... On se remettait à croire

---

[1] A ce propos, je fais des vœux pour que ceux qui réimpriment l'u-
tile compilation de MM. Roux et Buchez en fassent disparaître leurs
tristes paradoxes, l'apologie du 2 septembre et de la Saint-Barthélemi,
le brevet de bons catholiques donné aux jacobins, la satire de Charlotte
Corday (t. XXVIII, p. 337), et l'éloge de Marat, etc. « Marat distribuait
ses dénonciat'ons *avec un sens droit* et *un tact à peu près sûr.* »
(p. 545 ; Judicieux éloge de celui qui demandait deux cent mille têtes
à la fois (V. *le Publiciste,* 14 décembre 1792). Ces néo-catholiques
dans leurs belles justifications de la Terreur, ont pris au sérieux celle
que s'est amusé à faire le paradoxal rédacteur de *la Quotidienne,*
Charles Nodier. Je n'aurais pas fait cette observation si l'on ne s'atta-
chait à répandre ces étranges folies, par des journaux à bon marché,
dans le peuple et parmi les travailleurs qui n'ont pas le temps d'examiner.

à la vie. La France sortie du tombeau, tout à coup mûrie de vingt siècles, la France immense et sanglante, appela tous ses enfants à recevoir l'enseignement souverain de sa grande expérience, elle.leur dit : Venez et voyez.

Lorsque le rapporteur de la Convention prononça cette simple et grave parole : « Le temps seul pouvait être le professeur de la République, » quels yeux ne se remplirent de larmes ? Tous avaient chèrement payé la leçon du temps, tous avaient traversé la mort, et ils n'en sortaient pas tout entiers !

Après ces grandes épreuves, il semblait qu'il y eût un moment de silence pour toutes les passions humaines ; on put croire qu'il n'y aurait plus d'orgueil, d'intérêt, ni d'envie. Les hommes les plus hauts dans l'État, dans la science, acceptèrent les plus humbles fonctions de l'enseignement[1]. Lagrange et Laplace enseignèrent l'arithmétique.

Quinze cents élèves, hommes faits, et plusieurs

---

[1] J'ai sous les yeux (aux *Archives*) la liste originale de ceux qui acceptèrent les fonctions de professeurs aux écoles centrales, qui étaient les collèges d'alors : Sieyès, Daunou, Rœderer, Haüy, Cabanis, Legendre, Lacroix, Bossut, Saussure, Cuvier, Fontanes, Ginguené, Laharpe; Laromiguière, etc.

déjà illustres, vinrent sans difficulté s'asseoir sur
les bancs de l'école normale, et apprendre à enseigner. Ils vinrent, comme ils purent, en plein hiver,
dans ce moment de pauvreté et de famine. Sur les
ruines de toutes choses matérielles, planait seule
et sans ombre la majesté de l'esprit. La chaire de
la grande école était occupée tour à tour par des
génies créateurs; les uns, comme Berthollet, Mor-
vau, venaient de fonder la chimie, d'ouvrir et pénétrer le monde intime des corps; les autres,
comme Laplace et Lagrange, avaient, par le calcul,
affermi le système du monde, rassuré la terre sur
sa base. Jamais pouvoir spirituel n'apparut plus
incontestable. La raison, en obéissant, se rendait
à la raison. — Et combien le cœur s'y joignait,
quand, parmi ces hommes uniques, dont chacun
apparaît une seule fois dans l'éternité, on voyait
une tête, bien précieuse, qui avait failli tomber,
celle du bon Haüy, sauvé par Geoffroy-Saint-
Hilaire!

Un grand citoyen, Carnot, celui qui organisa la
victoire, qui devina Hoche et Bonaparte, qui sauva
la France malgré la Terreur, fut le véritable fonda-
teur de l'école Polytechnique. Ils apprirent, comme
on combattait, firent trois ans de cours en trois
mois. Au bout de six, Monge déclara qu'ils n'a-

vaient pas seulement reçu la science, mais qu'ils l'avaient avancée. Spectateurs de l'invention continuelle de leurs maîtres, ils allaient inventant aussi. Imaginez ce spectacle d'un Lagrange qui, au milieu de son enseignement, s'arrêtait tout à coup, rêvait... On attendait en silence. Il s'éveillait à la longue, et leur livrait, tout ardente, la jeune invention, à peine née de son esprit.

Tout manquait, moins le génie. Les élèves n'auraient pu venir, s'ils n'avaient eu un traitement de route de quatre sous par jour. Ils recevaient le pain, avec le pain de l'esprit. Un des maîtres (Clouet) ne voulut pour traitement qu'un coin de terre dans la plaine des Sablons, et vécut des légumes qu'il y cultivait.

Quelle chute, après ce temps-là ! chute morale, et non moins grande dans la sphère de la pensée. Lisez, après les rapports faits à la Convention, ceux de Fourcroy, de Fontanes, vous tombez en quelques années de la virilité à la vieillesse, la vieillesse décrépite[1].

N'est-il pas affligeant de voir cet élan héroïque, désintéressé, s'abattre et tomber si tôt?.. Cette

---

[1] Un homme eut le rare courage de réclamer, sous l'Empire, en faveur de l'organisation donnée à l'enseignement par la Convention : Lacroix, *Essais sur l'enseignement*, 1805.

286 NI LA RÉVOLUTION.

glorieuse école normale ne porte pas fruit. On s'en étonne peu quand on y voit l'homme si faiblement enseigné, les sciences de l'homme s'abdiquant, se reniant, ayant comme honte d'elles-mêmes. Le professeur d'histoire, Volney, enseignait que l'histoire *est la science des faits morts*, qu'il n'y a pas d'histoire vivante. Le professeur de philosophie, Garat, disait que la philosophie *n'est que l'étude des signes*, autrement dit, qu'en soi, la philosophie n'est rien. Signes pour signes, les mathématiques avaient l'avantage, et les sciences qui s'y rattachent, telles que l'astronomie. Ainsi, la France révolutionnaire, dans la grande école qui devait répandre partout son esprit, enseigna les étoiles fixes, et s'oublia elle-même.

C'est là surtout que l'on vit, dans ce suprême effort de la Révolution pour fonder, qu'elle ne pouvait être qu'un prophète, qu'elle mourrait dans le désert et sans voir la terre promise. Comment y fût-elle arrivée? il lui avait fallu tout faire, elle n'avait trouvé rien de préparé, aucun secours dans le système qui la précédait. Elle était entrée en possession d'un monde vide, *et par droit de déshérence*. Je montrerai un jour jusqu'à l'évidence qu'elle ne trouva rien à détruire. Le clergé était fini, la noblesse était finie et la royauté finie. Et

elle n'avait rien du tout pour mettre à la place.
Elle tournait dans un cercle vicieux. Il fallait des
hommes pour faire la Révolution; et pour créer
ces hommes, il eût fallu qu'elle fût faite. Nul secours pour accomplir le passage d'un monde à
l'autre ! Un abîme à traverser, et point d'ailes pour
le franchir !..

Il est douloureux de voir combien peu les tu-
teurs du peuple, la royauté et le clergé, avaient
fait pour l'éclairer dans les quatre derniers siècles.
L'Église lui parlait une langue savante qu'il ne
comprenait plus. Elle lui faisait répéter de bouche
ce prodigieux enseignement métaphysique, dont
la subtilité étonne les esprits les plus cultivés.
L'État n'avait fait qu'une chose, et fort indirecte;
il avait rassemblé le peuple dans les camps, les
grandes armées, où il commença à se reconnaître.
Les légions de François Ier, les régiments de
Louis XIV, furent des écoles, où, sans qu'on lui
enseignât rien, il se formait lui-même, prenait des
idées communes, et s'élevait peu à peu au sentiment de la patrie.

Le seul enseignement direct était celui que les
bourgeois recevaient dans les colléges, et qu'ils
continuaient comme avocats et gens de lettres.
Étude verbale des langues, de la rhétorique, de la

littérature, étude des lois, non savante, précise, comme celle de nos anciens jurisconsultes, mais soi-disant philosophique et pleine d'abstractions creuses. Logiciens sans métaphysique, légistes, moins le droit et l'histoire, ils ne croyaient qu'aux signes, aux formes, aux figures, à la phrase. En toute chose, il leur manquait la substance, la vie et le sentiment de la vie. Quand ils arrivèrent sur le grand théâtre où les vanités s'aigrissaient à mort, on put voir tout ce que la subtilité scolastique peut ajouter de mauvais à une mauvaise nature. Ces terribles abstracteurs de quintessence s'armèrent de cinq ou six formules, qui, comme autant de guillotines, leur servirent à abstraire des hommes[1].

---

[1] Le génie de l'inquisition et de la police qui a étonné tant de gens dans Robespierre et Saint-Just, n'étonne guère ceux qui connaissent le moyen âge et qui y trouvent si souvent ces tempéraments. Ce rapport des deux époques a été saisi avec beaucoup de pénétration par M. Quinet: *le Christianisme et la Révolution*, p. 349-351 (1845). — Deux hommes d'une équité scrupuleuse, et portés à juger favorablement leurs ennemis, Carnot et Daunou, concordaient parfaitement dans leur opinion sur Robespierre. Le dernier m'a dit souvent que, sauf le dernier moment où la nécessité et le péril le rendirent éloquent, le fameux dictateur était un homme de second ordre. Saint-Just avait plus de talent. Ceux qui veulent nous faire accroire qu'ils sont tous deux innocents des derniers excès de la Terreur, sont réfutés par Saint-Just lui-même. Le 15 avril 1794 (si peu de temps avant le Neuf thermidor !), il déplore la coupable *indulgence* qu'on a eue jusqu'à ce moment. «Dans ces derniers temps, *le relâchement des tribunaux* s'était accru,

Ce fut une chose bien terrible, lorsque la grande
assemblée qui, sous Robespierre, avait fait la Terreur par terreur même, releva la tête, et vit tout
le sang qu'elle avait versé. La foi ne lui avait pas
manqué contre le monde ligué, pas même contre
la France, lorsque avec trente départements elle
contint et sauva tout. La foi ne lui manqua pas
même, dans son danger personnel, lorsque n'ayant
plus même Paris, elle fut réduite à armer ses
propres membres, et se vit tout près de n'avoir
plus de défenseur qu'elle-même. Mais, en présence du sang, devant tout ces morts qui sortaient
de leurs sépulcres, devant tout ce peuple de pri-
sonniers délivrés qui venaient juger leurs juges,
elle défaillit, elle commença à s'abandonner.

Elle ne franchit point le pas qui lui eût livré l'a-
venir. Elle n'eut pas le courage de mettre la main
sur le jeune monde qui venait. La Révolution,
pour s'en emparer, devait enseigner une chose,
une seule chose : la Révolution.

Pour cela, il lui eût fallu, non renier le passé,
mais le revendiquer au contraire, le ressaisir et le

au point que, etc. *Qu'ont fait les tribunaux* depuis deux ans? *A-t-on
parlé de leur justice?..* Institués pour maintenir la révolution, *leur
indulgence* a laissé partout le crime libre, etc. » *Histoire parlemen-
taire,* t. XXXII, p. 311, 319, 26 germinal an II.

17

faire sien, comme elle faisait du présent; montrer qu'elle avait, avec l'autorité de la raison, celle de l'histoire, de toute notre nationalité historique; que la Révolution était la tardive, mais juste et nécessaire manifestation du génie de ce peuple; qu'elle n'était que la France même ayant enfin trouvé son droit.

Elle ne fit rien de cela, et la raison abstraite, qu'elle invoquait seule, ne la soutint pas en présence des réalités terribles qui se soulevaient contre elle. Elle douta d'elle-même, s'abdiqua et s'effaça. Il fallait qu'elle pérît, qu'elle entrât au sépulcre, pour que son vivant esprit se répandît dans le monde. Ruinée par son défenseur, il lui rend hommage aux Cent jours. Ruinée par la Sainte-Alliance, les rois fondent leur traité contre elle sur le dogme social qu'elle posa en 89. La foi qu'elle n'eut pas en elle-même gagne ceux qui l'ont combattue. Le fer qu'ils lui ont mis au cœur, fait des miracles et guérit. Elle convertit ses persécuteurs, elle enseigne ses ennemis... Que n'enseigna-t-elle ses enfants!

CHAPITRE VIII

La première question de l'éducation est celle-ci :
« Avez-vous la foi? donnez-vous la foi? »

Il faut que l'enfant croie.

Qu'il croie, enfant, aux choses qu'il pourra, devenu homme, se prouver par la raison.

Faire un enfant raisonneur, disputeur, critique, c'est chose insensée. Remuer sans cesse à plaisir tous les germes qu'on dépose : quelle agriculture !

Faire un enfant érudit, c'est chose insensée. Lui charger la mémoire d'un chaos de connaissances utiles, inutiles, entasser en lui l'indigeste magasin de mille choses toutes faites, de choses non vivantes, mais mortes et par fragments morts, sans qu'il en ait jamais l'ensemble... c'est assassiner son esprit...

Avant d'*ajouter*, d'accumuler, il faut *être*. Il faut créer et fortifier le germe vivant du jeune être. L'enfant *est* d'abord par la foi.

La foi, c'est la base commune d'inspiration et d'action. Nulle grande chose sans elle.

L'Athénien avait la foi que toute culture humaine était descendue de l'Acropolis d'Athènes, que de sa Pallas, sortie du cerveau de Jupiter, avait jailli la lumière de l'art et de la science. Cela s'est vérifié ; cette ville de vingt mille citoyens a inondé le monde de sa lumière ; morte, elle l'éclaire encore.

Le Romain avait la foi que la tête vivante et saignante qu'on trouva sous son Capitole, lui promettait d'être la tête, le juge, le protecteur du monde. Cela s'est vérifié ; si son empire a passé, son droit reste, et continue de régir les nations.

Le chrétien avait la foi qu'un Dieu descendu dans l'homme ferait un peuple de frères, et tôt ou tard unirait le monde dans un même cœur. Cela n'est pas vérifié, mais se vérifiera par nous.

Il ne suffisait pas de dire que Dieu était descendu dans l'homme ; cette vérité, restant dans des termes si généraux, n'a pas eu sa fécondité. Il

faut chercher comment Dieu s'est manifesté dans
l'homme de chaque nation, comment, dans la variété des génies nationaux, le Père s'est approprié
aux besoins de ses enfants. L'unité qu'il doit nous
donner, n'est pas l'unité monotone, mais l'unité
harmonique où toutes les diversités s'aiment.
Qu'elles s'aiment, mais qu'elles subsistent, qu'elles
aillent augmentant de splendeur pour mieux éclairer le monde, et que l'homme, dès l'enfance,
s'habitue à reconnaître un Dieu vivant dans la
Patrie.

Ici, s'élève une objection grave. « La foi, comment la donner, quand je l'ai si peu moi-même?
La foi en la patrie, comme la foi religieuse, a faibli
en moi. »

Si la foi et la raison étaient des choses opposées, n'ayant nul moyen raisonnable d'obtenir la
foi, il faudrait, comme les mystiques, rester là,
soupirer, attendre. Mais la foi digne de l'homme,
c'est une croyance d'amour dans ce que prouve la
raison. Son objet, ce n'est pas telle merveille accidentelle, c'est le miracle permanent de la nature
et de l'histoire.

Pour reprendre foi à la France, espérer dans
son avenir, il faut remonter son passé, approfondir
son génie naturel. Si vous le faites sérieusement et

de cœur, vous verrez, dans cette étude, de ces prémisses posées, la conséquence suivre infailliblement. De la déduction du passé, découlera pour vous l'avenir, la mission de la France ; elle vous apparaîtra en pleine lumière, vous croirez, et vous aimerez à croire ; la foi n'est rien autre chose.

Comment vous résigneriez-vous à ignorer la France ; vos origines sont en elle ; si vous ne la connaissez, vous ne saurez rien de vous. Elle vous entoure, vous presse de toutes parts, vous vivez en elle, et d'elle, avec elle vous mourrez.

Qu'elle vive, et vivez par la foi !

Elle vous reviendra au cœur, si vous regardez vos enfants, ce jeune monde qui veut vivre, qui est bon et docile encore, qui demande la vie de croyance. Vous avez vieilli dans l'indifférence ; mais qui de vous peut désirer que son fils soit mort de cœur, sans patrie, sans Dieu?.. Tous ces enfants, en qui sont les âmes de nos ancêtres, c'est la patrie vieille et nouvelle... Aidons-la à se connaître ; elle nous rendra le don d'aimer.

Comme le pauvre est nécessaire au riche, l'enfant est nécessaire à l'homme. Nous lui donnons moins encore que nous ne recevons de lui.

Jeune monde qui devez prendre bientôt notre place, il faut que je vous remercie. Qui, plus que

moi, avait étudié le passé de la France? qui devait
la sentir mieux, par tant d'épreuves personnelles,
qui m'ont révélé ses épreuves?.. Cependant, je
dois le dire, mon âme, dans la solitude, s'était
alanguie en moi, elle se traînait dans les curiosi-
tés oisives et minutieuses, ou bien elle s'envolait
vers l'idéal, et elle ne marchait pas. La réalité
m'échappait, et notre patrie que je poursuivis
toujours, que j'aimai toujours, je la voyais toujours là-bas; elle était mon objet, mon but, un
objet de science et d'étude. Elle m'est apparue vivante... « En qui? » En vous, qui me lisez. —
En vous, jeune homme, j'ai vu la Patrie, son
éternelle jeunesse... Comment n'y croirais-je
pas?

CHAPITRE IX

L'éducation, comme toute œuvre d'art, demande
avant tout une ébauche simple et forte. Point de
subtilité, point de minutie, rien qui fasse difficulté, qui provoque l'objection.

Il faut, dans cet enfant, par une impression
grande, salutaire, durable, fonder l'homme, créer
la vie du cœur.

Dieu d'abord, révélé par la mère, dans l'amour
et dans la nature. Dieu ensuite, révélé par le père,
dans la patrie vivante, dans son histoire héroïque,
dans le sentiment de la France.

Dieu et l'amour de Dieu. Que la mère le prenne
à la Saint-Jean, quand la terre accomplit son
miracle annuel, quand toute herbe est en fleurs,

quand vous voyez la plante qui monte de moment
en moment, qu'elle le mène en un jardin, l'embrasse... et tendrement lui dise : « Tu m'aimes,
tu ne connais que moi... Eh bien ! écoute : moi,
je ne suis pas tout. Tu as une autre mère... Nous
avons une mère commune, tous, hommes, femmes,
enfants, animaux, plantes, tout ce qui a vie, une
mère tendre.qui nous nourrit toujours, invisible
et présente... Aimons-la, cher enfant, embrassons-
la du cœur. »

Rien de plus pour longtemps. Point de métaphysique qui tue l'impression. Laissez-le couver
ce système sublime et tendre que toute sa vie ne
suffira pas pour expliquer. Voilà un jour qu'il
n'oubliera jamais. A travers les épreuves de la vie,
les obscurités de la science, à travers les passions
et la nuit des orages, le doux soleil de la Saint-
Jean luira toujours au profond de son cœur,
avec la fleur immortelle du plus pur, du meilleur
amour.

Un autre jour, plus tard, quand l'homme s'est
un peu fait en lui, son père le prend ; grande fête
publique, grande foule dans Paris. Il le mène de
Notre-Dame au Louvre, aux Tuileries, vers l'Arc
de Triomphe. D'un toit, d'une terrasse, il lui montre le peuple, l'armée qui passe, les baïonnettes

frémissantes, le drapeau tricolore... Dans les moments d'attente surtout, avant la fête, aux reflets
fantastiques de l'illumination, dans ces formida-
bles silences qui se font tout à coup sur le sombre
océan du peuple, il se penche, il lui dit : « Tiens,
mon enfant, regarde ; voilà la France, voilà la
Patrie ! Tout ceci, c'est comme un seul homme.
Même âme et même cœur. Tous mourraient pour
un seul ; et chacun doit aussi vivre et mourrir pour
tous... Ceux qui passent là-bas, qui sont armés,
qui partent, ils s'en vont combattre pour nous. Ils
laissent là leur père, leur vieille mère, qui auraient
besoin d'eux... Tu en feras autant, tu n'oublieras
jamais que ta mère est la France. »

Je connais bien peu la nature, ou cette impression durera. Il a vu la Patrie... Ce Dieu invisible
en sa haute unité est visible en ses membres,
et dans les grandes œuvres où s'est déposée la
vie nationale. C'est bien une personne vivante
qu'il touche, cet enfant, et sent de toutes parts ; il
ne peut l'embrasser, mais elle, elle l'embrasse,
elle l'échauffe de sa grande âme répandue dans la
foule, elle lui parle par ses monuments... C'est
une belle chose pour la Suisse de pouvoir, d'un
regard, contempler son canton, embrasser du
haut de son Alpe le pays bien-aimé, d'en emporter

l'image. Mais c'en est une grande vraiment, pour le Français, d'avoir ici cette glorieuse et immortelle patrie ramassée en un point, tous les temps, tous les lieux ensemble, de suivre, des Thermes de César à la Colonne, au Louvre, au Champ de Mars, de l'Arc de Triomphe à la place de la Concorde, l'histoire de la France et du monde.

Au reste, pour l'enfant, l'intuition durable et forte de la Patrie, c'est, avant tout, l'école, la grande école nationale, comme on la fera un jour. Je parle d'une école vraiment commune, où les enfants de toute classe, de toute condition, viendraient un an, deux ans, s'asseoir ensemble, avant l'éducation spéciale[1], et où l'on n'apprendrait rien autre que la France.

Nous nous hâtons de parquer nos enfants parmi des enfants de notre classe, bourgeoise ou populaire, à l'école, aux collèges ; nous évitons tous les mélanges, nous séparons bien vite les pauvres et les riches à cette heureuse époque où l'enfant de

---

[1] L'éducation spéciale, du collège ou de l'atelier, viendrait ensuite ; l'atelier adouci et réglé par l'école (selon les vues judicieuses de M. Faucher, *Travail des Enfants*); le collège adouci, surtout dans les premières années, où l'enfant n'apprendrait de grammaire que ce qu'il en peut comprendre. Plus d'exercice et de récréations, moins d'écritures inutiles. — Grâce, grâce pour les petits enfants !

lui-même .n'eût pas senti ces vaines distinctions. Nous semblons avoir peur qu'ils ne connaissent au vrai le monde où ils doivent vivre. Nous préparons, par cet isolement précoce, les haines d'ignorance et d'envie, cette guerre intérieure dont nous souffrons plus tard.

Que je voudrais, s'il faut que l'égalité subsiste entre les hommes, qu'au moins l'enfance pût suivre un moment son instinct, et vivre dans l'égalité! que ces petits hommes de Dieu, innocents, sans envie, nous conservassent, dans l'école, le touchant idéal de la Société! Et ce serait l'école aussi pour nous; nous irions apprendre d'eux la vanité des rangs, la sottise des prétentions rivales, et tout ce qu'il y a de vie vraie, de bonheur, à n'avoir premier, ni dernier.

La patrie apparaîtrait là, jeune et charmante, dans sa variété à la fois et dans sa concorde. Diversité tout instructive de caractères, de visages, de races, iris aux cent couleurs. Tout rang, toute fortune, tout habit, ensemble aux mêmes bancs, le velours et la blouse, le pain noir, l'aliment délicat... Que le riche apprenne là, tout jeune, ce que c'est qu'être pauvre, qu'il souffre de l'inégalité, qu'il obtienne de partager, qu'il travaille déjà à rétablir l'égalité selon ses forces; qu'il trouve assise sur le banc de bois la cité du monde, et qu'il y commence la cité de Dieu !..

Le pauvre apprendra d'autre part, et retiendra peut-être que si ce riche est riche, ce n'est pas sa faute, après tout, il est né tel ; et souvent sa richesse le rend pauvre du premier des biens, pauvre de volonté, et de force morale.

Ce serait une grande chose que tous les fils d'un même peuple, réunis ainsi, au moins pour quelque temps, se vissent et se connussent avant les vices de la pauvreté et de la richesse, avant l'égoïsme et l'envie. L'enfant y recevrait une impression ineffaçable de la patrie, la trouvant dans l'école non-seulement comme étude et enseignement, mais comme patrie vivante, une patrie enfant, semblable à lui, une cité meilleure avant la Cité, cité d'égalité où tous seraient assis au même banquet spirituel.

Et je ne voudrais pas seulement qu'il apprît, qu'il vît la patrie, mais qu'il la sentît comme providence, qu'il la reconnût pour mère et nourrice à son lait fortifiant, à sa vivifiante chaleur... Dieu nous garde de renvoyer un enfant de l'école, de lui refuser l'aliment spirituel, parce qu'il n'a pas celui du corps... Oh ! l'avarice impie qui donnerait des millions aux maçons et aux prêtres, qui ne serait

riche que pour doter la mort[1], et qui marchan-
derait avec ces petits enfants, qui sont l'espoir,
la chère vie de la France, et le cœur de son
cœur !

Je l'ai dit ailleurs. Je ne suis pas de ceux qui
pleurent toujours, tantôt sur l'ouvrier robuste
qui gagne cinq francs, tantôt sur la pauvre femme
qui gagne dix sols. Une pitié si impartiale n'est
pas de la pitié. Il faut aux femmes des couvents
libres, asiles, ateliers temporaires, et que les
couvents ne les affament plus[2]. Et pour les petits
enfants, il faut que nous soyons tous pères, que
nous leur ouvrions les bras, que l'école soit leur
asile, un asile doux et généreux, qu'il y fasse bon
pour eux, qu'ils y aillent d'eux-mêmes, qu'ils aiment autant et plus que la maison paternelle, cette
maison de la France... Si ta mère ne peut te nourrir,
si ton père te maltraite, si tu es nu, si tu as faim,
viens, mon fils, les portes sont toutes grandes ouvertes, et la France est au seuil pour t'embrasser

[1] Et c'est la mort qui enseigne ! Les ignorantins imposent aux enfants l'histoire de France des jésuites (Loriquet). J'y lis entre autres
calomnies infâmes, celle que l'émigré Vauban a lui-même démentie :
qu'à Quiberon, Hoche *aurait promis la vie et la liberté* à ceux qui
mettraient bas les armes (t. II, p. 256).

[2] Voir la préface de la troisième édition de mon livre *du Prêtre, de
la Femme et de la Famille.*

et te recevoir. Elle ne rougira jamais, cette grande
mère, de prendre pour toi les soins de la nourrice,
elle te fera de sa main héroïque la soupe du soldat,
et si elle n'avait pas de quoi envelopper, réchauffer
tes petits membres engourdis, elle arracherait plutôt un pan de son drapeau.

Consolé, caressé, heureux, libre d'esprit, qu'il
reçoive sur ces bancs l'aliment de la vérité. Qu'il
sache, tout d'abord, que Dieu lui a fait la grâce
d'avoir cette patrie, qui promulgua, écrivit de son
sang, la loi de l'équité divine, de la fraternité, que
le Dieu des nations a parlé par la France.

La patrie d'abord, comme dogme et principe.
Puis, la patrie comme légende : nos deux rédemp-
tions, par la sainte Pucelle d'Orléans, par la Révolution, l'élan de 92, le miracle du jeune drapeau,
nos jeunes généraux admirés, pleurés de l'ennemi,
la pureté de Marceau, la magnanimité de Hoche...
Plus haute encore la gloire de nos assemblées
souveraines, le génie pacifique et vraiment humain
de 89, quand la France offrit à tous de si bon cœur
la liberté, la paix... Enfin, par-dessus tout, pour
suprême leçon, l'immense faculté de dévouement,
de sacrifice, que nos pères ont montrée, et comme
tant de fois la France a donné sa vie pour le
monde.

Enfant, que ce soit là ton premier évangile, le
soutien de ta vie, l'aliment de ton cœur. Tu te le
rappelleras dans les travaux ingrats, pénibles, où
la nécessité va te jeter bientôt. Il sera pour toi un
cordial puissant qui par moments viendra te ravi-
ver. Il charmera ton souvenir dans les longues
journées du labour, dans le mortel ennui de la
manufacture ; tu le retrouveras au désert d'Afrique,
pour remède au mal du pays, à l'abattement des
marches et des veilles, sentinelle perdue à deux
pas des Barbares.

L'enfant saura le monde, mais d'abord qu'il se
sache lui-même, en ce qu'il a de meilleur, je veux
dire en la France. Le reste, il l'apprendra par elle.
A elle de l'initier, de lui dire sa tradition. Elle
dira les trois révélations qu'elle a reçues, comment Rome lui apprit le juste, et la Grèce le beau,
et la Judée le saint. Elle reliera son enseignement
suprême à la première leçon que lui donne la
mère; celle-ci lui apprit *Dieu*, et la grand'mère
lui apprendra le dogme de l'amour. L'amour impossible aux temps haineux, barbares, du moyen
âge, *fut écrit dans les lois* par la Révolution, *en sorte
que le Dieu intérieur de l'homme pût se mani-
fester*.

Si je faisais un livre sur l'éducation, je montrerais comment l'éducation générale, suspendue par l'éducation spéciale (du collège ou de l'atelier), doit reprendre sous le drapeau pour le jeune soldat. C'est ainsi que la patrie doit lui payer le temps qu'il donne. Rentré dans son foyer, elle doit le suivre, non comme loi seulement, pour gouverner et punir, mais comme providence civile, comme culture religieuse, morale, agissant par les assemblées, les bibliothèques populaires, les spectacles, les fêtes de tout genre, surtout musicales.

Combien l'éducation durera-t-elle? Juste autant que la vie.

Quelle est la première partie de la politique? L'éducation. La seconde? L'éducation. Et la troisième? L'éducation. — J'ai trop vieilli dans l'histoire, pour croire aux lois, quand elles ne sont pas préparées, quand de longue date les hommes ne sont point élevés à aimer, à vouloir la loi. Moins de lois, je vous prie, mais par l'éducation fortifiez le principe des lois, rendez-les applicables et possibles ; faites des hommes, et tout ira bien[1].

---

[1] Dans un plan de constitution que nous devons à l'un des plus grands et des meilleurs hommes qui aient existé, à Turgot, avant l'État il fonde la commune, et avant la commune, il fonde l'homme par l'éducation. Cela est admirable. Seulement, qu'il soit bien entendu que l'éducation donnée dans la commune doit émaner de l'État, de la Patrie. Ce n'est pas là une affaire communale.

La politique nous promet l'ordre, la paix, la sécurité publique? Mais pourquoi tous ces biens? pour jouir, pour nous endormir dans un calme égoïste, pour nous dispenser de nous aimer, de nous associer?.. Qu'elle périsse, si c'est là son but. Quant à moi, je croirais plutôt que si cet ordre, cette grande harmonie sociale a un but, c'est d'aider le libre progrès, de favoriser l'avancement de tous par tous. La société ne doit être qu'une initiation, de la naissance à la mort, une éducation qui embrasse notre vie de ce monde, et prépare les vies ultérieures.

L'éducation, ce mot si peu compris, ce n'est pas seulement la culture du fils par le père, mais autant, et parfois bien plus, celle du père par le fils. Si nous pouvons nous relever de notre défaillance morale, c'est par nos enfants et pour eux que nous ferons effort. Le plus mauvais de tous veut que son fils soit bon; celui qui ne ferait nul sacrifice à l'humanité, à la patrie, en fait encore à la famille. S'il n'a perdu à la fois et le sens moral et le sens, il a pitié de cet enfant qui risque de lui ressembler... Creusez loin dans cette âme, tout est gâté et vide, et pourtant, à la dernière profondeur, vous trouveriez presque toujours un fond solide, l'amour paternel.

Eh bien ! au nom de nos enfants, ne laissons pas, je vous prie, périr cette patrie. Voulez-vous leur léguer le naufrage, emporter leur malédiction... celle de tout l'avenir, celle du monde, perdu peut-être pour mille ans, si la France succombe ?

Vous ne sauverez vos enfants, et avec eux la France, le monde, que par une seule chose : fondez en eux la foi !

La foi au dévouement, au sacrifice, — à la grande association où tous se sacrifient à tous, je veux dire la Patrie.

C'est là, je le sais bien, un enseignement difficile parce que les paroles n'y suffisent pas, il y faut les exemples. La force, la magnanimité du sacrifice, si commune chez nos pères, semble perdue chez nous. C'est la vraie cause de nos maux, de nos haines, de la discorde intérieure qui rend ce pays faible à en mourir, qui en fait la risée du monde.

Si je prends à part les meilleurs, les plus honorables, si je les presse un peu, je vois que chacun d'eux, désintéressé en apparence, a au fond quelque petite chose en réserve qu'il ne voudrait pour rien sacrifier. Demandez-lui le reste... Tel donnerait sa vie à la France ; il ne donnerait pas tel amusement, telle habitude, tel vice...

Il y a encore des hommes purs du côté de l'argent, quoi qu'on dise; mais d'orgueil? le sont-ils? ôteront-ils leurs gants pour tendre la main au pauvre homme qui grimpe dans le rude sentier de la fatalité?.. Et pourtant, je vous le dis, monsieur, votre main blanche et froide, si elle ne touche l'autre, forte, chaude et vivante, elle ne fera pas des œuvres de vie.

Nos habitudes, plus chères encore que nos jouissances, il faudra pourtant bien les sacrifier, dans quelque temps. Voici venir le temps des combats.

Et le cœur a ses habitudes, ses chers liens, qui sont maintenant si bien mêlés en lui, à ses vivantes fibres, qu'ils sont d'autres fibres vivantes... Cela est dur à arracher... Je l'ai senti parfois en écrivant ce livre, où j'ai blessé plus d'un qui m'était cher.

Le moyen âge d'abord, où j'ai passé ma vie, dont j'ai reproduit dans mes histoires la touchante, l'impuissante aspiration, j'ai dû lui dire : *Arrière !* aujourd'hui que des mains impures l'arrachent de sa tombe et mettent cette pierre devant nous pour nous faire choir dans la voie de l'avenir.

Une autre religion, le rêve humanitaire de la philosophie qui croit sauver l'individu en détruisant le citoyen, en niant les nations, abjurant la patrie... je l'ai immolé de même. La patrie, ma patrie peut seule sauver le monde.

De la poétique légende à la logique, et de celle-ci à la foi, au cœur, voilà quelle fut ma route.

Dans ce cœur même et cette foi, je trouvais des choses respectables et antiques qui réclamaient... des amitiés, derniers obstacles qui ne m'ont pas arrêté devant la patrie en péril... Qu'elle accepte ce sacrifice! Ce que j'ai en ce monde, mes amitiés, je les lui offre, et, pour donner à la Patrie le beau nom que trouva l'ancienne France, je les dépose à l'autel de la grande *Amitié*.

FIN

TABLE

—

PREMIÈRE PARTIE

DU SERVAGE ET DE LA HAINE

CHAPITRE PREMIER

Servitudes du paysan.

CHAPITRE II

Servitudes de l'ouvrier dépendant des machines.

CHAPITRE III

Servitudes de l'ouvrier.

CHAPITRE IV

Servitudes du fabricant.

CHAPITRE V

Servitudes du marchand.

CHAPITRE VI

Servitudes du fonctionnaire.

CHAPITRE VII

Servitudes du riche et du bourgeois.

CHAPITRE IV

Des simples. — L'enfant, interprète du peuple.

CHAPITRE V

Suite. — L'instinct naturel de l'enfant est-il pervers?

CHAPITRE VI

Digression. — Instinct des animaux. — Réclamation pour eux.

CHAPITRE VII

L'instinct des simples. — L'instinct du génie. — L'homme de génie est par excellence le simple, l'enfant et le peuple.

CHAPITRE VIII

L'enfantement du génie, type de l'enfantement social.

CHAPITRE IX

Revue de la deuxième partie. — Introduction à la troisième.

TROISIÈME PARTIE

DE L'AFFRANCHISSEMENT PAR L'AMOUR

LA PATRIE

CHAPITRE PREMIER

L'Amitié.

CHAPITRE II

De l'amour et du mariage.

CHAPITRE III

De l'association.

CHAPITRE IV

La Patrie. — Les nationalités vont-elles disparaître?

CHAPITRE V

La France.

CHAPITRE VI

La France supérieure, comme dogme et comme légende.
La France est une religion.

CHAPITRE VII

La foi de la Révolution. — Elle n'a pas gardé la foi jusqu'au bout,
et n'a pas transmis son esprit par l'éducation.

CHAPITRE VIII

Nulle éducation sans la foi.

CHAPITRE IX

Dieu en la patrie. — La jeune patrie de l'avenir.
Le sacrifice.

Typographie Lahure, rue de Fleurus, 9, à Paris

NOUVEAUX OUVRAGES EN VENTE

Format in-8°.

J. AUTRAN *de l'Acad. franç.* f. c.
ŒUVRES COMPLÈTES, t. III. — La Flûte
et le Tambour................ 6 »

BEAURE
LA DÉMOCRATIE CONTEMPORAINE, 1 v. 6 »

COMTE DE PARIS
HISTOIRE DE LA GUERRE CIVILE EN
AMÉRIQUE, t. I à IV............ 30 »
ATLAS POUR SERVIR A L'HISTOIRE DE
LA GUERRE CIVILE EN AMÉRIQUE.
Livraisons I à IV............. 30 »

VICTOR HUGO
LES CHATIMENTS. 1 volume....... 6 »

PAULINE L.
LE LIVRE D'UNE MÈRE, 1 volume.... 6 »

J. H. MERLE D'AUBIGNÉ
HISTOIRE DE LA RÉFORME EN EUROPE
AU TEMPS DE CALVIN, t. VI....... 7 50

ERNEST RENAN f. c.
L'ANTECHRIST, 1 volume........... 7 50

J. MICHELET
ORIGINE DES BONAPARTE, 1 volume.. 6 »
JUSQU'AU 18 BRUMAIRE, 1 volume... 6 »
JUSQU'A WATERLOO, 1 volume....... 6 »

H. RODRIGUES
SAINT PAUL, 1 volume............. 6 »

JULES SIMON
SOUVENIRS DU QUATRE SEPTEMBRE. —
Le gouvernement de la Défense na-
tionale. 1 volume............. 6 »

L. DE VIEL-CASTEL *de l'Acad. franç.*
HISTOIRE DE LA RESTAURATION, t. XVII 6 »

Format gr. in-18 à 3 fr. 50 c. le volume.

A. ACHARD vol.
LA TRÉSORIÈRE.................... 1

A. DE BRÉHAT
L'HOTEL DU DRAGON................ 1
LE MARI DE MADAME CAZOT......... 1
SOUVENIRS DE L'INDE ANGLAISE..... 1
VACANCES D'UN PROFESSEUR......... 1

E. CADOL
LA BÊTE NOIRE................... 1

JULES DE CARNÉ
MARGUERITE DE KÉRADEC........... 1

AL. DUMAS FILS *de l'Acad. franç.*
THÉRÈSE........................ 1

O. FEUILLET *de l'Acad. franç.*
UN MARIAGE DANS LE MONDE......... 1

D. FILEX
UN ROMAN VRAI.................. 1

DE GASPARIN
PENSÉES DE LIBERTÉ.............. 1

TH. GAUTIER
PORTRAITS ET SOUVENIRS LITTÉRAIRES. 1

GUSTAVE HALLER
LE BLEUET...................... 1

N. HAWTHORNE *Traduction A. Spoll.*
CONTES ÉTRANGES................. 1

ARSÉNE HOUSSAYE
LES DIANES ET LES VÉNUS......... 1

VICTOR HUGO
QUATREVINGT-TREIZE............. 2

ALPHONSE KARR
PLUS ÇA CHANGE................. 1

KEL-KUN
PORTRAITS...................... 1
NOUVEAUX PORTRAITS............. 1

PROSPER MÉRIMÉE
LETTRES A UNE AUTRE INCONNUE...... 1

MÉRY vol.
LA FLORIDE..................... 1

MICHELET
LE PRÊTRE...................... 1

CH. MONSELET
LES ANNÉES DE GAIETÉ........... 1

D. NISARD *de l'Acad. française*
RENAISSANCE ET RÉFORME......... 2

JULES NORIAC
LA MAISON VERTE................ 1

PAUL PARFAIT
LA SECONDE VIE DE MARIUS RODERT.... 1

A. DE PONTMARTIN
NOUVEAUX SAMEDIS. Tome XIII........ 1

C.-A. SAINTE-BEUVE
CHRONIQUES PARISIENNES........... 1

GEORGE SAND
LA COUPE....................... 1
LA TOUR DE PERCEMONT........... 1

J. SANDEAU *de l'Acad. franç.*
JEAN DE THOMMERAY. — LE COLONEL
ÉVRARD....................... 1

E. SCHERER
ÉTUDES CRITIQUES DE LITTÉRATURE..... 1

FRANCISQUE SARCEY
ÉTIENNE MORET.................. 1

LOUIS ULBACH
MAGDA......................... 1

A. VACQUERIE
AUJOURD'HUI ET DEMAIN........... 1

PIERRE VÉRON
LA VIE FANTASQUE............... 1
CES MONSTRES DE FEMMES......... 1

L. VITET *de l'Acad. française*
LE COMTE DUCHATEL avec un portrait. 1

Boulogne (Seine). — Imp. JULES BOYER.